义务教育学校
教师绩效工资研究

Research on Teachers' Performance-based Salary in Compulsory Education Schools

王志建 著

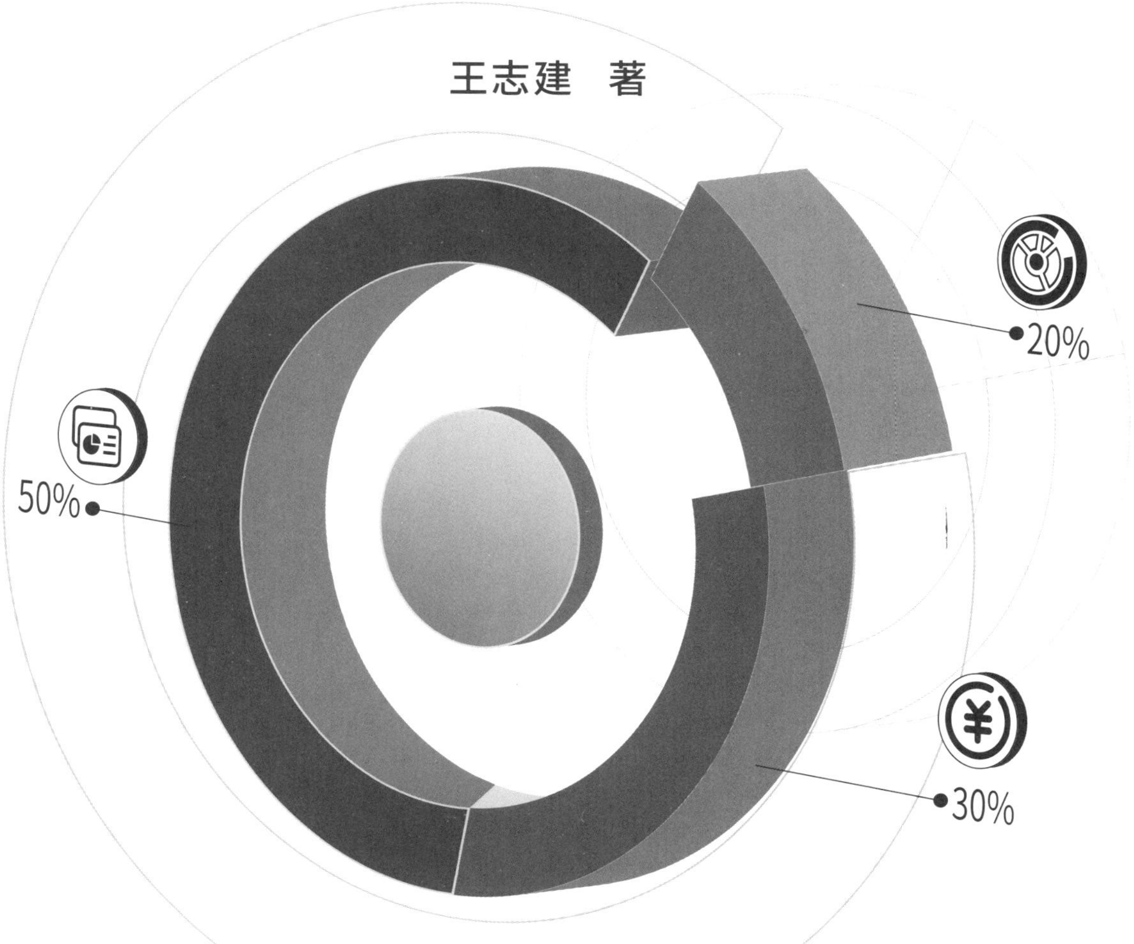

SPM 南方传媒 | 广东经济出版社

·广州·

图书在版编目（CIP）数据

义务教育学校教师绩效工资研究 / 王志建著. —广州：广东经济出版社，2023. 1

ISBN 978 – 7 – 5454 – 8580 – 6

Ⅰ. ①义… Ⅱ. ①王… Ⅲ. ①义务教育—教师—工资制度—研究—中国 Ⅳ. ①G635. 15

中国版本图书馆 CIP 数据核字（2022）第 216548 号

责任编辑：易　伦
责任校对：李玉娴
责任技编：陆俊帆

义务教育学校教师绩效工资研究
YIWU JIAOYU XUEXIAO JIAOSHI JIXIAO GONGZI YANJIU

出 版 人	李　鹏
出版发行	广东经济出版社（广州市环市东路水荫路 11 号 11 ～ 12 楼）
经　　销	全国新华书店
印　　刷	广州市豪威彩色印务有限公司 （广州市增城区宁西街新和南路 4 号）
开　　本	787 毫米 ×1092 毫米　1/16
印　　张	14. 75
字　　数	304 千字
版　　次	2023 年 1 月第 1 版
印　　次	2023 年 1 月第 1 次
书　　号	ISBN 978 – 7 – 5454 – 8580 – 6
定　　价	68. 00 元

广东经济出版社网址：http://www. gebook. com　微博：http://e. weibo. com/gebook
图书营销中心地址：广州市环市东路水荫路 11 号 11 楼
电话：（020）87393830　邮政编码：510075
如发现印装质量问题，影响阅读，请与承印厂联系调换
广东经济出版社常年法律顾问：胡志海律师

序

花从春走过，留下缕缕芳香；叶从夏走过，留下片片荫凉；风从秋走过，留下阵阵金浪；雪从冬走过，留下种种希望。而那些真正为教育而生、行走在教育路上的追梦人，留下了一串串闪光的足迹。

荀子说“国将兴，必贵师而重傅”。教师是教育工作的中坚力量。有高质量的教师，才会有高质量的教育。教育要发展，教师是关键。教师是立教之本、兴教之源。教师是教育的第一资源，如何有效完善教师收入分配激励机制、激发教师工作热情，是我国全面深化新时代教师队伍建设改革的重要方面。从 2009 年起，我国在义务教育学校实施教师绩效工资分配政策，这一重大举措对于依法保障教师收入水平，激发广大教师积极投身教书育人事业，吸引和鼓励优秀人才长期从教、终身从教具有重大意义。要实现这一目标，必须要完善教师绩效考核制度。只有科学的考核体系，才能体现出教师的价值，使绩效工资真实地反映教师的工作情况。随着绩效工资政策的出台，各校管理者为了全面提高教育质量，更好地发挥绩效考核这一杠杆，纷纷立足校情，立足于本校教师的整体情况，立足于学校的发展，不断讨论、探究，力求完善绩效工资考核机制和绩效工资分配办法。

王志建校长编撰的《义务教育学校教师绩效工资研究》，借助名校长交流学习平台，参观考察多地名校，收集整理了十多年来有关绩效工资考核分配方面的成功案例。全书共四章，内容囊括了绩效工资与绩效考核的关系、一校一案典型案例、需要重点解决的几个问题及相关政策文件等，是其多年来绩效管理实践的经验总结、思想结晶，凝聚着他的智慧，为解决学校绩效管理难题提供了系统的解决方案。该书集理论性和实践性为一体，对学校加强教师管理具有一定的导向性、针对性、操作性和实用性。

教育是一项事业，事业的意义在于奉献；教育管理是一门科学，科学的价值在于求真；教育管理是一种艺术，艺术的生命在于创新。此著问世，很大意义上得益于王志建校长 30 多年来教育生涯的无私奉献。他是立足实践、注重研究的教育者，致力于教育管理和学术研究，在教育管理中追求实事求是，在实践中追求创新，在创新中不断完善，在完善中不断优化。他潜心教研，先后主持了省、市级“十三五”和“十四五”课题研究，在市级、省级、国家级刊物上发表过多篇论文，是中国教育学会“十一五”重点研究课题“新课堂教学研究”课题组成员，2008 年被评为中学数学高级教师。他专心治校，累积了丰富的教育管理工作经验，是教育部“京苏粤优秀中青年校长”、广东省“百千万”人才工程骨干校长、湛江市“百千万”人才工程首届名校长、“湛江市名校长工作室”主持人。

“以史为鉴，可以知兴替。”王志建校长历时十年，广罗资料，备尝艰辛，修成此著，功莫大焉！该书内容丰富且案例真实，语言精当而隽永，可谓是教师绩效工资分配的经验“智库”，亦可作为制定绩效工资考核机制的乡土教材，或是研究教师管理的培训教材，对广大义务教育学校的管理者完善绩效考核机制、创新管理举措、提高教育效益具有很大的参考价值和较强的指导作用。该书归纳总结了各地各校绩效工资管理的经验，不但可为后者借鉴，亦可作为学校研究教师管理、绩效工资管理的必备之书。

“他山之石，可以攻玉。”这本《义务教育学校教师绩效工资研究》记述了我国十多年来义务教育学校绩效工资分配政策的发展轨迹，其意义在于给教育管理的后续发展提供了扬长避短的资料，同时树立了值得效仿的榜样、做法，这对于我们构建学习型社会，实现教育可持续发展，有着深远的意义！“天行健，君子以自强不息；地势坤，君子以厚德载物！”希望王志建校长百尺竿头更进一步，撰写更多精品力作，培养出更多的栋梁之材。

教育是孕育人才的摇篮，人才是振兴国家的关键。我为本著作序，意在以此发出一声激越的呼唤，呼吁全社会重视教育，各界仁人志士竭心尽力兴办教育，各行各业全心全意支持教育！

谨述数语，权以为序。

黄康生

2022 年 8 月

（黄康生，冰心散文奖获奖者，广东省湛江日报社总编辑）

前 言

“十年树木，百年树人”，教育要优先发展，大力实施科教兴国战略，这是国家宏观上给我们明确的方向。义务教育阶段学校教师绩效工资制度自 2009 年实施以来，已经取得了初步成效：依法保障了义务教育学校教师的收入，稳定了广大义务教育学校教师队伍；保证了同一区域内教师工资水平的大体平衡，促进了区域内义务教育的均衡发展；坚持多劳多得、优绩优酬的原则，提高了广大教职工工作的积极性。但在实践过程中，也存在一些问题。由于具体的绩效考核办法国家没有统一的模式，一方面，给予了学校更大的管理自主权；另一方面，由于没有具体可参照的考核标准，各地很多学校都处于一种观望状态，有的学校仍然采取平均分配的办法，有的学校执行绩效考核的效果不理想。也由于多数教师出身的学校管理者，缺乏系统的管理理论知识，致使多数学校管理者在政策和实践中茫然、徘徊。该书以调查研究、实地观察和案例资料收集的有机结合为研究方式，通过定性和定量的资料分析，以理论和实践相结合的方法，对中国义务教育学校教师绩效工资分配办法进行了深入的分析和研究。

目录

第一章　绩效工资与绩效考核的关系

国家财政将奖励性绩效工资总额直接拨付到学校，由学校确定分配方式和方法，绩效工资分配实施一校一案。绩效工资分配的核心问题是建立科学的教师绩效考核方案，而在国家层面没有出台可操作的、统一的量化考核方案，只是出台了绩效考核工作的基本要求、基本原则、主要内容，要求各地积极探索，创新绩效考核机制与方法。目前各学校主要依据以下内容，结合校情，制定出绩效工资考核的一校一案。

一、绩效考核工作的基本要求

绩效考核工作的基本要求是：构建符合教育教学和教师成长规律、导向明确、标准科学、体系完善的教师绩效考核评价制度，促进广大教师为全面实施素质教育、办好人民满意的教育贡献智慧和力量。

二、绩效考核工作的基本原则

绩效考核工作应遵循以下基本原则：尊重规律，以人为本；以德为先，注重实绩；激励先进，促进发展；客观公正，简便易行。

三、绩效考核工作的主要内容

教师绩效考核的内容主要是：师德和教育教学、从事班主任工作等方面的实绩。

“师德”主要考核教师遵守《中小学教师职业道德规范》的情况，特别是为人师表、爱岗敬业、关爱学生的情况。

“教育教学”主要考核教师从事德育和教学工作、教育教学研究、专业发展的情况。德育工作是每个教师应尽的责任，要结合所教学科的特点，考核教师在课堂教学中实施德育的情况。教学工作重点考核教学工作量、教学准备、教学实施、教学效果，以及组织课外实践活动和参与教学管理的情况；对教学效果的考核，主要以完成国家规定的教学目标、学生达到基本教育质量要求为依据，不得把升学率作为考核指标，要引导教师关爱每个学生，特别是学习上有困难或品行上有偏差的学生。教育教学研究工作重点考核教师参与教学研究活动的情况。教师专业发展重点考核教师拓展专业知识、提高教育教学能力的情况。

班主任是义务教育学校教育教学工作中的重要岗位。“从事班主任工作”重点考核班主任对学生的教育引导、班级管理、组织班集体和团队活动、关注每个学生全面发展的情况。

四、绩效考核工作的分类与激励导向

学校要完善内部考核制度，根据教师、管理、工勤技能等岗位的不同特点，实行分类考核，并根据考核结果，在分配中坚持多劳多得、优绩优酬的原则，重点向一线教师、骨干教师和做出突出成绩的其他工作人员倾斜。

五、绩效考核工作的制定方法

学校制定绩效工资分配办法要充分发扬民主精神，广泛征求教职工的意见。分配办法由学校领导班子集体研究后，报学校主管部门批准，并在本校公开。

第二章　绩效考核方案一校一案参考

义务教育阶段学校教师绩效工资制度的基本特征是将教职工的薪酬收入与个人业绩挂钩。业绩在学校教育工作中的内涵更为宽泛，不仅包括教职工完成教育教学工作的质量和数量，还包括教职工的其他贡献。因此制定一个合理、公正的考核细则非常关键，但也存在相当难度。太粗，在考核时无法对照，丧失了绩效考核的意义；过于细化，又不能体现“以人为本”的原则。绩效工资政策出台后，各校纷纷结合有关文件精神和学校实际，制定了绩效工资考核方案。本章的23个案例，可作为义务教育阶段学校绩效考核方案“一校一案”的参考，每个案例中绩效考核的侧重点不同，各具特色。这些案例，有的比较适用于市规范化实验学校，有的比较适用于一些办学条件完善、制度健全的县城学校，有的适用于农村薄弱学校……建议读者对照学校类型进行参考。

【案例一】

北京市某中学绩效工资总额分配方案

根据北京市关于义务教育学校实施绩效工资的有关文件精神和××区教育工作委员会下达给我校的年工资总额，结合学校实际情况，在2013年绩效工资方案的基础上修订本方案。

绩效工资主要体现“按劳分配、多劳多得、优质优酬”的分配原则，建立重实绩、重贡献、自主灵活的分配制度，逐步形成向优秀人才、骨干教师、关键岗位及“苦、累”岗位倾斜的分配激励机制。通过分配制度的不断改进和完善，促进全校教职工真正做到“教书育人”。

一、工资的主要构成部分

工资由基本工资、绩效工资、津贴补贴三部分构成。

（一）基本工资

基本工资由岗位工资、薪级工资、岗位工资加薪级工资之和的10%（享受10%人员）三部分构成。

（二）绩效工资的构成及分配办法

义务教育学校绩效工资由基础性绩效工资、奖励性绩效工资、节日补贴、学年效益奖四部分构成。

1. 基础性绩效工资：基础性绩效工资主要体现岗位职责，包括职务补贴、岗位工作量补贴、生活补贴等。基础性绩效工资占基础性绩效工资与奖励性绩效工资之和的70%，按月发放。

（1）职务补贴：副高级950元，中级840元，初级690元，高级工710元，员级及其他级别655元。

（2）岗位工作量补贴：包括课时津贴、岗位津贴、教研组长津贴、备课组长津贴、年级组长津贴、其他津贴（如惠民补贴、体育津贴、实验与特教补贴、会计补贴、卫生补贴、计生补贴、工人津贴等）。

⋆课时津贴发放标准：

①学科任课教师课时费，考虑普遍受益的原则，每课时调整为：

	初中		毕业年级中考科目	高中		毕业年级高考科目
	非中考科目	中考科目		非高考科目	高考科目	
标准（元）	47	50	52	48	52	55

②跨头课时按每4个教案加0.5课时计算。

③国家规定课时以外的选修课、校本课程、课外小组、课外活动、体育训练、带操等均按每节47元计算。体育教师带操每周按2课时计算。高中研究性学习课程按每节52元计算。

④行政人员兼课、兼职按50%计发津贴。

⋆职员、工人津贴：

一级岗2000元，二级岗1930元，临时岗位1000元。

岗位	津贴（元）	岗位设置
一级	2000	教导员、教务员、校医、会计、出纳、电工及食堂管理
二级	1930	实验室工作、电教工作、图书管理、财产保管、公物管理、档案工作、文印工作等
临时性	1000	学校安排的临时性岗位

⋆干部津贴：

以中层副职为起点，中层副职的职务津贴为教师满工作量津贴加班主任津贴，中层副职、中层正职、校级副职、校级正职之间的级差分别为100元、200元、300元。

⋆兼职津贴：

原教研组长津贴400元；原学科组长津贴100元；原备课组长津贴50元。

教研组长津贴500元；学科组长津贴200元；备课组长津贴100元。

年级组长津贴同班主任；年级组长兼班主任，按班主任津贴加350元计算。

教研组长兼任班主任、教研组长兼任年级组长，按一项全额、其他半额，就高计算津贴。

（3）生活补贴：包括书报费、洗理费、交通费、防暑降温费、生活补贴（生活补贴每人每月300元，按10个月发放）等。

2. 奖励性绩效工资：奖励性绩效工资主要体现工作量和实际贡献，学校根据具体情况设立班主任津贴、全勤奖励金、特教补贴、三级（初、中、高）骨干教师奖励金、其他教育教学奖励金等项目。奖励性绩效工资占基础性绩效工资和奖励性绩效工资之和的30%，在考核的基础上进行分配，按月发放。

（1）班主任津贴：班主任津贴按见习700元、2~5年800元、6~10年900元、11年及以上1000元计算。学生数超过30人的，每多1人，增加班主任津贴5元；有特殊情况的，增加特殊班主任津贴20元。

（2）全勤奖：全勤每月800元（按10个月发放）。

（3）学期末奖励：考核达标，每学期2600元。

（4）其他奖励：详见各项奖励方案。

3. 节日补贴：元旦、春节、劳动节、国庆节，每个节日各发放1000元。

4. 学年效益奖：在教师节当月，根据教职工学年考核结果发放。

（三）其他津贴、补贴

国家规定的住房补贴、独生子女费、教龄津贴等，单列发放。

二、工资发放

1. 工资在每月4日发放，全年工资按12个月计发（国拨工资上发、绩效工资下发），8月份工资按学期标准课时发放（标准课时即学期初课时，不含晚自习），遇有国家政策调整，以国家政策为准。

2. 中考、高考停课后，教师应服从学校临时工作安排，绩效工资按学期标准课时计发。根据教育行政部门课程计划安排，因课程需要早结束课时，按每节16元保留至期末。

3. 暑期工资（通常为7月11至8月10日）：新班主任开始计发班主任津贴，不再继续当班主任的停发班主任津贴。8 月 11 日至 9 月 10 日按新学期安排执行。

4. 内部退休人员按区内政策执行（如签有内退协议书）；如有新政策，以上级文件为准。

三、绩效工资的减发

1. 病、事假除扣发相应的岗位津贴和课时费，同时扣发相应全勤奖。

行政人员病、事假每天扣 150 元，假期满 5 天扣除全部全勤奖；教师病、事假每两节课扣除 150 元，满 9 节课扣除全部全勤奖。校内外的各类会议、培训、教研活动等，缺勤一次减发 50 元，重要会议缺勤一次减发 100 元，无故缺勤者双倍扣发。

2. 教师上课迟到、早退、出教室等一次减发 10 元，无教案上课一次减发 50 元；私自调课的，扣发调课双方双倍课时费，因私事调课的扣发 50 元；无故旷课或请假未准，一节按课时费双倍扣除，并扣发全勤奖。

3. 行政人员执行坐班制度，迟到、早退一次减发 10 元，离岗、串岗、做私活一次减发 20 元，病、事假一天减发 50 元；无故旷工一天减发 100 元，并扣全勤奖。

4. 监考请假扣除相应课时费，不交听课记录、不交教案各减发 50 元。

5. 产假期间，节日补贴按上级政策发放。

6. 学期末考核、班主任津贴发放依据相关考核方案和管理办法执行。

7. 其他各类请假继续执行原我校教职工各类请假细则及上级相关制度；如遇同等事项，以新条款和上级相关规定为准。

四、其他

执行中遇到一般问题，经有关方面提出，由学校行政会议研究决定解决办法；涉及面广的重大问题，须经教代会审议通过。

本方案经学校教代会通过后，于 20××年×月×日起执行。

【案例二】

北京市某学校教职工绩效工资考核及分配办法

根据国务院办公厅（国办发〔2008〕133 号）转发的《关于义务教育学校实施绩效工资指导意见》、北京市人民政府办公厅（京政办发〔2009〕97 号）转发的《关于义务教育学校实施绩效工资的意见》和《北京市××区义务教育学校实施绩效工资方案》精神，结合本学校的实际情况，制定本办法。

一、实施范围及执行时间

实施范围：学校正式工作人员。

执行时间：从20××年×月×日起执行。

二、绩效工资的构成及分配方法

绩效工资由基础性绩效工资、奖励性绩效工资、节日补贴、学年奖四部分构成。

1. 基础性绩效工资。

（1）职务补贴：根据上级政策，按照原标准发放。

（2）岗位津贴：根据上级政策及实际聘任情况，按照核定标准发放（见下表）。

（一）管理岗位	标准［元/（月·人）］
六级职员岗位	1060
七级职员岗位	1020
八级职员岗位	980
九级及以下职员岗位	950
见习期人员	800
（二）专业技术岗位	标准［元/（月·人）］
5～7级专业技术岗位	1060
8～10级专业技术岗位	1020
11～12级专业技术岗位	980
13级专业技术岗位	950
见习期人员	800
（三）工勤岗位	标准［元/（月·人）］
技工三级岗位	980
技工四级以下及普工岗位	950
熟练期、学徒期人员	800

2. 奖励性绩效工资。

（1）目标奖：每人每月1500元（见习期、学徒期、熟练期人员按816元核定指标）。

考核及发放办法：

①在岗教职工完成当月工作量，经考核合格，全额发放。

②未完成当月工作量，或因严重失职而考核不合格的，由学校绩效工资领导小组酌情扣发。

③事假在10天之内、病假在15天之内，按照学校考勤办法，在学年奖中扣除相应

金额，并以此作为教师代课、代理工作的补贴。

（2）班主任津贴。

根据上级政策，班主任津贴按照班级学生人数分为两个等次（见下表）。

班级学生人数	标准［元/（月·人）］
26 人（含）以上	400
25 人（含）以下	300

请假 1 天，在学年奖中扣除班主任津贴 10 元，最多每月不超过 50%，并以此作为代理班主任的补贴。

（3）超工作量津贴：

月发放总量 = 1274 元 × 在册在岗教职工人数（见习期、学徒期、熟练期人员按 824 元核定指标）

①基础工作量津贴：后勤及教辅人员每人每月 779 元；行政人员每人每月 829 元；专任教师每人每月 859 元。

A. 专任教师基础工作量为中学部每周 8 课时，小学部每周 12 课时。中学部任课教师每超一节，每月增加 30 元；每少一节，每月扣除 30 元。小学部任课教师每超一节，每月增加 20 元；每少一节，每月扣除 20 元。

B. 兼课的行政、教辅、后勤人员等的基础工作量津贴由领导小组核定。

②教科研课题（区级以上）津贴：课题负责人每人每月 50 元，其他成员每人每月 25 元。

③小学年级组长津贴：每人每月 238 元；中学年级主任津贴：每人每月 500 元。

④教研组长津贴：教研组人数在 7 人及以上的，每人每月 147 元；教研组人数在 7 人以下的，每人每月 92 元。

⑤副班主任津贴：每人每月 150 元。

⑥工会组长、工会委员、党小组长、大事记负责人（不含行政干部）津贴每人每月 18 元。

⑦体育教师训练津贴：每人每月 81 元。

⑧干部津贴：副校长、副书记每人每月 588 元；主任每人每月 514 元；副主任每人每月 477 元；学校中层负责人每人每月 367 元。

⑨教职工工作日值班每人每天 30 元，节假日值班每人每天 50 元。

⑩教职工加班每人每天 60 元（在学年奖中发放）。

⑪教育教学成果奖：

A. 校级骨干教师每人每月 100 元。

B. 任课教师依据上一学期教职工教育教学工作考核结果分为三个等次（比例为3∶5∶2），每月分别按120元、80元、70元进行发放。

C. 专职后勤人员、教辅人员、行政人员按任课教师三个等次的标准发放。

⑫班主任津贴：每人每月200元。

⑬特殊岗位津贴：每人每月100元。

⑭重点特色工作津贴：每人每月100~200元。

⑮任课教师节假日加班（上课）按每课时30元计发。

⑯中学部实验员按每周5课时计发，小学部实验员按每周4课时计发。

⑰学校宣传组组长每人每月按113元计发，组员每人每月按54元计发。

（4）校长津贴按教委核定数额发放。

（5）农村学校教职工津贴每人每月100元。

3. 节日补贴。

根据上级政策，按照标准发放。

4. 学年奖。

（1）根据教职工学年考核结果分等次发放。

（2）设立百花奖和突出贡献奖。

三、其他

1. 区级骨干教师、区级学科带头人津贴等按照上级制定的办法和标准发放。

2. 根据上级政策，原津贴补贴项目（提租补贴、独生子女费、教龄津贴、取暖补贴）按照标准发放。

四、附则

1. 教职工工作出现重大问题、重大失误，对学校造成较大影响的，由领导班子依据相关规定酌情扣发或停发奖励性绩效工资。

2. 本办法未尽事宜，由领导班子依据相关规定酌情处理。

3. 本办法经过学校职工代表大会审议通过，上报教委审批后实施。

4. 本办法由学校绩效工资领导小组负责解释。

【案例三】

20××年北京市某中学绩效工资方案

为落实北京市人力资源和社会保障局、北京市财政局关于《进一步完善区县事业单位绩效工资政策的通知》（京人社事发〔2013〕132号）和朝阳区人力资源和社会保障局、朝阳区财政局《进一步完善我区事业单位绩效工资有关政策的通知》（朝人社发〔2013〕32 号），以及朝阳区教工委、朝阳区教委《关于进一步完善朝阳区教育系统所属事业单位绩效工资有关政策的通知》（朝教党发〔2013〕34 号）的精神要求，充分发挥绩效工资的激励导向作用，完善我校原有的绩效工资发放方案，从学校实际出发，特制定20××年绩效工资实施方案。

一、组织领导

1. 领导小组。组长：×××；副组长：×××；成员：×××、×××；责任分工：×××、×××。

（1）负责落实区教委关于义务教育学校实施绩效工资的有关文件精神和工作要求，统筹安排绩效工资改革的工作，对工作全面负责。

（2）负责审议通过工作小组研究制定的工作方案，指导工作小组推进工作。

（3）负责听取工作小组的工作汇报，研究推进中出现的主要问题，并提出改进意见和工作要求。

（4）负责与上级主管部门进行沟通联系，组织推进工作。

2. 工作小组。组长：×××；副组长：×××；成员：×××、×××；责任分工：×××、×××。

（1）根据上级相关要求，负责对所有人员的新、旧绩效工资进行对比测算，为学校的绩效工资实施方案提供数据。

（2）负责研究并制定符合我校情况的实施绩效工资的工作方案，经上级主管部门审核同意后组织实施。

（3）负责做好调研工作，征求广大教职工的意见和建议，做好学校教职工政策咨询工作，及时上报推进过程中的问题。

3. 监督小组。组长：×××；副组长：×××；成员：×××、×××；责任分工：×××、×××。

按照有关文件精神和工作要求，严格监督工作程序是否规范，民主参与是否充分，过程和结果是否公平、公正、公开，是否有违纪现象等。

二、发放原则

1. 体现以岗定薪、岗变薪变、多劳多得、优劳优酬的发放原则。

2. 结合考核结果，注重实绩、注重贡献，体现向优秀人才、关键岗位倾斜的原则。

4. 依据学校经费“总额度”情况，体现预算管理的原则。

5. 体现经民主程序制定、实施分配和考核方案的原则。

三、主要工作内容

宣传动员；制定相关文本文件，报上级审批；做好20××年全年绩效工资推进完善工作，认真实施学年奖励中的过程性考核发放部分的完善工作。

四、具体项目和标准

1. 基础性绩效工资：主要体现岗位职责，占基础性绩效工资与奖励性绩效工资之和的70%。其中：

（1）岗位津贴：由教委制定不同岗位等级标准，由学校按月发放。

（2）职务津贴：由学校按照不同岗位任职情况和工作量，制定具体分配办法，按月发放（方案见附件1）。

2. 奖励性绩效工资：主要针对岗位工作量大小和实际贡献多少进行奖励分配，占基础性绩效工资与奖励性绩效工资之和的30%。应把工作的完成情况作为分配的主要依据，坚持多劳多得、优绩优酬，向班主任倾斜，向一线教师倾斜，向骨干教师倾斜。

（1）奖励性绩效工资项目：包括班主任津贴、骨干津贴、考勤奖、超工作量（超课时）补贴、教育教学考核奖、综合奖励。

（2）奖励性绩效工资由学校制定分配方案和考核办法，进行自主分配（方案见附件2）。

3. 节日补贴：元旦、春节、劳动节、国庆节等节日，按照每节每人1000元的标准发放，由教委统一安排。

4. 学年奖（方案见附件3）。

（1）标准：由学校按照统筹分配方式确定具体发放办法。

（2）内容：

①综合性奖励：学校按照“月考核、月发放”“适度预留、年终发放”的原则制定具体发放办法。

②专项性奖励：主要用于区级以上骨干教师（学科带头人）、特级教师和校级正职干部等（学）年度考核奖励及中小学教学质量优秀奖励等。教委制定具体的奖励发放办法，学校按照规定标准执行。

5. 校级正职干部绩效工资标准。

校级正职干部绩效工资在单位核定的总额内，由区教委提出分配意见，采取基数乘以系数的办法，教委确定基数项目及其系数，学校制定发放办法。

五、工资发放形式及时间

采取月薪制，以每个自然月为一个工资计算期。每月5日前通过××银行工资卡支付当月工资。

此方案的解释权在学校绩效工资改革工作领导小组。

此方案已经九届××次教代会审议通过，自20××年1月1日起执行。

附件1：基础性绩效工资——职务津贴分配方案

为落实北京市人力资源和社会保障局、北京市财政局关于《进一步完善区县事业单位绩效工资政策的通知》（京人社事发〔2013〕132号）和朝阳区人力资源和社会保障局、朝阳区财政局《进一步完善我区事业单位绩效工资有关政策的通知》（朝人社发〔2013〕32号），以及朝阳区教工委、朝阳区教委《关于进一步完善朝阳区教育系统所属事业单位绩效工资有关政策的通知》（朝教党发〔2013〕34号）的精神要求，在我校原有的绩效工资发放方案的基础上，依照多劳多得、优劳优酬、向班主任岗位倾斜、向教学一线教师倾斜的分配原则，特制定基础性绩效工资职务津贴分配方案如下。

一、纳入职务津贴的教师课时费发放标准

学科	职称		
	高级	一级	二级
语、数、英	22元	21元	20元
物、化	21元	20元	19元
史、地、政、生、初三体育	18元	17元	16元
音、美、劳、计、地方课，初一、初二体育	17元	16元	15元

备注：干部和职员兼课减半。

二、纳入职务津贴的干部和职员津贴

二级职员740元；一级职员903元；副主任级1006元；主任级1108元；副校级1292元。

三、纳入职务津贴的满工作量补贴

教职工凡满工作量，按月发放补贴1045元，并纳入教职工各自相应的职务津贴项目。属个人原因不满工作量的，发放相应的工作量部分补贴，并纳入其相应的职务津贴项目。

注：①各岗位工作职责及工作内容，见××中学岗位说明书。②满工作量标准见教委文件规定。

四、校级正职的职务津贴

依据教委下达的额度通知执行。

五、剩余额度的分配

一年进行两次清算，每半年一次，剩余的额度用于人均发放。

此方案已经九届××次教代会审议通过，自20××年1月1日起执行。

附件2：奖励性绩效工资分配方案

为落实北京市人力资源和社会保障局、北京市财政局关于《进一步完善区县事业单位绩效工资政策的通知》（京人社事发〔2013〕132号）和朝阳区人力资源和社会保障局、朝阳区财政局《进一步完善我区事业单位绩效工资有关政策的通知》（朝人社发〔2013〕32号），以及朝阳区教工委、朝阳区教委《关于进一步完善朝阳区教育系统所属事业单位绩效工资有关政策的通知》（朝教党发〔2013〕34号）的精神要求，在我校原有的绩效工资发放方案的基础上，依照多劳多得、优劳优酬、向班主任岗位倾斜、向教学一线教师倾斜的分配原则，特制定奖励性绩效工资分配方案如下。

一、班主任津贴

按照1100元/月的标准发放。

二、超工作量（超课时）补贴

1. 教研组长超工作量补贴：200元/月。

2. 备课组长超工作量补贴：100元/月。

3. 行政干部超工作量补贴：副主任级974元/月，主任级1100元/月，副校级1305元/月。

4. 其他超工作量补贴：

中考学科教师每月给予100元课外辅导超工作量补贴；干部和职员兼课减半，即50元。

特殊岗位超工作量补贴：校医300元/月，会计800元/月。

教师超课时：按本学科、本职称1.5倍的课时费给予超课时奖励。

化学、物理、生物实验员超工作量补贴100元/月；网络管理员、CMS管理员超工作量补贴100元/月；专业教室管理员超工作量补贴30元/月；体育教师带操一次超工作量补贴10元，巡视一次超工作量补贴5元。

教师跨头兼课超工作量补贴：主科跨年级100元/月，副科跨年级、跨学科50元/月。

加班超工作量补贴：50元/天。

三、月考勤奖

1. 主科教师、行政干部1030元/月。

2. 副科教师、一级职员990元/月。

3. 二级职员、见习教师950元/月。

四、校骨干津贴

校骨干100元/月，校“优青”50元/月（考核合格，按学期发放）。

五、校级正职奖励

校级正职的奖励性绩效工资依据教委下达的额度执行。

六、剩余额度的分配

一年进行两次清算，每半年一次，剩余的额度用于人均发放。

此方案已经九届××次教代会审议通过，自20××年1月1日起执行。

附件3：过程性考核奖励发放方案

过程性考核奖励属于学年奖，须根据考核结果确定享受标准，按月人均750元拨付。特制定发放方案如下。

一、发放方式

实行月考核、月发放，适度预留、年终发放的方式。

二、具体发放标准及考核方式

（一）月考核性奖励

1. 项目名称：过程性月考核。

2. 月发放标准：月考核合格者，即可全额（750元）发放。2月和8月为假期，不考核，不发放。

（二）学年终结性评定结果奖励

1. 资金来源：教委颁发的奖励，结余的预留资金。

2. 发放项目及标准：

（1）学年度中考奖励：

①如学校获得教委颁发的中考奖励，则依照学校原中考奖励方案发放教委奖励金。

②如学校未获得教委颁发的中考奖励，则从预留资金中拿出总额的30%，依照学校原中考奖励方案发放奖励金。

（2）科研成果奖励：依据学校科研成果奖励方案发放。

（3）学年度考核奖：

①优秀：按照教委核定额度发放，不占用学校额度。

②合格：优秀人员的奖励发放后的剩余部分，凡合格者，均按人发放。

③基本合格：发放合格奖励的50%。

④不合格：不发放。

三、其他说明

1. 此方案已经九届××次教代会审议通过，自20××年1月1日起执行。

2. 发放对象为在编在岗教职工。

3. 校级正职额度按教委下达的标准执行。

4. 过程性考核的扣减：

①当月病假1天扣减30元，事假1天扣减40元。

②当月累计病事假超过10个工作日，扣减当月全部过程性考核奖励。

③产假期间不发放过程性考核奖励。

附件4：月绩效工资考核发放方案

一、年级组长、班主任月绩效工资考核方案（由德育处进行考核）

（一）考核范围

奖励性绩效中的班主任津贴、年级组长津贴以及相应的月考勤部分。

（二）具体考核内容

1. 出勤情况：年级组长、班主任实行坐班制，保证全勤。其中，病事假的扣减为：

班主任津贴部分：病事假50元/天；月考勤部分：病假30元/天，事假40元/天。

注：①病、事假累计10个工作日以上，扣减全月的月考勤奖励金额。②产假期间不发放月考勤奖励金额。

2. 年级组长、班主任在以下八项工作中必须到岗：

（1）早自习：早自习不到位及早自习期间班级混乱的，扣减10元。

（2）课间操：班主任不准时到位的，扣减10元；无故不到位的，扣减10元。

（3）午自习：卫生不合格及班级混乱的，扣减10元。

（4）自习课：班级混乱的，扣减10元。

（5）班会、校会：未专时专用的，扣减10元。

（6）学校德育会、班主任会、年级组会议：不参加会议的，扣减30元。

（7）每周大扫除：扫除过程中班主任未按学校要求进行监督检查的，扣减10元。

（8）学校组织的其他活动（例如家长会）：不参加学校组织的活动，每次扣减10元。

3. 依据《年级组长工作常规》《班主任工作常规》，年级组长、班主任要履行岗位职责。出现以下情况要进行严肃处理：

（1）未按时上交各种计划、总结、班主任手册、学生综合评价手册、学生学籍记录、班会活动记录、安全教育记录、学生谈话记录和评语等，每项扣减10元；晚交及内容不详或抄袭的，每次扣减10元。

（2）学校环境及公物：学生故意损坏公物、吸烟、打架斗殴的，扣减10元；班主任对上述情况未引起重视并采取措施的，扣减10元。

（3）学生在校安全、德育处组织的集体活动，因管理不善出现事故的，扣减20元。

（4）学生出现严重违纪行为，如打架斗殴、抢劫盗窃、吸烟酗酒、故意毁坏公物、犯罪等严重影响学校、班级声誉的行为，扣减50元。班主任在班级、学生出现重大责任事故时应及时上报学校有关部门，瞒报或虚报及不承担责任的，按照重大事故处理。

注：若出现工作拖拉、重大失误以及重大责任事故，视情节，由行政会议研究决定扣减当月的月考核奖励。

（三）发放办法

学校每月考评一次。年级组长、班主任认真履行岗位职责，确保年级、班级管理正常进行，无重大失误及责任事故等情况的，全额发放当月绩效工资。

二、任课教师月绩效工资考核方案（由教学处进行考核）

（一）考核范围

相应的基础性绩效职务津贴部分、奖励性绩效工资部分，以及过程性月考核奖励部分。

（二）具体考核内容

1．出勤情况。

病事假扣减相应的基础性绩效职务津贴部分。

病假或事假，按未上的课时以及相应的满工作量折合成课时或工作日进行扣减。其中，相应的奖励性绩效月考勤部分：病假30元/天，事假40元/天；超工作量部分：折合成课时或工作日进行扣减。

注：①病事假累计10个工作日以上，扣减全月的月考勤奖励金额。②产假期间，相应的基础性绩效职务津贴部分及奖励性绩效工资部分均不发放。

2．认真参加教研组、备课组活动。

（1）积极参加集体教研、备课活动，缺勤一次扣减10元（病假除外）。

（2）准时完成教研组、备课组布置的各项任务，不能准时完成的，每次扣减10元。

（3）统一备课，教案、练习、进度等应与备课组规定的要求基本一致，发现违反者，一次扣减10元。

3．认真备课。

（1）备课数量符合上课节数，比规定的节数少1节的，扣减20元。

（2）按实际上课分节备课，不遵守分节备课要求的，每1节扣减10元。

（3）教案各栏目内容齐全、详细具体，备课简单的，每1节扣减10元。

4. 认真上课。

（1）准时上下课，不迟到早退，发现违反者，一次扣减10元。

（2）不私自调课、代课，不旷课，发现违反者，一次扣减20元。

（3）关注每一个学生，严格课堂管理。上课无学生趴在课桌、打瞌睡和纪律混乱现象，否则每次扣减10元。

（4）无体罚和变相体罚学生行为，发现违反者，一次扣减20元。

（5）上课、监考不能接听手机，发现违反者，一次扣减20元。

5. 认真布置、批改作业和练习。

（1）作业量布置适当，作业量过多或过少，经提醒后仍不改正的，每次扣减10元。

（2）按时批改作业，规定的作业全批全改，发现一次未批改的，扣减10元。

（3）作业批改规范、认真，学生的错误订正、批改到位，批改马虎的，发现一次扣减10元。

6. 认真组织、参与检测。

（1）认真完成出卷、编练习的任务，质量良好。

（2）认真、严肃地完成监考任务，无差错。

（3）认真、及时地完成阅卷任务，无差错。

（4）按时、认真地做好检测的质量分析。

以上4条，发现有问题的，每次扣减10元。

7. 认真听课。

（1）完成规定的听课节数，且栏目记载齐全，缺1节扣减10元。

（2）抄听课笔记或伪造听课笔记的，发现一次扣减10元。

8. 其他工作。

（1）认真完成各项学生课外活动、学习辅导任务，无故缺席一次的，扣减10元；迟到、早退的，一次扣10元。

（2）认真、及时完成学校交给的临时性工作，否则扣减20元。

（3）学校全体会议、年级组会议、备课组会议不参加的，每次扣30元。

注：若出现工作拖拉、重大失误以及重大责任事故等情况，视情节，由行政会议研究决定扣减当月的月考核奖励。

（三）发放办法

学校每月考评一次。任课教师认真履行岗位职责，完成教学任务，无重大失误及责任事故的，全额发放当月绩效工资。

三、干部、职员月绩效工资考核方案（由办公室进行考核）

（一）考核范围

相应的基础性绩效职务津贴部分、奖励性绩效工资部分，以及过程性考核奖励部分。

（二）具体考核内容

1. 出勤情况：干部、职员实行坐班制，保证全勤。

病事假的扣减：

①相应的基础性绩效职务津贴部分：病假或事假，按未上班时长以及相应的满工作量折合成工作日进行扣减。

②相应的奖励性绩效月考勤部分：病假30元/天，事假40元/天；超工作量部分：折合成工作日进行加减。

注：①病事假累计10个工作日以上，扣减全月的月考勤奖励金额。②产假期间，相应的基础性绩效职务津贴部分及奖励性绩效工资部分均不发放。

2. 严格遵守劳动作息制度，不迟到、不早退、不串岗、不脱岗，保证为一线服务。干部、职员迟到、早退30分钟（含）以内的，扣减月考勤10元；30分钟以上的，按半天计算扣减。

3. 认真、准时参加政治学习，同事间团结互助、平等待人、互敬互谅，积极参加学校的各项活动。

4. 各部门工作人员要尽心尽力地为师生服务，牢固树立为教学一线服务的观念，工作积极主动，有较强的服务意识和协作精神，群众反映良好。

5. 能够胜任本职工作并按时完成各项任务。工作人员要高质量做好实验、阅览、放映、录像、录音、上机、医护、油印、排课、调课、保养、维修等各项工作，保障学校工作正常运转。

6. 严格执行财务管理、财产管理等各项制度，合理使用好各类设备，加强平日保养与维修工作，减少损失，节约成本。各专业教师要做好设备使用情况登记。

7. 爱护、关心学生，树立学生安全第一的思想，认真管理好设备、设施，确保学生安全。

8. 发挥服务育人的功能，热情接待师生，使用礼貌用语，及时处理问题和解决问题，遇到问题耐心解释，处处维护学校声誉。

9. 服从工作分配，发扬团结友爱、互助协作精神，争挑重担，按规定承担工作量。个人利益要服从集体利益，确保各项工作正常运转。

10. 积极完成学校交给的临时性工作。

注：若没有做到以上各方面工作要求，除第1、第2条外，其他各项违反者，每次扣减10元。若出现工作拖拉、重大失误以及重大责任事故等情况，视情节，由行政会议研究决定扣减当月的月考核奖励。

（三）发放办法

学校每月考评一次。干部、职员认真履行岗位职责，完成本职工作任务，无重大失误及责任事故的，全额发放当月绩效工资。

此方案已经九届第××次教代会审议通过，自20××年1月1日起执行。

【案例四】

江苏省徐州市某中学20××年度教职工绩效考核与奖励性绩效工资发放办法

为了调动我校教师的工作积极性，建立公平合理、公开透明、有效激励的内部分配机制，根据《徐州市教育系统教师绩效工资分配的指导意见》的文件精神，结合本校实际情况，特制定本办法。

一、指导思想

根据上述文件精神和本校实际，在上级核拨的绩效工资总量内，以实行聘用制和岗位管理为重点，科学安排，建立符合本校实际的分配激励机制，调动广大教职工的工作积极性。

在新的工资体系中增加的教师津贴、补贴，分为基础绩效工资和奖励性绩效工资（以下简称绩效奖），对履行了岗位职责、完成了学校规定的教育教学工作任务的教职工，全额发放基础性绩效工资。绩效奖，由学校统一管理和支配，以体现岗位责任和工作业绩。

二、分配原则

1. 贯彻按劳分配、效率优先、兼顾公平的分配原则。对教职工工作量、岗位职责和工作业绩进行考核，适当拉开分配距离，向一线教师、骨干教师及成绩突出的教师倾斜，充分体现多劳多得、优绩优酬的分配原则。

2. 统筹兼顾学校内部各类人员绩效工资的分配关系，科学安排，加强制度创新，建构符合我校发展实际的分配激励机制。

3. 坚持“公开、公平、公正”的原则。绩效工资考核分配的全过程公开，切实尊重广大教职工的参与权、决策权，切实做到公平、公正，确保绩效工资发放安定、有序，构建和谐校园。

三、领导机构

学校成立绩效工资分配工作领导小组，小组成员由学校领导、中层干部、工会委员及教师代表组成，负责对教师工作量、管理岗位职责、工作业绩的考核，以及绩效工资的分配、发放、解释等方面的工作，确保绩效工资公平、公正地发放。

四、发放对象

本校在编在岗教师、职工。

五、绩效奖的设置

绩效奖由以下两部分组成：

（一）津贴

1. 班主任津贴。班主任津贴按每人每月300元的标准、全年按12个月，逐月发放。班主任寒、暑假期间到校处理班级工作不再计发加班津贴。

2. 一线骨干教师津贴（教学人员）：1000元/年；年级组长、电教中心主任、艺术教育部主任：100元/月（按每年10个月发放）；备课组长：50元/月（按每年10个月发放）；关工委负责人：40元/月（按每年10个月发放）；工会委员、党小组长：20元/月（按每年10个月发放）。以上津贴分别由质量监察室、工会与党支部考核发放。

3. 超课时津贴：教师超课时，每节课20元；不满课时量的，可以代课，完成规定比例后，多余部分按超课时计算。中层以上干部超课时，每节课10元。

（二）奖励

1. 奖励性绩效工资的50%用于奖励教学、管理与服务工作的量的绩效考核。

2. 奖励性绩效工资的50%用于奖励教学、管理与服务工作的质的绩效考核。

六、绩效奖的发放办法

绩效奖由学校考核领导小组进行考核后统一发放。

（一）教职工工作的量考核奖（50%）

教职工每月出满勤并完成定额工作量，就可全额领取工作量考核奖；不满工作量的，按比例领取。

1. 出勤奖：占比20%。全体教职工应按时出勤。学校实行有事请假并做好登记的制度，认真办理相关手续（详见《徐州市××中学教职工考勤制度》）。事假每天减发40元，病假（持病历等证明）每天减发20元。三天以上病事假，则不享受当月出勤考核奖并相应减发工作量奖。对于因公外出、进修不耽误课务的教职工，以出满勤计算。婚假、丧假、护理假、产假（在规定的时间上班）的教职工，计出满勤。迟到、早退每次减发10元出勤奖，有旷工行为的取消当月出勤奖。出勤情况由办公室及所在处、组考核。

大病不享受出勤奖及工作量奖，学校根据工作年限及病假时间发放生活补贴，并根据相关文件进行年终考核。工作不满10年（实龄），病假2个月以上、不满6个月的，从第三个月起，生活补贴为300元/月；超过6个月的，从第七个月起，生活补贴为200元/月。工作超过10年、不满20年（实龄），病假2个月以上、不满6个月的，从第三个月起，生活补贴为400元/月；超过6个月的，从第七个月起，生活补贴为300元/月。工作超过20年（实龄），病假2个月以上、不满6个月的，从第三个月起，生活补贴为400元/月；超过6个月的，从第七个月起，生活补贴为350元/月。

年满58岁及以上的男教职工、53岁及以上的女教职工若有实际困难，学校可根据本人申请，视其情况给予照顾。

2. 工作量奖：占比80%，按实际工作量占满工作量的比例计算。教师工作量参照和执行标准为苏教人〔1999〕49号文。

周额定工作量（节）	语、数、英	物、化、政	史、地、生	音、体、美、综合实践活动等	工作职责
	10~12	12~14	14~16	16	见岗位职责

教师开发、开设综合实践活动课程（包括音乐、体育、美术、信息技术等学科），须由本人提前申请，在上一学期学校完成课程设置审定，本学期正式排入课表后执行。所开课程应包括课程设计、实施方案、成果资料等内容，并根据实际工作量计入教师工作量总额；对于完成学校安排的阶段性工作（组织师生参加各类比赛、竞赛等），根据完成的质量，学校给予奖励。

教辅人员在教学辅助岗位工作，服从部门负责人安排，认真完成所聘岗位的工作职责，无责任事故发生的，每月可领取工作量考核奖。

（二）教职工工作的质考核奖（50%）

1. 质考核奖的10%用于德育工作绩效工资。

（1）该部分的50%用于教师在教育教学中实施德育工作的考核奖励（由德育处、质监室参照《徐州市教育系统教师绩效工资分配的指导意见》分别制定考核细则并组织考核）。有下列情形之一的，该部分奖励不能享受：以非法手段表达诉求，干扰正常教育教学秩序，损害学生利益；在招生、考试、评估考核、职称评聘中弄虚作假、营私舞弊；组织、怂恿学生考试舞弊；体罚或变相体罚学生，影响恶劣；歧视、侮辱学生，影响恶劣；组织、诱导学生参加非法组织、“黄、赌、毒”和迷信活动；擅自停课、调课或请人代课；向学生和家长索要或变相索要财物，收受学生和家长贵重财物或进行有偿家教；在课堂上吸烟或酒后上课；工作时间打牌、炒股、玩游戏。

（2）该部分的50%用于学生评议任课教师、师师互评、领导及中层干部对教师师德测评等结果的奖励，分为满意率85%以上、75%~84%、60%~74%、60%以下四档考核，满意度低于60%者，不享受该项奖励（由学校制定考核细则并组织考核）。

2. 质考核奖的45%用于奖励教学工作的绩效考核。

（1）该部分的10%用于教学方面的考核：按规定要求完成备课、听课任务的，即可获得满分。有不备课上课的，发现一次即不得分。教师每学期听课不少于20节，教师每人每学期必须开设一节校级及以上公开课，课型可以是研究课、示范课、观摩课、汇报课，否则按比例扣除（由质监室制定细则）。

（2）该部分的50%用于对教师完成所教班级教学工作的阶段性成效进行考核奖励。每学期考核两次，以优分率、均分、及格率、低分率、平行班内差五项指标的变化，按实际授课量进行考核奖励。教师所带班级的情况不同，要分别进行考核（具体细则由质监室制定）。

（3）该部分的10%用于综合奖和各种单项奖。

省特级教师，市名教师、市名校长、市青年名教师、市学科带头人、市青年优秀骨干教师由上级教育主管部门考核认定并发放相关津贴，学校不再重复奖励。

各种综合奖励包括劳动模范和先进工作者、其他由市教育局和市政府联合表彰的情形。是否为以上情形，其结果由学校认定，其他奖励均为单项奖，单项奖奖金按以上情形降一个等级进行发放：校级奖励为80元，市级奖励为100元，省级奖励为150元，国家级奖励为200元（上级已经奖励的，学校不再奖励）。

设立爱心奖，主要用于奖励在“一日捐”、慈善捐款及在关注本校困难学生等方面表现突出的个人或团队。

（4）该部分的10%用于教师实施素质教育、组织课外实践活动、参加评优课活动、组织学生参加各种比赛、获得各种综合类荣誉称号的奖励（由德育处、质监室组织考核）。

（5）该部分的20%用于中考奖励（具体见《徐州市××中学中考奖励方案》）。

3. 质考核奖的10%用于教育教学研究，以及教师专业发展的考核奖励。

（1）该部分的50%用于教科研考核奖励。

（2）该部分的50%用于业务能力测试奖励（由学术与课程开发室、办公室考核）。

4. 质考核奖的5%用于安全保卫的考核，即用于签订管理责任书的安全奖励及节假日加班、值班的奖励。

5. 质考核奖的10%用于教学服务奖。

（1）该部分的50%用于以下教学服务工作的奖励：工作积极主动，保证学校日常教育教学活动正常开展；出现突发问题、意外事件能及时采取有效措施，无相关责任事故发生（由所在处室考核）。

（2）该部分的50%用于教职工测评，测评结果和对应等级如下：

优秀	良好	合格	不合格
大于等于85%	75% ~84%	60% ~74%	小于60%

6. 质考核奖的5%用于学校管理、教学管理巡查。

教职工节假日值班、加班，按每人每天20元计发；教师管理学生早自习，初一、初二年级8元/节，初三年级10元/节，晚自习20元/节；管理人员巡查，按每人每天5元计发。

7. 质考核奖的5%用于目标管理考核奖。具体按照完成市教育局年度综合督导考核情况，由校长室研究决定奖励金额。

8. 质考核奖的10%用于管理奖。

校级副职：一等奖400元/月，二等奖300元/月，三等奖200元/月。以上奖励均按12个月核发。

中层：一等奖350元/月或300元/月，二等奖260元/月或210元/月，三等奖200元/月或160元/月。以上奖励均按12个月核发。

考核内容为：教职工满意度测评（占40%）、年度考核（占30%）、年度目标综合督导考核（占30%）。中层以上干部在寒暑假期间到校处理工作不再计发加班津贴。

9. 年度考核奖：依据绩效奖励资金情况，由考核小组研究决定。

七、绩效奖发放的有关规定

1. 未聘、待聘人员，原则上不享受绩效考核奖。

2. 转岗的教学人员（不包括转学科），享受新岗位工作量考核奖的50%。

3. 试聘人员和安排临时性工作的人员，原则上不享受学校质考核奖；但试聘人员在试聘期间工作确有进步的，可以享受50%、80%的质考核奖。

4. 受过行政处分、继续被聘用的人员，视其错误情节，发放奖励性绩效工资的30%；受记大过处分及以上的，在处分期内停发绩效奖。

5. 退养人员可参照退休人员的办法，按比例发放绩效奖。

6. 受聘人员未经学校允许，不准在校外兼课或搞有偿家教，一旦发现，不再享受工作质考核奖、量考核奖。

7. 不认真履行岗位职责、有明显过失而造成教育教学和管理事故的直接责任人，视其对学校产生的影响程度，给予50~300元的经济处罚，并责令其消除影响。有严重违纪或失职行为，给学校造成巨大损失或影响、发生重大事故的，一律不发给质量考核奖。对于重大失职、违纪行为，经学校研究、核实后，予以当事人处分。

八、其他

本办法经学校教代会审议通过后执行，原考核办法停止执行。本办法由校长室负责解释。

【案例五】

江苏省无锡市某中学奖励性绩效工资实施办法

根据省、市关于义务教育学校教职工绩效考核工作的指导意见，结合我校实际，特制定本实施办法。

一、指导思想和基本原则

以邓小平理论和“三个代表”重要思想为指导，深入贯彻落实科学发展观，全面贯彻党的教育方针，以服务和促进义务教育的科学发展、高位均衡发展为目标，以提高教师队伍素质为核心，着力构建符合教育教学规律和教师职业特点，导向明确、科学合理、体系完善的教师绩效考核评价制度，促进教师的全面发展，促进素质教育的全面深入实施，促进教育教学水平的全面提高。

实施绩效考核工作的原则：

1. 尊重规律、以人为本的原则。尊重教育规律，尊重教师的主体地位，充分体现教师教书育人工作的专业性、实践性、长期性特点。

2. 以德为先、注重实绩的原则。把师德放在首位，注重教师履行岗位职责、实施素质教育的实际表现和贡献。

3. 激励先进、促进发展的原则。鼓励教师全身心投入教书育人工作，引导教师不断提高自身素质和教育教学能力。

4. 客观公正、程序规范的原则。坚持民主公开、程序规范、科学合理、讲求实效。

二、实施范围

按照国家规定，奖励性绩效工资的实施范围为我校在编在岗的正式工作人员（校级领导由区教育局考核发放）。

三、考核项目

（一）教师考核的主要内容

根据《中华人民共和国教育法》（以下简称《教育法》）、《中华人民共和国义务教育法》（以下简称《义务教育法》）、《中华人民共和国教师法》（以下简称《教师法》）等法律规定，对教师服从工作安排、履行岗位职责、完成学校规定的教育教学任务情况进行全面考核，重点考核工作实绩，包括师德、教育教学、班主任等工作的实绩。

根据我校实际情况，奖励性绩效工资设立以下5个项目：

项目	占绩效工资总额的百分比
1. 工作量及超工作量奖	43 %
2. 各类先进及成果奖	10 %
3. 骨干教师奖励津贴	2%
4. 管理岗位津贴	5%
5. 机动及安全综合奖	40%
合 计	100%

（二）五大项目具体考核办法

1. 工作量及超工作量奖。

（1）工作量奖：①按课时总量计算，每课时12元。②调课、代课经统计后，按实计算。

（2）超工作量奖：每周达到15课时及以上，发放超工作量奖，每课时奖励5元。

2. 各类先进及成果奖。

设立各种先进奖、成果奖，包括：教育教学质量奖、优秀学科组长奖、优秀备课组长奖、优秀中层干部奖、优秀年级组长奖、优秀班主任奖、论文奖，以及各级各类比赛活动奖等。各项奖励的具体实施办法参照有关方案执行，奖金额度设定在绩效工资总额的10%左右。

各项先进奖、成果奖分配方案：①教育教学质量、成果奖励30万元。②优秀学科组长、优秀备课组长奖励0.23万。③优秀班主任、优秀年级组长奖励0.31万元。④优秀中层干部奖励0.2万元。合计30.74万元。

3. 骨干教师奖励津贴。

按照《无锡市××中学骨干教师业务考核内容及评分细则》和《无锡市××区中小学骨干教师奖励标准》进行考核发放。

4. 管理岗位津贴。

（1）中层津贴：正职600元/月，副职500元/月。

（2）班主任津贴：400元/月。另增加班主任课时补贴，每周增加3个课时（20××年9月1日起执行）。

（3）年级组长津贴：400元/月（班主任兼年级组长的，补贴300元/月）。

（4）学科组长：语、数、英、物、化等科目320元/月，政、史、地、音、体、美等科目230元/月。

（5）备课组长：语、数、英、物、化等科目230元/月；体育180元/月；其他科目130元/月（学科组长兼备课组长的，不兼得）。

（6）补贴课时（在计算超工作量奖时，补贴课时不计入）：中层正职8课时/周，副职6课时/周。

注：其中第（1）项按12个月发放，第（2）至第（5）项均按11个月发放，第（6）项按10个月计算。

5．机动及安全综合奖。

为强调学校安全工作的重要性和责任的全员性，也为了应对一些不能预设的突击、突发性工作，特设立机动及安全综合奖，奖金总额约占学校绩效工资总额的40%。

在发放突击、突发性工作的机动性补贴后，加上一年来其他各项奖励实施后的余额，以年终安全综合奖励的方式，全部奖励给所有年度考核为“合格”及以上的教职工。

四、年度考核及结果运用

教职工年度考核结果分为优秀、合格、基本合格、不合格四个等级。考核为“优秀”的比例按照教育局的规定执行。

有下列情形之一者，根据情节轻重，确定为基本合格或不合格：

1．职业道德达不到基本要求的。

2．以非法方式表达诉求，干扰正常教育教学秩序，严重损害学生利益的。

3．因失职、渎职造成重大教育、管理事故或产生严重社会影响的。

4．歧视、侮辱、体罚或变相体罚学生造成后果的。

5．从事有偿家教的。

年度考核不合格的，不计发奖励性绩效工资中的各项奖金，并视情节减发其“基础性绩效工资”，下一年度不得申报职称评审；连续两年考核不合格的，按有关规定转岗或解聘。

五、结算及发放办法

1．奖励性绩效工资以年度为结算周期，每年完成结算后，在当年年底发放。

2．每月的工作量、加班及病事假数据隔月公示，其他项目在每个学期末完成结算后进行公示，如有差错，查实后及时更正。

3．刚参加工作的新教师、新调入本校工作的教师及调出本校工作的教师，安全综合奖按实际在校工作的月数计算，其他各项奖励均按实际考核结果发放。

未尽事宜由学校党、政、工领导集体商定解决。

本办法的解释权归校长室。

附件 1：教学岗位课时系数

学科 \ 系数 \ 年级	初一	初二	初三
语文、数学、英语	1.5	1.5	1.7
物理、化学		1.4	1.6
政治、历史	1.1	1.1	1.15
地理、生物、计算机	1.1	1.15	
体育	1.1	1.1	1.4
音乐、美术、劳动技术	1	1	1
心理、研究	1	1	1

附件 2：教辅岗位核定工作量

序号	岗位	核定课时
1	物理实验员	12.2 课时/周
2	化学实验员	9.5 课时/周
3	生物实验员	9.5 课时/周
4	报刊分发、张挂	2.4 课时/周
5	图书管理员（2 人）	16.2 课时/周
6	香樟文学社辅导员	6.8 课时/周
7	体育器材室管理员	9.5 课时/周
8	音乐器材室管理员	1.2 课时/周
9	美术器材室管理员	1.2 课时/周
10	办公室、教室、机房多媒体电脑设备维护员	13.5 课时/周
11	心理辅导与咨询人员	3 课时/周
12	广播室管理员	2.4 课时/周
13	宣传标语、橱窗布置及作品张贴等	3.7 课时/周

（续表）

序号	岗位	核定课时
14	音乐教室管理员	3.7 课时/周
15	总务干事（1 人）	6 课时/周
16	教务干事（2 人）	12 课时/周
17	办公室干事（1 人）	6 课时/周
18	学生阅览室管理员	0.75 课时/次
19	资源教室管理员	2 课时/周
20	科技辅导员	1 课时/周
21	大队辅导员	6 课时/周
22	教职工出勤检查员	1 课时/次
23	数学提优辅导员	初一、初二年级 2 课时/次，初三年级 3.7 课时/次

附件 3：后勤岗位周工作量

序号	岗位	周课时
1	主办会计	13.5 课时/周
2	出纳	12.2 课时/周
3	学校卫生保健员（含红十字会人员）	13.5 课时/周
4	文印室管理员	20.3 课时/周
5	外勤采购人员	6.1 课时/周
6	仓库管理员	6.1 课时/周
7	电工辅助人员	5.4 课时/周
8	管道维修人员	2.7 课时/周
9	门窗维修人员	1.3 课时/周
10	净水发放管理人员	2.4 课时/周
11	保洁员	9.8 课时/周
12	勤杂人员	6.1 课时/周

（续表）

序号	岗位	周课时
13	绿化辅助员	3.7 课时/周
14	行政三楼小会议室管理员	1.2 课时/周
15	节电、节水检查员	2.7 课时/周
16	关锁门窗和公物使用情况等检查员	4.1 课时/周

附件4：修正老年教师享受老龄补贴课时（20××年9月1日起执行）

根据《无锡市××中学内部管理改革方案》《2009—2010学年全员聘用、聘任工作操作办法》中关于老年教师享受老龄课时补贴的意见，现修正如下：退休前5年，即男55周岁、女50周岁以上在一线任课的教师享受课时补贴。

具体课时补贴如下：男55周岁、女50周岁以上，每周享受2课时补贴；男56周岁、女51周岁以上，每周享受4课时补贴；男57周岁、女52周岁以上，每周享受6课时补贴；男58周岁、女53周岁以上，每周享受8课时补贴；男59周岁、女54周岁以上，每周享受10课时补贴。

注：若退休政策有变化，则享受课时补贴的具体年龄做相应调整。

附件5：教学质量奖励办法

为有利于调动全校教师的工作积极性，增强教师的责任感，强化教师的质量意识，更好地体现优质优酬的分配原则，确保学校教学质量稳步提高，现根据我校实际，特制定本办法。

一、中考考试科目

1. 均分考核奖。

设均分考核基础奖200元。平均成绩每超区均分1分，加奖40元；平均成绩每低区均分1分，扣除20元；平均成绩低于区均分5分，不得奖。

2. 优分率考核奖。

设优分率考核基础奖200元。平均成绩每超区优分率1个百分点，加奖40元；平均成绩每低区优分率1个百分点，扣除40元，扣完200元为止。

3. 合格率考核奖。

设合格率考核基础奖200元。平均成绩每超区合格率1个百分点，加奖40元；平均成绩每低区合格率1个百分点，扣除40元，扣完200元为止。

二、非中考考试科目

按合格率进行考核。合格率在98%以上的奖300元，合格率在95%～98%的奖200元，合格率在93%～95%的奖100元。

三、几点说明

1. 以上考核均以备课组为单位，实施范围为每学期期末考试（政治、历史、地理、生物、计算机为毕业会考）。

2. 以上奖励对象为一个标准工作量的教师。具体应得奖金额按如下公式计算：

应得奖金额＝核算奖金额×工作量系数

中考科目的工作量系数＝（周课时数＋周教案数）/15

非中考科目的工作量系数＝（周课时数＋周教案数）/18

3. 周课时数分别为：语文、数学、英语各5节，物理、化学各4节，体育3节，政治、历史、地理、生物各2节，信息技术1节。

附件6：中考成果奖奖励方案

1. 根据每届初三实际情况另行制定。

2. 中考成果奖不超过奖励性绩效工资总额（不含班主任津贴）的5%。若方案计算超过此上限，则按如下公式计算个人实得中考成果奖：

个人实得中考成果奖＝个人计算成果奖×（奖励性绩效工资总额×5%÷校计算中考成果奖总额）

附件7：教科研成果奖实施办法

一、指导思想

为进一步加强学校内部管理，客观公正地反映教师劳动成果，充分调动教师工作积极性，全面提高教学质量，特制定本办法。

二、奖励对象及办法

（一）个人项目

<table>
<tr><th>序号</th><th>项 目</th><th>标 准</th><th>受奖对象</th><th colspan="4">金 额（元）</th></tr>
<tr><td rowspan="4">1</td><td rowspan="4">教师业务竞赛</td><td rowspan="4">有证件、证书等</td><td rowspan="4">有关教师</td><td>级别</td><td>一等</td><td>二等</td><td>三等</td></tr>
<tr><td>区级</td><td>100</td><td>60</td><td>40</td></tr>
<tr><td>市级</td><td>300</td><td>200</td><td>100</td></tr>
<tr><td>省级以上</td><td>500</td><td>300</td><td>200</td></tr>
</table>

（续表）

序号	项 目	标 准	受奖对象	金 额（元）			
2	教学设计	有证件、证书等	有关教师	级别	一等	二等	三等
				区级	50	30	20
				市级以上	80	60	40
				省级以上	100	80	60
3	教学论文奖	有证件、证书等	有关教师	级别	一等	二等	三等
				区级	50	30	20
				市级	100	60	40
				省级以上	150	100	60
4	学生学科竞赛、作品发表等	有学生获奖名单或学生获奖证书等	指导老师	级别	一等	二等	三等
				区级	50	30	20
				市级	80	60	40
				省级以上	100	80	60

说明：

1. 校园网宣传稿 10 元/篇，由办公室统计，教务处造表，纳入教学成果奖。

2. 教师业务竞赛和学生学科竞赛必须是由教育行政部门（含教育学会）组织的，其他部门组织的竞赛活动不算。

3. 教师根据学校安排，承担对外（区级、市级、省级、国家级）展示课或研讨课，区、市级补贴 80 元/节次，省级以上（含省级）补贴 150 元/节次；如有获奖证书，按获奖等次核定。

4. 教师获奖论文必须是由教研中心、教育学会、陶行知研究会等教育相关部门进行评比的论文。

5. 由正规出版社出版发行的个人专著由校长室讨论决定奖励额度。

6. 指导学生参加各类学科竞赛、发表作品的教师，以每次竞赛活动当中学生所获单项比赛的最高奖项给予奖励，不重复累计。优秀指导奖等奖项不予以奖励。

（二）集体项目

1. 舞蹈、乐器、球类等在区级竞赛中获团体奖（预选赛不计）分别给予奖励：一等奖 800 元，二等奖 600 元，三等奖 400 元。在市级以上（含市级）竞赛中获奖，在区级奖励的相应等次的基础上增加 100 元。在团体比赛中未获奖，对整个团队补贴 200 元。

2. 在区中学生田径运动会上，按获奖情况分别给予团队奖励：第一名 10000 元，第二名8000元，第三名6000元，第四名5000元，第五名3000元，第六名2000元。没有取得前六名次的，对整个团队补贴800元。

每位教师的具体奖金额由教研组长决定。

3. 组织学生代表学校参加区级以上（含区级）大型表演活动，相关部门应根据实际情况对指导老师适当进行课时补贴。

集体项目不另外计发训练费。

附件8：优秀中层干部考核奖

1. 根据德、能、勤、绩的情况进行民主测评，其中教职工民主测评占70%，校长室民主测评占30%。

2. 评为优秀中层干部的，每学年奖励500元。

3. 优秀中层干部的比例控制在30%左右。

附件9：优秀年级组长评选办法

一、评优原则

服从学校统一安排，顾全大局，积极工作，使本年级组教师风气正、团结好、干劲大，年级组工作成效显著。

二、评选方法

1. 根据德育处制定的年级组长工作职责，经过考核，每学年评选出优秀年级组长1名。考核采用评分制，设置总分为100分，其中常规工作完成情况测评（由德育处牵头，会同其他各处室进行综合考核）占50%，年级组民主测评占30%，校办公会议测评占20%。

2. 评为优秀年级组长的，颁发荣誉证书及奖金奖励400元（优秀年级组长和优秀班主任奖金不可兼得）。

三、优秀年级组长的考核细则

项目	具体内容	分值	自评	部门考评
计划总结	每学期期初有年级组建设计划，每学期期末有年级组建设的总结，各种材料上交及时、齐全	10		
年级常规教育教学管理	抓好本年级学生常规管理，培养学生良好的道德品质和行为习惯；着力提高本年级的教学质量	15		
指导班主任	指导本年级组的班主任工作	10		

（续表）

项目	具体内容	分值	自评	部门考评
办好家长学校	每学期召开学生家长会；协助学校办好家长学校，提高家长对家庭教育重要性的认识	10		
突发事件	无重大的突发事件	10		
年级各项教学常规执行情况	严格执行教学常规，无违规现象	10		
年级活动	按要求组织各类学生活动，有成效	10		
年级公物保管情况	年级公物管理、节电节水情况	10		
突击性工作	各部门布置的突击性工作和表中未列的常规性工作的完成情况	15		
合计		100		

附件10：优秀班主任评选办法

一、评选原则

1. 将各项量化考核标准与民主测评相结合，以考核为主、测评为辅。

2. 优秀班主任的比例控制在30%左右。

3. 获得校级优秀班主任称号的，方可参加市、区级（含）以上优秀班主任的评选。

二、评选方法

1. 优秀班主任的评选，设置总分为100分，其中班主任“十项常规”考核（德育处负责考核）得分占60%，年级组民主测评占25%，校办公会议测评占15%。

2. 中途接手班主任工作，属于帮学校解决实际困难的，酌情加1～5分。

3. 评选优秀班主任的当年度，需有一篇获奖或发表在市、区、校级刊物上的德育论文。

4. 班级学生有违法、犯罪，班主任有体罚或变相体罚学生的行为，或班主任有违规行为，造成严重不良影响，或者班级中出现责任事故的，当年度不得评选。

5. 按照以上要求和评选的计分方法产生优秀班主任名单。

6. 依照学校奖励方案，给予校优秀班主任荣誉证书及奖金奖励300元。

三、优秀班主任考核内容及评分细则

项目	具体内容	分值	自评	部门考评
计划总结	各种材料上交及时、齐全	10		
十项常规	每日进行十项常规检查，汇总学期得分，以 50 分折算	50		
班级布置	班级布置有特色，体现班级个性化	5		
学生周记	指导学生写好周记，促使师生同进步、共成长	5		
好人好事	班级内好人好事较多	5		
团队活动	按要求进行班团活动，成效显著	5		
互联网校网平台使用情况	每月发布消息 10 条以上	5		
突发事件	无突发事件；遇突发事件时能及时、妥善处理，无后果	5		
突击性工作	各部门布置的突击性工作和表中未列的常规性工作的完成情况	10		
合计		100		

附件 11：优秀备课组长、学科组长考核内容及评分细则

项目	具体内容	分值	自评	部门考评
常规工作	1. 学期初制定备课组建设方案，并报教务处	5		
	2. 每周定期开展备课组活动，组内人员不无故缺席，活动记录及时报教务处。活动记录不详细一次扣 1 分，无故缺席一人次扣 1 分	20		
	3. 按计划开展好公开课活动，并组织本备课组内教师的听课、评课，评价汇总表及时报教务处。听课或评课缺席一人次扣 1 分	15		
	4. 按时完成学期总结、质量分析表	5		
	5. 按学校要求组织命题和阅卷工作，无差错，并及时上报有关数据及材料	5		
	6. 组内教师能按规定持教案上课，能认真批改作业。抽查发现无教案上课或不批改作业的，一次扣 3 分	15		

（续表）

项目	具体内容	分值	自评	部门考评
教学成果	1. 中考科目：均分达区均分，得30分；每低于区均分1分（语文0.5分，化学0.5分，体育0.1分），扣1分 2. 会考科目：合格率达100%，得30分；每低于1个百分点，扣1分 3. 音乐、美术科目：指导学生参加教育主管部门组织的各级各类比赛，获区团体一等奖或区团体第一、第二名，得10分；获二等奖或团体第三、第四名，得8分；获三等奖或团体第五、第六名，得5分。个人获区一等奖，得3分；获二等奖，得2分；获三等奖，得1分。获市级及以上奖项，得分是区级相同等级的2倍。以上得分可以累计，但满分不得超过30分	30		
特色建设	备课组学科活动建设有创新、有特色。活动要有方案、过程性材料、学生评价等方面的内容（方案2分，过程性材料2分，学生评价1分）	5		
一票否决	组内教师违规征订教辅资料或发生严重教学事故的，经查实，取消评优资格			
合计		100		

备注：①优秀备课组长的比例控制在30%左右。②本考核办法以学年度为考评周期。③总分为100分，其中备课组长自评占20%，部门考核占50%，办公会议民主测评占30%。④被评为优秀备课组长的，每学年奖励300元。⑤学科组下属的备课组中有两个备课组长被评为优秀的，则学科组长为优秀学科组长，每学年奖励400元；学科组长兼备课组长的，两项不可兼得。

附件12：骨干教师业务考核内容及评分细则

项目	内容和评分	分值	自评	学校考评
个人专业业务发展（80分）	1. 能带头上好教学公开课。校级每节8分（良好6分，合格4分），区级以上（含区级）每节10分	15		
	2. 能认真做好业务讲座。校级（学科组）每次8分，区级以上（含区级）每次10分	15		

（续表）

项目	内容和评分	分值	自评	学校考评
个人专业业务发展（80 分）	3. 教学效果良好。正常进行本学科课堂教学的基本分为 12 分。学科组进行民主测评，满分为 8 分，各等次权重为："好"得 8 分，"良好"得 6 分，"一般"得 4 分，"差"不得分，折算后计入	20		
	4. 学生认可。所任班级学生对教师的课堂教学满意率高。满意率为 90% 以上（含 90%）的，得 15 分；每低 2 个百分点，扣 1 分	15		
	5. 努力开展教育科研，积极参与教育教学课题研究。参与课题研究得 3 分，有过程性材料加 2 分	5		
	6. 努力撰写教育教学论文，并正式发表或得奖。区级每篇得 6 分；省、市级每篇得 10 分	10		
培养青年教师专业发展（20 分）	指导公开课得 3 分，校级获优等得 4 分，区级以上（含区级）获优等得 5 分；听课 5 分（每节 1 分）；指导开展好教学工作得基本分 8 分，所任班级在原有基础上有进步的加 1 ~2 分	20		
综合得分	自评（20%）：　　学校考核（80%）：			

备注：①学校成立骨干教师考核小组进行考核。②本考核办法以年度为考评周期。③青年教师的培养指导由学校统一安排。④成绩考评统一以学年度第二学期期末考试为准。⑤考核采用个人自评和学校考评相结合的方法，个人自评占 20%，学校考评占 80%。被考核者填写"骨干教师业务考核评分表"，并附上相应材料。

附件 13：班主任、骨干教师业务考核表

姓　名		出生年月		单　位	
荣誉称号		取得时间		任职班级	

项目与内容		完成情况	自评得分	学校审核	备注
师德师风（15）	师德高尚，管理严格，作风民主，师生关系融洽	（1）基本分：10 分；（2）获省、市、区、校德育线荣誉的，分别加 5 分、3 分、2 分、1 分			

（续表）

项目与内容		完成情况	自评得分	学校审核	备注
专业技能（15）	熟练掌握教育学、心理学等基础知识及班主任工作基本技能，善于开展思想道德教育	（1）基本分：10分；（2）参加省、市、区德育（班主任）培训，分别加4分、3分、2分；（3）坚持撰写班级管理日志的，加2分			
家校合作（10）	开展家访工作，指导家长进行家教，参与社区教育	基本分：10分			
班级管理（20）	班级管理规范、科学，所带班级班风正、学风好	（1）基本分：12分；（2）获省、市、区、校优秀班集体等荣誉，分别加8分、6分、4分、2分			
德育科研（20）	积极参与德育科研工作，撰写论文，善于总结	（1）基本分：12分；（2）主持（或参与）省、市、区课题的，分别加6（或5）分、4（或3）分、2（或1）分；（3）发表省、市、区级论文的，每篇论文分别加5分、4分、2分；（4）论文获省、市、区一（或二）等奖的，每篇论文分别加4（或3）分、2（或1）分、1（或0）分			
示范作用（20）	充分发挥骨干教师的示范作用，培养青年班主任	（1）基本分：12分；（2）所培养的青年班主任获省、市、区德育荣誉的，分别加3分、2分、1分；（3）主题班会（或心理健康课）获得省、市、区级奖项的，分别加3分、2分、1分			
学生测评	参加测评的学生为______人，对班级管理满意（含较满意）的为______人，满意率为______。				
单位综合考核意见	学校（盖章）　　年　　月　　日				

注：①“学校审核”栏主要反映所填情况是否属实，并根据实际情况评分。②“完成情况”栏必须有相应的证明材料予以证明。③考核表一式两份，所在学校和本人各留一份。

附件14：病、事假请假制度及考核办法

一、指导思想

为加强学校教职工队伍建设，更好地调动教职工工作的积极性和主动性，健全请假制度，确保学校各项工作顺利进行，特制定本校教职工病、事假管理办法。

二、请假制度

1. 临时外出，时间一般在一小时左右，应向有关部门负责人或年级组长请假。

2. 半天以上（含半天），应向校长室请假，在准假后方可离校（班主任还须向德育处请假）。

3. 凡未办理请假手续，事后半天之内又不补假的，一律作旷工处理。

4. 私自离校，一律作旷工处理。

三、考核办法

1. 病假每天扣25元（必须有病历等证明）。

2. 事假每天扣50元。

3. 旷课一节扣100元，旷工半天扣200元。

4. 政治学习或业务学习等会议无故缺席，扣15元/次。

5. 婚假、丧假、产假等假期的休假天数和工资待遇按上级有关文件执行。

6. 在年终的30%考核部分扣减病、事假等扣款。

四、说明

1. 病假、事假、婚假、丧假、产假等，须扣除期间的工作量。

2. 确因工作需要，未享受满期的婚假、丧假、产假等假期，未享受的部分作为加班处理。

3. 其他未说明的事宜按上级2014年12月颁布的《关于进一步规范机关事业单位工作人员请假管理制度的通知》中的有关规定执行。

【案例六】

江苏省常州市某中学奖励性绩效工资发放办法

根据省政府办公厅转发省人事厅等部门《江苏省义务教育学校绩效工资实施意见的通知》（苏政办发〔2009〕84号）和《关于印发〈常州市市属义务教育学校绩效工资实施办法〉的通知》（常人发〔2009〕61号）精神，从2009年1月1日起，对国家规定执行事业单位岗位绩效工资制度的义务教育学校正式工作人员实施绩效工资管理。

依据上述文件规定和《关于局属义务教育学校奖励性绩效工资发放的指导意见》(常教人〔2009〕50号),结合本单位的实际情况,现就教职工奖励性绩效工资发放提出如下试行意见。

一、实施范围和时间

按国家规定执行事业单位岗位绩效工资制度的义务教育学校在编在岗的工作人员,从2009年1月1日起实施绩效工资管理。本办法经五届××次教代会讨论通过,报教育局批准后,从下个月起实施。

二、奖励性绩效工资的构成

奖励性绩效工资主要体现超工作量和实际贡献等因素,其占绩效工资总额的30%。

三、奖励性绩效工资总额的核定办法

奖励性绩效工资总额=本单位上年度12月份全体人员的基础性津贴工资总额÷70%×30%×12+本单位上年度12月份全体人员的基本工资总额

四、奖励性绩效工资分配原则

1. 绩效性原则。贯彻按劳分配原则,依据考核情况,与教职工工作数量和质量直接挂钩,多劳多得,优绩优酬,着重考评教师工作实绩,重点向一线教师、骨干教师和做出突出成绩的其他工作人员倾斜。

2. 发展性原则。激励教职工敬业爱岗,发扬开拓进取的精神,在教育教学岗位上创造新业绩,创设有利于培养人才及优秀人才成长发展的机制、环境。

3. 导向性原则。体现学校内部管理改革方向,与学校三年主动发展规划相联系,强化岗位责任,坚持以岗定薪,按工作质量、岗位职责大小和工作业绩等实际贡献拟定分配方案。

4. 可操作性原则。紧密结合本单位历史、现状及发展目标,多方听取教师意见,修订、完善分配方案,方案科学合理、便于测算、便于操作。

五、奖励性绩效工资项目的设定

(一)工作量津贴(全年按10个月发放)

1. 设立月考勤奖,基数为300元(考勤细则见附件1)。

2. 教师课时津贴及其他人员津贴。

每月计算工作量,工作量系数为“1”,基数为700元,按实际工作量计算和发放津贴。

(1)教师课时津贴:

教师课时津贴=工作量津贴基数×周课时数/学科额定周课时数+兼职津贴+其他

(2)职员津贴(行政人员管理系数为教师工作量系数的80%):

职员津贴 = 校工作量津贴基数 × 岗位系数 + 兼职津贴 + 其他

说明：①津贴中的“其他”是指早晨管理、代课、上辅导课等。②“学科额定周课时数”标准为：语文、数学、外语 10 课时，物理、化学、政治、历史 12 课时，体育 13 课时，地理、生物、音乐、美术、劳动技术、信息技术 14 课时，其他学科 16 课时。

教育局文件规定，学校中层以上领导兼课数标准：校级正职、校级副职、中层干部兼课时数分别为教师的 1/4、1/3、1/2。

（3）早晨到班检查学生预习、复习情况的教师（经教导处核准后备案）每班每次 4 元。

（4）九年级中考科目满工作量的课时补贴系数为 0.2；不满工作量的，按工作量乘以相应系数。

（5）任课教师每个教案补贴 20 元。

（6）校本课程每个教案补贴 10 元，外加学期结束后的集中展评考核奖励。研究性学习以学生的研究性成果评比结果为依据，奖励指导老师（考核说明见附件 2）。

（7）专任教师男年满 57 周岁、女年满 52 周岁，每周补贴 1 课时。

（8）体育教师在上足规定课时的基础上轮值带广播操、进行课外活动，每周补贴 2 课时。

（9）体育教师室外工作补贴每月 20 元。

（10）教师代课标准：工作量不足的教师代课纳入工作量，计发岗位津贴、课时奖励。临时代课的，按每课时 15 元计算；代课一个月以上的，按工作量系数计算。

3. 行政岗位津贴。行政岗位工作量的核算，以服从学校整体工作安排为前提。

物理实验负责岗位：物理实验准备、室内卫生打扫、物品保管、台账和资料管理，工作系数为 0.8（行政人员管理系数，下同）。

化学实验负责岗位：化学实验准备、室内卫生打扫、物品保管、台账和资料管理，工作系数为 0.5。

生物实验负责岗位：生物实验准备、室内卫生打扫、物品保管、台账和资料管理，工作系数为 0.4。

体育器材负责岗位：运动场馆保洁，兼职管理体育台账和资料、体育器材出借和保管，工作系数为 0.3。

电教设备负责岗位：投影仪、广播系统、录音机等电教仪器的维修，多媒体室、开会会场、网络、电教资料等的管理，工作系数为 1.1。

教务专职岗位、图书馆专职岗位、仓库专职岗位：工作系数为 1。

财务专职岗位：工作系数为 1.25。

校医专职岗位：工作系数为1。

其他岗位：标语、宣传等，工作系数为0.1；网络宣传、PPT制作，工作系数为0.1；心理咨询，工作系数为0.1；网络管理，工作系数为0.3；电脑维护，工作系数为0.3；微机房管理，工作系数为0.1。

4. 假期培训及加班补贴：包括假期校本培训、节假日教育教学研讨会、加班、值班、辅导等。

经学校领导批准的工余时间加班按天计算（含午餐补贴），零星加班的（不满半天）酌情发放，值班、辅导酌情发放。非教学人员在完成工作量的基础上，超额完成学校安排的其他工作，酌情计奖。中层干部加班不享受加班补贴。

（二）特殊岗位津贴

1. 班主任津贴。

按上级文件规定，班主任津贴每月500元，全年按10个月计发，每月与基础性绩效工资同时发放；另外，对照本校班主任工作考核细则，每月对班主任进行考核，根据考核结果发放奖励（一、二、三等奖）。具体考核细则（由德育处负责制定，绩效工资分配领导小组审定）见附件3。

2. 中层以上干部津贴。

（1）校级领导津贴：根据文件规定，校长津贴为全校平均奖励性绩效工资的1.6倍，副校级为1.4倍。

（2）中层干部津贴：中层正职奖励性绩效工资按本校教职工奖励性绩效工资平均数的1.2倍发放；中层副职奖励性绩效工资按本校教职工奖励性绩效工资平均数的1.1倍发放。

3. 教研组长、年级组长、备课组长、少先队大队辅导员津贴（就高不就低）为275元/（人·月）。

教研组长津贴：基本津贴80元/月，再加学期考核津贴20元/月，考核后发放（考核细则见附件4）。

年级组长津贴：基本津贴80元/月，再加学期考核津贴20元/月，考核后发放（考核细则见附件5）。

备课组长津贴：40元/月；少先队大队辅导员津贴：30元/月；民主党派负责人：30元/月。

如有兼任，以最高项加上最低项的一半进行计算。

4. 外借人员：经学校同意外借给教育局或兄弟学校的在编人员，由校长室研究决定其津贴额度。

（三）优秀个人奖、先进集体奖（教师专项奖励见附件6）

1. 优秀个人奖。

即各级综合先进、单项先进奖励（此项奖励必须由上级教育主管部门组织，且获奖者没有被给予物质奖励的）。根据教师专业发展取得的成绩（如获得市“五级阶梯”称号的教师、年度考核优秀人员、嘉奖人员、校先进教育工作者，以及获得学校评定的单项先进人员等），如上级有文件，按上级文件精神执行；上级没有文件规定的，由校长室研究决定。

2. 优秀组织奖。

对获得各级各类集体荣誉的团队（如学校内设机构、团组织、工会组织、年级组、教研组、备课组等），进行奖励。

3. 学校集体荣誉奖。

为了鼓励、表彰全校教职工积极参与学校民主管理，大力营造优良的校园人文环境，对学校在国家级、省级、市级、局级取得的各种综合性荣誉及单项荣誉，给予相关个人及全员奖励。该项奖励由校行政例会研究决定，根据每年度实际情况具体实施。

4. 学校安全奖。

学校通过安全评估或检查，师生无重大安全事故的，在普奖的基础上再给予嘉奖。

（四）工作质量奖

1. 岗位质量奖（具体细则见附件7）。

岗位质量奖每学期考核一次，视考核结果分一、二、三等奖发放。

2. 教科研成果奖、宣传报道奖（具体细则见附件6）。

3. 辅导学生奖（具体细则见附件7）。

4. 中考工作质量奖（具体细则见附件8）：在普奖的基础上，给予对中考毕业班做出贡献的教师进行奖励。

（五）继续教育奖励

对能按教育局规定完成继续教育规定课时，以及参与校本培训、校本教研的教师给予奖励。

六、奖励性绩效工资项目的发放办法

1. 根据学校奖励性绩效工资的分配项目配套相应的绩效考核办法，通过绩效考核，按学期结算每个教职工的奖励性绩效工资，经教育局审核后，由同级财政部门按学期划入个人工资的银行账户。

2. 长期病假人员、年度考核为基本合格或不合格人员的奖励性绩效工资原则上不发放。

3. 见习期教师的奖励性绩效工资按50%发放。

七、附则

1. 本办法解释权属校长室。

2. 本办法实施后，原有奖励方案自行作废。如有与上级有关文件精神不一致处，以上级文件为准。

3. 本办法经五届××次教代会讨论通过，报教育局批准后，于20××年×月起开始实施。

附件1：常州市××中学绩效工资考核、考勤办法

根据《关于局属义务教育学校奖励性绩效工资发放的指导意见》（常教人〔2009〕50号、51号）文件精神，现就本校教职工绩效工资考核提出如下试行意见。

一、考核对象

全体在编在岗的学校工作人员。

二、绩效考核与绩效工资分配

（一）基础性绩效考核与岗位津贴发放

对服从工作安排、履行岗位职责、完成学校规定的教育教学任务，年度考核为合格及以上等次的教师，全额发放其相应的基础性绩效工资。对没有履行岗位职责、没有完成规定的教育教学任务、在师德方面存在问题或发生教学事故及其他违反学校教育教学要求的，酌情减发基础性绩效工资。经查实，从事有偿家教、私自在校外兼课、进行有偿招生的；不服从学校管理，以非法方式表达诉求，干扰正常教育教学秩序的，年度考核定为不合格。其他有损教师形象行为的，视情节轻重，年度考核定为基本合格或不合格。年度考核基本合格或不合格人员的岗位津贴（基础性绩效工资部分）扣减办法见《常州市市属义务教育学校绩效工资实施办法》的操作口径和有关规定。

（二）奖励性绩效考核与奖励性绩效工资发放

1. 班主任按月考核，考核合格后，发放班主任津贴，考核优秀者适度奖励。

2. 除学校党、政正职领导以外的教职工的奖励性绩效工资，依据考核结果发放。

3. 学校党、政正职领导由教育主管部门考核，并依据考核结果发放奖励性绩效工资。

三、考核内容

（一）德

教师要自觉抵制有偿家教，不得以任何理由、任何方式不履行教育教学职责，不得肆意辱骂、歧视、体罚和变相体罚学生，不得以非法方式表达诉求、干扰正常教育教学秩序、损害学生利益。

（二）勤

主要考核工作态度，鼓励出全勤，适当照顾病假，严格控制事假，从严处罚旷工。

考勤由办公室负责，各教研组长具体操作并每日登记，办公室、校长室随时抽查，发现弄虚作假者，适当减发考核者奖励性绩效工资。教研组长、处室负责人每月将请假情况交办公室备案。

1. 教职工请假必须事先履行请假手续，否则作旷工处理。

（1）病假需有市级医院病假证明，事假一般需提前两天提交书面请假条。先经校长室批准，病、事假证明交教导处，由教导处负责安排课务，然后交办公室备案。一天以上（包括一天）的请假，教职工应向办公室主任申请，由校长室审批。

（2）教职工因看病或其他事情离校外出，半天之内又不影响课务（或工作）的，要向教研组长口头请假，教研组长要如实考勤并登记，可不作病、事假处理。但原则上一月之内不得超过两次，超过者作病、事假处理。

（3）教师有病假条，但坚持上课，经校长室同意，可上自由班，不作病假处理。

2. 当月病假三天之内（含三天）的，每天扣 30 元；当月病假累计 4 个工作日以上的，按比例扣发教职工当月课时津贴（每月按 20 天计算），直至扣完当月课时津贴。

3. 女年满 50 周岁、男年满 55 周岁的教职工请病假，按上款的 0.75 执行。

4. 当月事假三天之内每天扣 60 元，第四天起每天扣 100 元，直至扣完当年绩效工资。

5. 上下班迟到、早退，视情节轻重，每次扣 20～60 元。凡未履行请假手续或请假未获批准而不到校工作者，一律作旷工处理。旷工每半天扣发绩效工资 150 元；旷工满三天，停发当月全部绩效工资，直至进行行政处理。旷课一节视作旷工半天。

（三）责

教职工必须认真履行职责，爱岗敬业，高质量地完成自己的本职工作。教师由教导处和行政值班人员负责考核，行政人员由各处室负责人负责考核，中层干部由校长室负责考核，并统一由校长室审核。

1. 任课教师。

（1）正式上课迟到、早退，每次扣奖金 20 元，超过五分钟，每次扣 40 元；上课时接听手机、不认真备课、不认真批改作业造成教学事故，每次扣 40 元；未经教导处同意，擅自调课、代课，每次扣 40 元。本条所列情况由教导处核实，每月 30 日汇总后交办公室。

（2）重大教学事故，行政办公会另行讨论处理。

（3）任课教师不组织学生做眼保健操，每次扣 10 元；负责播放眼保健操的工作人员无正当原因未履行职责，每次扣 15 元。

（4）考试监考铃响未到班监考，每次扣 20 元，迟到 10 分钟扣 40 元；无故旷监一次，视作旷工半天，扣 150 元。监考时擅离考场且无人代监，每次扣 40 元；情节严重，造成不良后果的，加倍处罚，直至进行行政处分。监考时做批改作业、看报等与监考无关的事，每次扣奖金40元。监考收卷出现差错，每次扣20元。

（5）各类会议、升旗仪式，迟到、早退或中途离开，视情节轻重每次扣20元，无故缺席一次扣60元。本条所列情形由办公室考核并汇总。

（6）辱骂、体罚或变相体罚学生，向学生暗示、索要财物等有损教师师德形象的行为，一经发现，将视情节轻重扣除有关人员的部分或全部津贴，直至进行行政处分。

（7）凡是无故不服从工作安排，影响学校工作顺利开展的，扣除其当月工作量奖，直至接受工作安排为止。

2. 中层、班主任及有各种兼职工作的教师、行政人员都必须履行岗位职责，严重失职、影响学校正常工作和师生生活的，视情节轻重，由校行政会议讨论，扣减当月工作量津贴的1/10直至全部。

四、附则

1. 在家休产假的教职工，在法定产假期间，不享受课时津贴，适当发放工作质量奖。

2. 教师对考核结果有不同意见，可以通过正常渠道，以正确的方式向学校、学校主管部门逐级申诉，不得以非法方式表达诉求。

附件2：常州市××中学校本课程、研究性学习绩效考核办法

一、校本课程的绩效考核

1. 校本课程采取“过程性考核”和“展示评比考核”相结合的方式。

2. 过程性考核办法：每个教案补贴10元。

3. 展示评比考核办法：每学期结束前进行校本展示评比，根据评委现场打分，结合材料上交及课程影响等因素，评选出一、二、三等奖若干名（原则上各占三分之一），分别给予200元、150元、100元的奖励。

4. 教导处作为考核管理部门，负责本方案的执行。

二、研究性学习绩效考核

1. 研究性学习应利用课余时间开展，不计课时津贴。

2. 研究性学习绩效考核采取评比展示的方式进行。每学期结束前进行研究性学习评比展示活动，经学生、教师评委投票，或以计分方式评选出一、二、三等奖若干名，分别给予200元、150元、100元奖励。

3. 教导处作为考核管理部门，负责本方案的执行。

附件3：常州市××中学班主任工作常规管理考核办法

为了科学地考核班主任的工作，鼓励班主任认真履行岗位职责，工作到位，全面关心学生，加强班级常规管理，努力创造特色教育，积极创建班级文明集体，特制定如下方案。

一、考评内容

1. 班主任工作考核分月评和学期评两大系列。月评系列的津贴为平均100元/人。

2. 月评系列分为班主任常规工作考核和班级工作常规表现考核。

班主任常规工作考核内容主要包括：课间操（早操）、出勤、班团活动等的开展情况，以及各类材料上报情况等。

班级工作常规表现考核内容主要包括：室内外卫生、黑板报、两操一课、自修纪律、乱扔垃圾、公物维护等的管理。

注：临时性内容视情况加、减分。

二、考评方法

1. 考评由学生处具体实施，每月汇总后，进行综合评定。

2. 月评工作由学生处综合审定。

注：每月考核结果于下月月初公布。

三、考评处理

1. 全年按10个月发放。

2. 每学期病、事假累计5天以内的，每天扣20元；累计超过5天的，相应班主任津贴发给代班主任。

3. 班主任津贴每月平均为100元，实得数由学生处每月考核后确定。

本办法自公布之日起施行。

附件4：常州市××中学教研组长考核办法

一、说明

教研组长的考核应以工作实效为依据，结合日常事务的完成情况综合进行。教研组长津贴分为月基本津贴和学期考核津贴。月基本津贴按月发放，学期考核津贴在学期末考核后发放。考核结果以百分制方式呈现，根据得分情况评出“优秀、良好、合格、不合格”四个等级（优秀：90分以上；良好：75分以上；合格：60分以上；不合格：60分以下）。获得优秀等级的，学期考核津贴足额发放，其余等级依次递减20元。

二、考核细则

1. 学期初制定教研组工作计划，期末有工作总结。(10分)

(1) 每学期期初，教研组长按教导处提出的工作计划，结合本组的实际情况制订教研组工作计划，及时上传或上交教导处。(5分)

(2) 每学期期末能根据一学期来的活动情况及时反思，并认真撰写工作总结，按规定时间上传或上交到教导处。(5分)

2. 认真组织教师做好各项教学工作的检查、督导、反馈与考核。(10分)

(1) 能认真做好各项教学常规的检查、督导工作，认真填写“教研组工作手册”并进行反馈。(5分)

(2) 对本组教师的教学工作（备课、上课、作业等）进行严格认真的检查，每学期期末向教导处提供考核数据。(5分)

3. 规范组织本组教师的学习、研讨活动，推广成功的教学经验。(10分)

(1) 组织本教研组教师学习教学理论和课程标准，组织备课组和教研组开展专题研讨活动。(5分)

(2) 开展多种方式的交流活动，学习并推广好的教学经验。(5分)

4. 组织开展教学专题研究，组织开展教学观摩活动。(10分)

(1) 能按学校要求组织本组教师开展组内研讨活动，做到有计划、有安排、有效果。(5分)

(2) 能根据学校的要求积极组织教师参加校级及校级以上公开课，并认真组织本组教师参与听课、研讨。(5分)

5. 认真组织学校的常规教研活动。(10分)

(1) 能准时组织本教研组两周一次的教学研讨活动，考勤到位。(5分)

(2) 活动有计划、有主题、有内容、有记录。(5分)

6. 每学期随堂听课、评课不低于规定节数。(10分)

每学期随堂听课不低于20节（5分），课后及时进行评课、反馈（5分）。

7. 协助学校对本教研组的教学质量进行及时的监控与反馈。(10分)

(1) 每学期能主动参与对各类考试的组织和管理。(5分)

(2) 利用教研活动及时对考试情况进行反馈。(5分)

8. 做好传帮带工作，主动关心和培养青年教师。(10分)

(1) 经常听青年教师的课，并进行业务指导。(5分)

(2) 关心青年教师的思想、生活，促进青年教师学历和专业成长。(5分)

9. 认真组织学科活动，建设教研组文化。(10分)

(1) 每学期至少组织一次教研组策划的校级学科活动（竞赛、演讲、展评等主题

活动）。（5 分）

（2）加强教研组文化建设，开展一次教研组文化主题活动展示。（5 分）

10. 出色地完成学校交给的各项临时性工作。（10 分）

（1）能出色地完成学校各部门安排的一些临时性工作。（5 分）

（2）主动承担一些临时性工作。（5 分）

11. 对做出突出贡献的，予以奖励、加分。（5～20 分）

如果教研组长作为核心成员带领本教研组成功获得区教育局以上级别的各类集体荣誉，考核时将视级别予以加分：区级加 5 分，市级加 10 分，省级加 20 分。

以上考核都建立在材料和实绩的基础之上。

附件 5：常州市××中学年级组长工作考核细则

为发挥年级组长在年级管理中的重要作用，更科学、更客观地体现年级组长在年级组建设和学生思想工作中的工作态度和实绩，充分调动年级组长的工作积极性、主动性、创造性，逐步实现我校德育工作的制度化、规范化，特制定本细则。

一、考核办法

1. 年级组长常规工作考核采用得分制和减分制。

年级组长月考核分数＝年级组长常规工作考核分（采用百分制）

2. 年级组长月考核分为三个等级：A 级 90 分以上；B 级 80～90 分；C 级 80 分以下。

3. 对有体罚和变相体罚现象的年级组长，实行一票否决制，学期考核为 C 级；年级有学生受到处分的，月考核和学期考核均下降一个等级。

4. 年级组长工作有明显成效，所带年级有显著进步的，给予其突出表现加分（1～10 分）。

二、年级组长常规工作考核内容

1. 考核本年级组班主任的平均得分（总分为 100 分）。

2. 考核班主任、年级组长会议出勤情况（总分为 10 分；因公事缺席一次扣 1 分，因私事缺席一次扣 2 分）。

3. 年级组内班主任或全体教师会议每月至少召开 2 次（总分为 10 分，缺 1 次扣 2 分）。

4. 能协调、团结组内教师，及时化解组内教师和学生的各种矛盾，能认真、准确地传达学校布置的各项工作，并及时认真完成，切实起到学校和年级组教师的纽带作用，做到上情下达、下情上报（总分为 20 分，A 等 20 分，B 等 16 分，C 等 12 分，D 等 8 分）。

5. 考核年级组内学风建设、晨会课、自修课、午会课的纪律状况（总分为10分，有违反纪律者，每班次扣1~2分）。

6. 年级组内学生有礼貌、讲卫生，有强烈的社会责任感，能主动问候老师，主动维护校园环境的洁、齐、美（加5~10分）。

7. 加强年级组内学生干部的培养，考核学生分会建立及运转情况（总分为25分，其中建立了分会的加5分；运转情况优等的为9~10分，良好的为7~8分，中等的为5~6分，较差的为4分及以下）。

8. 对于组内出现违纪现象的同学，应及时教育和处理，做到就地化解，对出现的重大事件上报给政教处。如果每月出现5人次以上的违纪现象，酌情扣1~2分。

9. 年级组内落实对偏差生行为、思想、心理的帮教工作。每一个年级不少于3人，要做到定时定人，有台账记录，且帮教效果明显（总分为20分）。

10. 年级组内有学生代表参加学校各类竞赛、训练，对组织工作做得好的，在月考核时，根据实际情况进行1~5分的加分处理。

11. 年级组内有班级或个人荣获区级以上荣誉称号的，分别给予加分（个人获奖，每人次加1~3分；班级获奖，每班次加5~10分）。

12. 年级组内学生的假日小队和青年志愿者服务队活动能正常开展的加5分，得到社会表彰的加10分。

13. 组内教师有德育课题申报，每一个市级课题加3分，区级课题加2分，校级课题加1分。如有德育论文在各级刊物发表，市级加4分，区级加3分，校级加2分。

14. 年级组内教师有体罚和变相体罚现象的，一人次扣10分。

附件6：常州市××中学教师专项奖励发放细则

一、学科竞赛指导奖奖励标准

1. 个人奖。

组织比赛的行政级别	奖励金额			
	一等奖或第一名	二等奖或第二、第三名	三等奖或第四、第五名	优胜奖、组织奖或第六名
国家级	340元	260元	180元	100元
省级	180元	140元	100元	60元
市级（大市）	120元	100元	80元	40元
市区级	60元	50元	40元	30元

2. 团体奖。

组织比赛的行政级别	奖励金额			
	一等奖或第一名	二等奖或第二、第三名	三等奖或第四、第五名	优胜奖、组织奖或第六名
国家级	2000元	1800元	1600元	1400元
省级	1400元	1100元	900元	800元
市级（大市）	700元	600元	300元	200元
市区级	400元	300元	200元	100元

个人奖、团体奖只能享受其中最高的一项，不能重复享受。

二、综合先进奖

记功：二等功奖励1000元，三等功奖励800元。

在教育局系统年度考核中获得优秀者奖励500元，获得嘉奖者奖励300元；获得校级嘉奖者奖励200元（就高不就低）。

三、德育工作奖励

奖励对象：班主任、积极支持德育工作开展的任课教师及学校管理人员。

1. 优秀班主任：校级，100元（一次/学年，下同）；市级，200元；省级，300元；国家级，500元。

2. 先进德育工作者：校级，100元（一次/学年，下同）；市级，200元；省级，300元；国家级，500元。

3. 文明班级：校级，100元（一次/学期，下同）；市级，150元；省级，200元；国家级，300元。

同一学年，只享受一次最高级别的奖励。

四、教科研成果、竞赛奖

1. 各类竞赛、论文获奖。凡经教育行政部门、教研部门或校行政同意，在各级各类评优课、主题班会中获奖的教师将给予以下奖励：

（1）基本功竞赛。

组织比赛的行政级别	奖励金额			
	一等奖或第一名	二等奖或第二、第三名	三等奖或第四、第五名	优胜奖、组织奖或第六名
国家级	1000 元	800 元	500 元	300 元
省级	800 元	500 元	300 元	200 元
市级（大市）	500 元	300 元	200 元	100 元
市区级	300 元	200 元	100 元	50 元
校级	100 元	80 元	50 元	30 元

（2）论文获奖。

组织比赛的行政级别	奖励金额			
	一等奖或第一名	二等奖或第二、第三名	三等奖或第四、第五名	优胜奖、组织奖或第六名
国家级	200 元	150 元	100 元	50 元
省级	150 元	100 元	50 元	50 元
市区级	100 元	50 元	50 元	50 元

2. 教工发表论文：教师在正规刊物发表的论文享受同级别二等奖奖励。

3. 课题成果奖：在市规划办及在学校备案的课题，通过论证，顺利结题后，课题组可按级别获得以下奖励（凡重点课题，在相应级别之上再加 300 元奖励）：国家级，2000 元；省级，1000 元；市级，500 元；校级，200 元。

五、宣传报道奖

教职工及时了解学校各项工作，全面、深刻报道学校教育教学等各方面的情况，所写文章被国家级刊物录用的，每篇奖励100 元；被省级刊物录用的，每篇奖励60 元；被市级刊物录用的，每篇奖励40 元；被市教育网站录用的，每篇奖励15 元；被校园网站录用的，每篇奖励 5 元。

注：同一篇报道以最高标准享受一次奖励。

六、体育竞赛指导奖试行办法

1. 关于补贴。

（1）市级比赛前半个月，教师补贴每天 10 元（不训练，不享受）。

（2）体育教师带队参加比赛期间，按市有关规定享受补贴。

2. 关于奖励。

（1）集体项目：篮球、排球、足球、艺术体操等参加市级（地级市）比赛，获得冠军的奖励800元，第二、第三名奖励600元，第四、第五、第六名奖励300元，鼓励奖奖励100元（参赛队必须有八支以上，否则酌情减少奖金）；参加市区级别的比赛，获得冠军的奖励600元，第二、第三名奖励400元，第四、第五、第六名奖励200元。

（2）学校田径队参加地市级以上比赛，每分奖20元，集体项目减半奖励。

（3）学校田径队参加地市级比赛，获得团体总分甲组第一名的奖励2000元，甲组第二、第三名奖励1500元，甲组第四、第五名奖励1200元，第六名奖励1000元，保级奖励800元。获得乙组第一名的奖励1000元，乙组第二、第三名奖励600元，第四、第五名奖励500元，第六名奖励300元。

第（2）、第（3）条中，个人奖和团体奖只能享受其中最高的一项，不重复享受。要求：为规范管理，提高训练质量，每学期期初，体育教研组必须有整个学期的训练规划，每位教练员必须有自己所指导运动队的详细训练计划，包括训练内容、时间、地点、人员，于每学期开学第二周内交教导处，否则将影响奖励金的发放。

七、附则

1. 该方案所有奖项，如上级已经奖励，则不再享受学校奖励；如上级另有文件规定，则按文件精神执行。

2. 该方案经第四届××次教代会讨论通过，报教育局批准后执行。

3. 本办法解释权在校长室。

附件7：常州市××中学岗位质量奖考核细则

一、考核说明

从工作态度、工作效果和师生认可度三个方面，由考核小组对全体教职工进行考核，并经行政办公会议讨论商议决定。每学期分别于期中、期末各考核一次，视考核结果分一、二、三等奖。

二、考核小组成员

分管教学的校长、分管教学的主任、教研组长、年级组长。

三、考核要求

1. 工作态度：认真接受工作安排，自觉主动、按时完成各项工作。

2. 工作效果。

（1）现任教师考核标准：

教学规范：严格执行教学常规，上课不迟到、不早退、不拖堂，不擅自调课；作业量适当，并进行及时评价和反馈。

教学成绩：从“同类班均分比较”“均分进步情况”“新接班级进步幅度”三个方面加以考核。

常规活动：准时、认真地参加教育局、教研室统一组织的专项活动或教研活动；准时、认真地参加校、部门、教研组、课题组和备课组组织的活动。

（2）行政人员考核标准：认真履行工作职责，及时记录行政工作日志，完成质量较好，相关工作获得有关部门与师生的好评。

3. 师生认可度：通过学生、家长评教和教职工民主测评等方式进行全面考核。

四、奖励标准

奖项	评比要求	奖励金额
一等奖	符合上述要求，绩效显著，师生满意度高	700 元
二等奖	基本符合上述要求，绩效较显著，师生满意度较高	600 元
三等奖	能完成本职工作，绩效一般，师生满意度一般	500 元

学科教师奖励标准：期中、期末质量奖平均为 550 元，其中推荐业绩优秀者占比 20%，质量奖为 600 元；常规执行不到位者，质量奖为 450 元。

行政人员奖励标准：行政人员期中、期末考核奖平均为 500 元，其中推荐业绩优秀者占比 20%，质量奖为 550 元；常规执行不到位者，质量奖为 400 元。

五、特别说明

1. 教职工无故旷工一周，少奖 300 元；事假一周，少奖 100 元；病假一周，少奖 50 元。

2. 不满工作量的，按学期绩效奖等次乘以工作量系数计算。

附件 8：常州市 ×× 中学中考奖励考核办法

为促进学校教育教学工作的良性发展，提高教育教学质量，完善教学质量考评奖励机制，激励和提高教师投身教育教学改革的积极性，特制定此办法。

一、基本奖

1. 任课教师普奖：九年级毕业班中考学科教师完成学校目标，人均奖励 500 元。

2. 班主任：由普奖和班级总分名次奖构成，其中普奖 500 元 / 人，总分名次奖基数为 300 元。

情况一：“平行班”分设四个等次，其中 A 等为基数 ×1.2，B 等为基数 ×1，C 等为基数×0.8，D等为基数×0.6。

情况二："分层班"分设三个等次，其中A等为基数×1.2，B等为基数×1，C等为基数×0.8。

二、各类奖项

1. 团队指标奖：以班主任为核心任课老师，实行团队捆绑制。

班级奖金基数为1710元，按完成指标情况分A、B、C、D、E五等，其中，班级完成指标为A等；班级未完成指标，少2人（含2人）以内为B等；少4人（含4人）以内为C等；少4人以上为D等；指标相差太大为E等。A等为基数×1，B等为基数×0.9，C等为基数×0.8，D等为基数×0.7，E等为基数×0.4。

一个班级团队中，班主任及各科教师奖金分配系数为：

班主任∶语文∶数学∶外语∶物理∶化学∶政治∶历史=1.1∶0.8∶0.8∶0.8∶0.7∶0.7∶0.4∶0.4

若班级超额完成指标，进入××中学统招线以上，每超一人奖励80元，分配系数同上。

2. 考试学科英才奖（达到统招线）：有被招入省重点××中学的，奖励300元/生；有被招入市一中的，奖励200元/生；有被招入××中学的，奖励150元/生。奖金分配系数同上。

说明：

1. 分层班按上述标准执行，平行班翻倍奖励。

2. 在几个班任课的教师，奖励额为各班核算后的奖金之和；只在一个班任课的，则以该班的奖金为基数。

3. 团队单科奖：以备课组长为核心，同组老师实行团队捆绑制。

奖金基数为700元，分A、B、C三等。大比分超越平均分为A+等，达到平均分但超得不多为A等，在平均分以下但与平均分差距不大为B等，与平均分差距较大为C等。A+等为基数×1.3，A等为基数×1.1，B等为基数×0.9，C等为基数×0.7。

等次参照的三个维度：①若有中考平均分，参照中考平均分；②若无中考平均分，参照几次联考学校的平均分；③前两者皆无，参照备课组内的极差。

平均分超越情况还要与学科特点挂钩，同时考虑任课班级数及总分所占权重，即乘以相关系数。系数如下：担任两个班的语、数、英教师的奖金为基数×1，担任一个班的语、数、英教师的奖金为基数×0.6；担任三个班的物、化教师的奖金为基数×1，担任两个班的物、化教师的奖金为基数×0.9，担任一个班的物、化教师的奖金为基数×0.5；担任三个班的政、史教师的奖金为基数×0.9，担任两个班的政、史教师的奖金为基数×0.6。

三、特别奖

1. 工作突出的备课组，给予全体组员奖励（“突出”指平均分接近全市前三名，或在联考学校中平均分排名第一）。

2. 给予班级平均分比较突出的任课教师团队奖励。

3. 给予学科平均分非常突出的任课教师个人奖励。

4. 给予为学校做出重大贡献的班主任或任课教师奖励。

5. 中途接班的班主任或任课老师，在接班后有明显进步的，酌情给予进步奖。

6. 给予效果显著的导师奖励。

7. 结合数据情况，给予组合班的任课教师奖励。

四、体育学科

1. 普奖：完成学校目标的，进行普奖，每人500元。

2. 指标奖：参照所带班级满分率发放指标奖，基数为700元。满分率远超过所定目标的为A+等，奖金为基数×1.3；略超过所定目标的为A等，奖金为基数×1.1。没有达到规定指标的，依次分为三个等级：B等，奖金为基数×0.9；C等，奖金为基数×0.8；D等，奖金为基数×0.7。

与此同时，要考虑课时数，将各类指标奖再分别乘以课时数的比值，得出最后的奖金额。

五、特别说明

1. 该奖励试行办法由九年级领导小组组织实施。

2. 该方案中所涉及的等级以及特别奖的标准等，均由九年级领导小组共同讨论决定。

【案例七】

江苏省无锡市某实验中学奖励性绩效工资考核发放办法

为进一步深化教育人事制度改革，加强教职工队伍建设，促进教育事业科学发展，根据市、区关于义务教育学校教职工绩效考核工作的指导意见精神，结合当前学校实际，针对奖励性绩效工资部分的发放，特制定如下办法。

一、基本原则

奖励性绩效工资主要体现教师在教书育人、实施素质教育等方面的实际表现和贡献。本着多劳多得、优质优酬的基本原则，鼓励广大教职工在本职岗位上团结合作，敬业奉献，关注学生全面发展，最大限度地激发广大教职工的工作主动性、积极性，不断提升自身的综合素质，并向在一线教育、教学工作中育人成效显著的教师倾斜，向在学校发展中做出较大贡献的教职工倾斜。

二、考核对象

学校全体在编、在岗教职工。凡内退、长期病假教职工，不享受奖励性绩效工资。

三、奖励性绩效工资构成

奖励性绩效工资由两部分构成：一是专项奖励及岗位补贴，二是年度量化绩效考核奖励。

四、考核及发放办法

（一）专项奖励及岗位补贴

1. 班主任岗位补贴及奖励。

（1）班主任工作补贴。班主任完成学校规定的各项工作，可享受每月400元的班主任工作补贴。每月考核后发放，全年按10个月计算。

（2）班主任工作年度考核奖。学校根据班主任工作年度考核细则，每学年对班主任工作进行考核：一等奖2200元，二等奖2000元，三等奖1800元。考核不满60分，或因不适应班主任工作而没有被聘满一个学年的，此项不得奖；因工作岗位调动等其他原因，只担任了一个学期班主任的教师，减半发放。

（3）班主任能手：奖励额度为1000元，奖励办法同校骨干教师奖励办法。

2. 满勤奖。

学校设立满勤奖每月200元，按月考核，每学期期末发放。

3. 课时补贴及超课时补贴。

考虑学校教育教学工作的特殊性，体现向一线教师倾斜的原则，根据学科特点，设立课时补贴。

（1）学校设立课时补贴，标准为每月400元。初三语、数、英、物、化教师享受标准的1.3倍，体育教师享受标准的1.15倍；初一、初二的语、数、英、物教师享受标准的1.2倍，其他科目教师享受标准的1.1倍。其他非任课教师、职员和工人享受标准的1倍（按满课时数或满工作量计算）。按月考核，年末一次性发放。

（2）在岗位设置工作未到位前，暂按1999年《江苏省中等师范学校、全日制中小学机构编制管理暂行规定》的通知精神，结合我校的实际情况，执行本办法。

（3）全校教职工每学期期初根据学校公布的岗位需求情况提出应聘意向，经学校聘任小组研究，决定聘任岗位。

（4）具体岗位设置及工作量系数见附件4。工作量系数最高为1，超过部分，以超课时补贴的形式发放。

（5）超课时补贴按××区相关文件精神发放，临时代课按超课时计算。具体标准为：语文、数学、英语、物理、化学每节课25元，其他学科每节课20元。超课时补贴按学期统计并发放。

4．教育教学成果奖。

见附件3“××实验中学教育教学成果奖发放办法”。教育教学成果每学期进行考核、统计，奖金年末一次性发放。

5．其他岗位补贴及奖励。

（1）中层干部岗位补贴：中层正职每月400元，副职每月300元，每学期期末考核后统一发放。

（2）学科组长岗位补贴：10人以上（含10人）的学科组，根据学科组长工作职责的完成情况，给予每月120～150元的岗位补贴；10人以下的学科组，每月100～120元岗位补贴。该补贴每学期期末考核后统一发放。

（3）备课组长补贴：8轨（注：8轨指一个年级有8个班）以上的备课组长，每月60元；8轨以下的备课组长，每月40元。该补贴每学期期末考核后统一发放。

（4）年级组长岗位补贴：8轨以上的年级组长，每月150元；8轨以下的年级组长，每月120元。该补贴每学期期末考核后统一发放。

（5）其他岗位负责人根据岗位特点给予一定的课时补贴，不享受岗位补贴。

（6）中层干部年度考核奖：根据中层干部年度考核情况，分一、二、三等奖；年末考核，一次性发放。

（二）年度量化绩效考核奖

1．考核发放对象：全校在编、在岗教职工。

2．考核及发放办法：每月、每学期考核，年末一次性发放。

3．发放金额：参考本人自评，由学校考核组考评，得出个人年度得分；根据学校当年可用于量化绩效考核的总金额，计算出每分的金额，再乘以个人总得分，得出个人应发放的金额。

（三）师德考核要求

1．考核对象：凡在编、在岗的从事教育教学以及管理服务工作的教职工。

2．考核结果的运用。

（1）师德考核结果将作为对教职工评聘和奖惩的重要依据，记入个人档案。

（2）在职称晋升、评先评优、培训进修等方面，优先考虑师德考核为“优秀”的教职工。

（3）凡在师德考核中被确定为“基本合格”“不合格”的，当年年度绩效考核相应定为“基本合格”“不合格”。

五、相关说明

（一）关于绩效考核结果的运用

平时绩效考核按“优秀、良好、一般、差”四个档次评定考核等级。平时绩效考核结果作为年度绩效考核的重要依据。平时绩效考核结果年度内有一次被确定为“差”档次的，年度绩效考核不能确定为“优秀”等级；年度内两次学期绩效考核均被确定为“良好”及以上档次的，年度绩效考核应确定为“合格”及以上等级。

年度绩效考核结果分为“优秀、合格、基本合格、不合格”四个等级。年度考核“优秀”等级的评定，必须在绩效考核“优秀”等级人员中产生。凡师德考核不合格者，应确定为“不合格”等级。

年度绩效考核结果评为“合格”及以上的教职工，全额发放基础性绩效工资；年度绩效考核被确定为“基本合格”的人员，从下年度1月起，按岗位津贴标准的75%发放；被确定为“不合格”的人员或未参加年度考核，以及因受处分等原因而未定等级的人员，从下年度1月起，岗位津贴按50%发放。

教职工年度考核连续两年为不合格者，应按有关规定予以解聘。

教职工对考核结果有不同意见的，可以通过正常渠道向学校和学校主管部门申诉。

（二）关于基础性绩效工资的发放问题

1. 当月因病工作不满10个工作日的人员（含长病假人员），岗位津贴按以下标准发放：工作年限（不含学龄，下同）不满10年的，发放70%；工作年限满10年、不满20年的，发放80%；工作年限满20年及以上的，发放90%。

2. 当月因事请假，工作不满10个工作日的，岗位津贴减半发放；连续事假达到一个月的人员，停发当月的岗位津贴。

3. 经上级批准已办理内退手续的人员，基础性绩效工资按不超过内退前所聘任岗位相应的标准执行。

4. 对没有履行岗位职责、没有完成规定的教育教学任务、在师德方面存在问题，或发生教学事故及其他违反学校教育教学要求的，视情节减发基础性绩效工资。

（三）关于校级领导的考核

校级领导不参加学校的绩效考核，由××区教育局单独考核。校级领导不享受学校奖励性绩效工资中的任何补贴及奖金。

（四）其他

本办法未涉及事宜，将参照上级相关文件精神执行。本办法将在实施过程中不断完善。本办法解释权在校长室。

附件1：××实验中学教师师德考核标准

<table>
<tr><th rowspan="2">项目</th><th rowspan="2">分值</th><th rowspan="2">考核内容</th><th colspan="2">考核扣分</th><th rowspan="2">自我评分</th><th rowspan="2">考评得分</th></tr>
<tr><th>要点</th><th>负责部门</th></tr>
<tr><td rowspan="5">履行职责</td><td rowspan="5">20分</td><td rowspan="5">热爱祖国，遵守《教师法》等法律法规；遵守学校的各项规章制度；热爱学校，以主人翁精神积极参与学校的民主管理和民主监督，积极参加学校组织的政治学习和活动；能正确处理个人利益与国家、集体利益的关系</td><td>1. 散布、传播违背党和国家方针政策的言论，扣5～20分</td><td rowspan="5">校长室、人事室、总务处、工会</td><td rowspan="5"></td><td rowspan="5"></td></tr>
<tr><td>2. 有违反法律、法规和政策的行为，扣5～20分</td></tr>
<tr><td>3. 不执行或擅自修改课程计划，扣5～20分</td></tr>
<tr><td>4. 违反学校规章制度，利用职务之便谋取私利，扣5～20分</td></tr>
<tr><td>5. 其他不依法履行教师职责的行为，酌情扣分</td></tr>
<tr><td rowspan="5">为人师表</td><td rowspan="5">20分</td><td rowspan="5">能遵守社会公德，举止文明礼貌，作风正派；衣着整洁、得体，语言规范、健康；注重身教，以身作则，以高尚的品德塑造自身人格，以优良的言行感化学生；自觉抵制以教谋私，做到清正廉洁</td><td>1. 不履行学校应承担的社会责任的行为，扣5～20分</td><td rowspan="2">校长室、教务处</td><td rowspan="5"></td><td rowspan="5"></td></tr>
<tr><td>2. 私自办补习班、组织或参与有偿家教被查实，扣20分，情节严重的直接认定师德考核不合格</td></tr>
<tr><td>3. 乱收费、乱征订被查实，扣20分，情节严重的直接认定师德考核不合格</td><td rowspan="3">校长室</td></tr>
<tr><td>4. 在互联网上散布不良言论、信息或参与有悖师德规范的话题讨论，扣5～20分</td></tr>
<tr><td>5. 其他损害教师形象的行为，酌情扣分</td></tr>
</table>

（续表）

项目	分值	考核内容	考核扣分		自我评分	考评得分
			要点	负责部门		
爱岗敬业	20 分	热爱教育事业，有强烈的事业心，辛勤工作，教书育人，认真履行岗位职责，认真备课、上课、批改作业，耐心解答学生提出的问题，履行课后辅导学生的职责；服从工作安排，积极投身课程改革，实现专业成长	1. 教学“六认真”（备课、上课、作业、辅导、检测、反思）工作不到位，每一项扣 2 ~ 5 分	教务处		
			2. 无故迟到、早退，上班期间擅离工作岗位，做与工作无关的事（如玩游戏、炒股等），发现一次扣 2 分	人事室		
			3. 不服从学校工作安排，影响教育教学工作（如招生、监考、接待等），每次扣 2 分	教务处		
			4. 学生或家长评价满意度 80% 以下，扣 5 ~ 20 分	校长室		
			5. 其他敷衍塞责的行为，酌情扣分			
关爱学生	20 分	关心爱护全体学生，尊重学生的人格，平等、公平地对待学生。对学生严慈相济，耐心教导，不讽刺、挖苦、歧视学生，不体罚或变相体罚学生，保护学生安全，维护学生权益，促进学生全面发展	1. 有体罚或变相体罚学生的行为被查实，扣 20 分，情节严重的直接认定师德考核不合格	校长室、德育处		
			2. 有歧视、排斥学生的言行，不能公平地对待每一位学生，被查实的扣 5 ~ 20 分			
			3. 不服从德育教师工作安排和学生活动安排，影响学校教育工作的，每次扣 2 分			
			4. 散布有害于学生成长的消极或不健康的言论，扣 5 ~ 20 分			
			5. 对学生放任管理，造成一定后果的行为，扣 5 ~ 20 分			
			6. 其他损害学生的行为，酌情扣分			

（续表）

<table>
<tr><th rowspan="2">项目</th><th rowspan="2">分值</th><th rowspan="2">考核内容</th><th colspan="2">考核扣分</th><th rowspan="2">自我评分</th><th rowspan="2">考评得分</th></tr>
<tr><th>要点</th><th>负责部门</th></tr>
<tr><td rowspan="4">团结协作</td><td rowspan="4">20分</td><td rowspan="4">尊重同志，善待他人，同事间相互支持、相互帮助；正确处理与学生、家长之间的关系，虚心听取学生、家长的意见和建议，积极争取社会各界人士的配合、支持和理解</td><td>1. 恶意诋毁他人名誉，挑拨离间，引发争执、冲突，扣10～20分</td><td rowspan="4">校长室、工会</td><td rowspan="4"></td><td rowspan="4"></td></tr>
<tr><td>2. 拉帮结派，破坏团结，干扰学校工作，扣10～20分</td></tr>
<tr><td>3. 训斥、指责、刁难学生家长，造成恶劣影响，扣5～20分</td></tr>
<tr><td>4. 其他违背团结协作的行为，酌情扣分</td></tr>
<tr><td colspan="5">总　　分</td><td colspan="2"></td></tr>
<tr><td colspan="2" rowspan="2">考核结果</td><td>综合得分</td><td></td><td>综合等级</td><td colspan="2"></td></tr>
<tr><td>绩效得分</td><td colspan="4"></td></tr>
<tr><td colspan="4">考核对象签名：</td><td colspan="3">单位考核领导小组组长签名：</td></tr>
</table>

附件2：××实验中学骨干教师考核奖励方案

为了进一步推动我校教师队伍建设，不断提高教师实施教育教学改革的能力和水平，全面推进素质教育进程，充分发挥我校骨干教师在学校各项工作中的示范作用，建立优秀人才成长的竞争激励机制，加强优秀师资队伍建设，促进师资队伍整体素质的提升，适应我校教育事业长远发展的需要，推动我校教育事业的可持续、均衡、全面发展，拟对优秀骨干教师实行考核、奖励。

一、考核对象

1. 区学科带头人、教学能手、教学新秀；区班主任工作带头人、班主任能手、班主任新秀。

2. 市级以上教育教学骨干不再参评，由区统一考评。

3. 当年评上的区级骨干教师不参评。

4. 不再参加区级考核的市级以上骨干教师可以申请参加校级考核。

二、申报条件（校骨干教师）

1. 具有高尚的职业道德，热爱教育事业，热爱学生，为人师表，深受广大教师、学生和家长的欢迎，教学工作量饱满，教学效果显著；能积极参与学校其他相关工作（如各类活动的组织工作等），并提供相关证明材料。

2. 切实执行教学“六认真”的要求，能精心组织教学，有较扎实的教学基本功，教学成绩突出（参评教师两年来的教学成绩，在参加区、市等各类统考中处于同年级、同学科平行班前列，毕业班教师教学成绩以中考和平时区组织的考试成绩为标准），体现一定的风格特色。

3. 积极参加教育教学改革，走在课改的前列，对所教学科的课程标准理解深刻，具有较强的教育科研能力，带头开展教育科研工作。在全校范围内开展示范课或专题讲座，需向校相关部门申报登记，由学校统筹安排。年度考核时，也要提供学校教务处的活动安排表、示范课的教案、专题讲座讲稿及相关证明。

4. 积极参加“青蓝工程建设”，指导1～3名青年教师，在区域共同体建设中积极发挥作用。年度考核时，提供培养指导方案、活动记载、听课记录、在教育教学工作中取得的成绩及相关证书复印件。

5. 参加班主任骨干教师考核者本年度必须担任班主任或相关德育工作。

三、申报方法

区级骨干教师直接向校考核小组提交申报材料，由学校考核小组进行考核，每年申报的具体时间见校园网上通知，评选结果将在全校公示（公示时间为一周）。

四、考核细则

考评标准详见附表“××实验中学骨干教师奖励、考核表”。

五、奖励标准

1. 区级骨干教师经考核给予一次性奖励：学科带头人（班主任工作带头人）1500元/年，教学能手（班主任能手）1200元/年，教学新秀（班主任新秀）1000元/年。

2. 奖金额度：考核结果为50分以上（含50分）的，根据考核实际得分的相应比例发放；考核结果在50分以下的，取消当年奖励。

3. 同一对象获两种或两种以上荣誉称号的，按最高等级标准发放。

六、考核方法

1. 骨干教师必须认真履行自己的职责，如实填写“骨干教师业务考核表”，并递交相关印证材料。

2. 学校负责对“骨干教师业务考核表”所填内容和相关材料进行审核，并组织学生对课堂教育教学满意度进行测评工作。所有考核材料在规定时间内（见校园网上通知）交学校教务处，过期不候。考核结束后，考核材料由学校保存，归入教师业务档案。

3. 学校成立考核小组，负责对骨干教师业务考核结果的最终认定。有下列情形之一者取消被考核的资格：（1）有违反师德规范和违纪违规行为，给学校造成不良影响的。（2）教学效果较差，在区、市等各类统考中落后于同年级、同学科平行班的（中途接班的看原有差距是否缩短）。（3）当年学生满意率不足80%的。（4）参加班主任骨干考核，但当年未担任班主任工作或相关德育管理工作的。（5）上报材料不符合实际情况的。

七、其他说明

如果当年度骨干教师考核不合格，下年度在货币分房、职称晋升中不得作为加分依据。

本方案解释权在校长室。

下附“××实验中学骨干教师奖励、考核表”和“××实验中学区骨干教师业务考核表”。

××实验中学骨干教师奖励、考核表

考核内容	师德师风（10%）	工作量、教育教学实绩（25%）	示范课（15%）	讲座（10%）	课题实施（10%）	论文获奖（10%）	指导青年教师（20%）	备注
区级学科带头人（1500元/年）	教师民主测评优秀率达85%，学生民主测评、满意率达90%	必须担任本专业学科教学工作，且满工作量；学生成绩抽测和获奖面层次均在平行班班级前列；指导学生5人以上并在区级以上比赛中获奖；积极参与学校其他相关工作（如各类活动的组织工作等）	3节/学期（其中一节对校外开设）	2次/学年（校级以上，含校级，其中一次必须是业务讲座）	参与市级以上课题研究，或为校级课题领题人，或个人有研究课题	1篇/年（省级二等奖、市级一等奖及以上，或在市级以上公开刊物发表）	培养和指导青年教师和学生。三年内培养区级骨干教师1人，两年内培养、指导青年教师不少于3人。其中：①有两人每年发表市级以上论文各一篇；②每学期有两人进行校级以上业务讲座；③每学期有3人上示范课	
区级教学能手（1200元/年）			2节/学期（其中一节对校外开设）	1次/学年（校级以上，含校级，必须是业务讲座）	是校级立项课题主要成员之一，科研意识强并有行动	1篇/年（市级二等奖及以上，或在市级以上公开刊物发表）	培养、指导青年教师和学生，在区域共同体建设中积极发挥作用。其中：①发表市级论文一篇；②每学期上示范课两次	
区级教学新秀（1000元/年）								

（续表）

考核内容	师德师风（10%）	工作量、教育教学实绩（25%）	示范课（15%）	讲座（10%）	课题实施（10%）	论文获奖（10%）	指导青年教师（20%）	备注
区级班主任工作带头人（1500元/年）		班主任骨干教师本年度必须担任班主任或相关德育管理工作，有明显实绩，能发挥骨干教师的示范作用，并完成学校交办的其他业务性任务	3节/学年主题班会示范课，其中一节对校外开设	2次/学年（校级以上，含校级，其中一次必须是业务讲座）	参与市级以上德育课题研究，或为校级德育课题领题人，或个人有德育研究课题	2篇/年德育论文（其中一篇省级二等奖、市级一等奖及以上，或在市级以上公开刊物发表）	直接指导一名以上青年班主任，所带的青年班主任的班级管理水平提高幅度大。其中：①发表市级论文一篇，或获得市级以上二等奖一次；②每学年上班会示范课一次	
区级班主任能手（1200元/年）			2节/学年主题班会示范课，其中一节对校外开设	1次/学年（校级以上，含校级，必须是业务讲座）	参与德育课题研究，承担的任务要有进展	1篇/年德育论文（市级二等奖及以上，或在市级以上公开刊物发表）	直接指导一名以上青年班主任，所带的青年班主任的班级管理水平提高幅度大。其中，每学年上班会示范课一次	
区级班主任新秀（1000元/年）								

××实验中学区骨干教师业务考核表

姓名	性别	从教年月	从教学科	考核档次	考核总分

<table>
<tr><td colspan="7" rowspan="2">考 核 内 容</td><td colspan="2">得 分</td></tr>
<tr><td>自评得分</td><td>考核分</td></tr>
<tr><td rowspan="2">师德师风（10%）</td><td colspan="3">教师民主测评优秀率</td><td colspan="3"></td><td rowspan="2"></td><td rowspan="2"></td></tr>
<tr><td colspan="3">学生民主测评满意率</td><td colspan="3"></td></tr>
<tr><td rowspan="3">工作量与工作实绩（25%）</td><td colspan="3">担任本学科课务情况（德育骨干填所任班主任情况）</td><td colspan="3"></td><td rowspan="3"></td><td rowspan="3"></td></tr>
<tr><td colspan="3">所带班级教学成绩情况或学生获奖情况（德育骨干填班级或学生所获荣誉）</td><td colspan="3"></td></tr>
<tr><td colspan="3">参与学校其他相关工作情况</td><td colspan="3"></td></tr>
<tr><td rowspan="7">示范课（15%）</td><td>级别</td><td>课 题</td><td>听课人数</td><td>效果</td><td>鉴定者</td><td>时间、地点</td><td>自评得分</td><td>考核分</td></tr>
<tr><td></td><td></td><td></td><td></td><td></td><td></td><td rowspan="6"></td><td rowspan="6"></td></tr>
<tr><td></td><td></td><td></td><td></td><td></td><td></td></tr>
<tr><td></td><td></td><td></td><td></td><td></td><td></td></tr>
<tr><td></td><td></td><td></td><td></td><td></td><td></td></tr>
<tr><td></td><td></td><td></td><td></td><td></td><td></td></tr>
<tr><td></td><td></td><td></td><td></td><td></td><td></td></tr>
<tr><td rowspan="2">讲座（10%）</td><td></td><td></td><td></td><td></td><td></td><td></td><td rowspan="2"></td><td rowspan="2"></td></tr>
<tr><td></td><td></td><td></td><td></td><td></td><td></td></tr>
<tr><td rowspan="3">课题实施情况（10%）</td><td colspan="2">参与课题</td><td colspan="4"></td><td rowspan="3"></td><td rowspan="3"></td></tr>
<tr><td colspan="2">研究状况</td><td colspan="4"></td></tr>
<tr><td colspan="2">研究成果</td><td colspan="4"></td></tr>
<tr><td rowspan="4">论文获奖（10%）</td><td colspan="3">论文题目</td><td colspan="2">发表时间</td><td>发表刊物或获奖等级</td><td></td><td></td></tr>
<tr><td colspan="3"></td><td colspan="2"></td><td></td><td></td><td></td></tr>
<tr><td colspan="3"></td><td colspan="2"></td><td></td><td></td><td></td></tr>
<tr><td colspan="3"></td><td colspan="2"></td><td></td><td></td><td></td></tr>
</table>

（续表）

<table>
<tr><td rowspan="9">指导青年
教师成果
（20%）</td><td colspan="7">论文发表或获奖</td></tr>
<tr><td>姓名</td><td>发表论文题目</td><td colspan="2">发表刊物或
获奖等级</td><td>时间、地点</td><td>自评得分</td><td>考核分</td></tr>
<tr><td></td><td></td><td colspan="2"></td><td rowspan="2"></td><td rowspan="2"></td><td rowspan="2"></td></tr>
<tr><td></td><td></td><td colspan="2"></td></tr>
<tr><td colspan="5">示　范　课</td><td>自评得分</td><td>考核分</td></tr>
<tr><td>姓名</td><td>课题</td><td>范围</td><td>听课人数</td><td>时间、地点</td><td rowspan="4"></td><td rowspan="4"></td></tr>
<tr><td></td><td></td><td></td><td></td><td></td></tr>
<tr><td></td><td></td><td></td><td></td><td></td></tr>
<tr><td></td><td></td><td></td><td></td><td></td></tr>
<tr><td colspan="6">累　计　得　分</td><td></td><td></td></tr>
</table>

填表说明：①按要求实事求是地填写并递交各栏目印证材料。②“考核档次”指区级学科带头人、学科教学能手、教学新秀等。③有其他材料的，可按要求另行提供。④请将此表双面打印后，按规定的时间交学校教务处。

附件3：××实验中学教育教学成果奖发放办法

一、发放原则

根据《××区义务教育学校教职工绩效考核工作实施办法》中关于工作业绩（包括教学效果和教研成效）的有关考核要求精神，更好地调动教师教书育人的积极性，鼓励教师在本职岗位上团结合作、敬业奉献、关注全体，重点奖励在教育教学工作中成绩突出的一线教师。

二、设立项目

1. 教学质量奖：主要包括质量调研以及各年级教学质量达到教学要求和目标要求的奖励。

2. 各类教育教学竞赛奖：主要包括体育、音乐、艺术、科技以及其他指导学生参与学科类竞赛获奖。

3. 教科研奖励：主要是指教师本人参与各类教育教学竞赛获奖，或者论文、案例、课件获奖或发表。

4. 优良教师集体创建奖：主要包括优秀学科组或备课组创建、教师文明办公室创建等教师集体奖。

5. 参与“学习型学校构建活动”奖：包括教师参与校本培训、完成学校的学习任务、参加上级主管部门组织的继续教育等。

6. 突出贡献奖：主要指对集体获得省级以上荣誉、个人或班集体在教育教学中做出特殊贡献、在上级主管部门对我校绩效目标考核中做出较大贡献者进行奖励。

7. 骨干教师奖励。

三、考核细则

（一）**教学质量奖**

1. 凡在期中和期末考试中，学科指标（合格率、优秀率、低分率等，下同）在同类学校位于前茅的备课组，分别给予一次性奖励200～300元。

所任教学科目在平行班中出现非正常情况，经学校质量评估小组集体讨论，确因教学态度或方法等存在问题的教师，此项不得奖。

所有教师均按照实际承担的工作量计算，如语文、数学、英语一个班按50%计算，物理、化学一个班按1/3计算，其他类推。

2. 毕业班教学质量社会认可度奖。

（1）中考合格率等指标在同类学校领先，完成本校目标，给予全体初三教师每人300～500元奖励。

（2）初三各中考学科平均分与本学科市平均分相比，根据超过市平均分的比例确定备课组一、二、三等奖，奖金依次为1500元/人、1300元/人、1000元/人。低于市平均分的学科，此项不予奖励。

（3）高中学校对我校学生可持续发展认可度与上年度同比增长的，给予相关学科组及教师300～500元奖励。

（4）个人贡献奖：个人所任教学科目的班级指标达到学校目标，给予500～1000元奖励。

补充说明：一是以上奖励方案中的（2）（3）两条按照实际担任的初三工作量比例计算。二是须根据当年中考难易程度、学科特点等具体情况，如任教班级平均分与平行班平均分相比差距较大，或中途接班的班级在原有基础上继续拉大差距，该任课教师将被取消第三项奖励。

（二）**各类竞赛奖**

1. 公开课及评优课。

级别	公开示范课奖励金（元）	评优课奖励金（元）		
		一等奖	二等奖	三等（优胜）奖
全国	300	400	300	200
省级	200	300	200	150
市级	100	150	100	80
区级	80	120	80	50
校级	50	80	50	30

2. 各类学生竞赛奖。

（1）体育。

①区级运动会：

名次	团体第一名	团体第二名	团体第三名	其他荣誉
团体奖励（元）	300	200	100	100
每分奖励		每分 20 元，奖励给相关体育教师		

②各单项比赛（以男、女团体为统计单位）：

名次	团体第一名	团体第二名	团体第三名	团体第四名	团体第五名
市级（元）	500	300	200	100	80
区级（元）	300	200	100	—	—

（2）美术。

级别	全国	省	市	区
指导教师奖（元）	300	200	150	100
优秀组织奖（元）	300	200	150	100
备注	根据杯赛的得分情况，对美术学科组进行奖励			

（3）音乐（指导学生获奖）。

名次	一等奖	二等奖	三等奖
市级团体（元）	500	300	100
市级个人（元）	150	100	80
区级团体（元）	300	200	100
区级个人（元）	100	50	—

（4）学科类、科技类：视具体情况，参照其他类别的竞赛确定奖励金额。

（三）教科研及其成果奖

1. 论文、案例、教学设计等获奖文字材料及理论讲座。

<table>
<tr><th colspan="2" rowspan="2">级别</th><th rowspan="2">刊物发表</th><th colspan="3">论文评比</th></tr>
<tr><th>一等奖</th><th>二等奖</th><th>三等（优胜奖）</th></tr>
<tr><td colspan="2">全国（元）</td><td>200</td><td>200</td><td>150</td><td>100</td></tr>
<tr><td colspan="2">省级（元）</td><td>150</td><td>150</td><td>100</td><td>80</td></tr>
<tr><td colspan="2">市级（元）</td><td>100</td><td>100</td><td>80</td><td>50</td></tr>
<tr><td colspan="2">区级（元）</td><td>—</td><td>80</td><td>50</td><td>30</td></tr>
<tr><td colspan="2">校级（元）</td><td>—</td><td>50</td><td>30</td><td>20</td></tr>
<tr><td rowspan="3">理论讲座（元）</td><td>省级</td><td colspan="4">150</td></tr>
<tr><td>市级</td><td colspan="4">100</td></tr>
<tr><td>区级</td><td colspan="4">80</td></tr>
</table>

说明：各类评比，由教育行政部门组织的，全额发放；由其他组织举办的，原则上不发奖。有教育行政部门或教育学术部门参与的非学科类竞赛，按上述同级标准的50%发放。发表在《初中教育研究》《无锡教育》上的文章等同于市级一等奖。

2. 课题研究：参与省级重点课题或立项课题结题，奖励500元；参与市重点课题或立项课题结题，奖励300元；参与其他课题并结题的，适当给予相关人员100～200元奖励，个人领题并结题给予200元奖励。个人申报省市级重点立项课题并结题的，给予同级别两倍以上奖励。

3. 同一位教师的同一篇论文获奖、发表，奖励就高一头享受，不重复累计。

4. 学会类、研究会类的论文获奖，降低一个等次奖励。

5. 撰写宣传学校办学实绩的新闻稿件被媒体录用的，每篇奖励10元。

（四）优良教师集体创建奖

1. 优秀学科组、备课组奖励：学校每学年根据学科组或备课组的教学质量、教科研成效、教研活动开展等，对学科组或备课组进行评比，给予优秀学科组或备课组奖励，每个成员300元，获得优秀学科组的备课组不再兼得。

2. 文明办公室考核奖：学校每学年根据办公室的育人环境、团结协作和文明办公氛围、服务质量等方面对办公室进行评比，给予文明办公室奖励，每人300元。

（五）“学习型学校”创建奖

教职工参与学校“学习型学校”创建活动，将根据个人参与情况给予500～800元奖励。

（六）特别贡献奖

1. 获得省级以上集体荣誉的优良集体，所在集体的教师每人奖励200元。

2. 初三教学质量社会满意度特别突出的，给予相关个人或集体特别贡献奖500元以上的奖励。（教学质量社会满意度须根据家长、学生、上级主管部门的评价，经学校考核小组商定。）

3. 根据学校需要，中途接任薄弱学科或班级的教师，所任班级的面貌和教学质量有大幅度提升，给予相关个人300元以上的奖励（由学校考核小组会同该学科组论证后决定）。

4. 学生或教师、个人或团体获得省级以上荣誉，对学校产生较大影响的，或在区杯赛等综合考核中做出贡献的先进个人或集体，经学校考评小组研究后，给予200～1000元奖励。

（七）区骨干教师奖励

1. 区级骨干教师经考核后给予奖励，学科带头人、教学能手、教学新秀分别奖励1500元、1200元、1000元。

2. 校级骨干教师，由个人申报，经学校考核小组考核，给予1000元的奖励。

3. 给予获得校级各类荣誉称号的教师100～200元奖励。

四、考核部门及发放办法

学校考评小组每学年对各类成果进行考核。

1. 教学质量奖、各类教育教学竞赛奖由教务处审核。

2. 教科研奖励由教务处负责审核。

3. 其他奖励由人事室负责统计、审核，相关部门提供材料。

4. 各部门对教育教学质量奖要及时做好统计工作，按学期考核，按学年发放，并每年根据实际情况（主要指上级部门考试、考核评价指标体系的变化）做出部分调整。

附件4：××实验中学关于岗位设置与工作量的规定

一、行政岗位设置及工作量

在岗位设置工作未到位前，暂按1999年《江苏省中等师范学校、全日制中小学机构编制管理暂行规定》的通知精神，结合我校的实际情况设置岗位。行政人员岗位按照因事设岗、专兼结合、一人多岗的原则确定。

1. 职员：指从事行政、党务等管理工作的人员。

2. 教辅人员：指主要从事教学实验、电化教育、图书资料管理、教务及卫生保健等工作的人员。

3. 工勤人员：指主要从事后勤保障服务工作的人员，包括文印、保管、内务、绿化、外勤、门卫等。

具体岗位按照上级有关文件精神进行设置。

二、专任教师岗位及周课时工作量

按照省机构编制管理暂行规定，根据对口升学的生源和学校实际情况，教师岗位设置及工作量规定如下：

学科	课时	学科	课时	学科	课时	学科	课时
政治	12～14	英语	10～12	历史	14～16	音、体、美	16
语文	10～12	物理	12～14	地理	14～16	地方性课程	16
数学	10～12	化学	12～14	生物	14～16	综合实践	16

1．跨头上课的教案数大于2时：语、数、英按3课时超工作量计算，理、化按2课时超工作量计算，其他科目按1课时超工作量计算。

2．体育学科的广播操、课外活动按2课时超工作量计算。

三、中层以上干部岗位

1．校级：职数按教育局规定。

2．中层：按学校事业规模和教育局有关规定确定工作量。

3．校级、中层的兼课严格按区教育局有关规定执行，并完成相应的听课任务。

四、岗位系数

岗位名称		岗位系数
党支部校长室	校级领导	由区教育局确定
	人事秘书、办公室主任	0.5
	人事室干事	0.5
	评价平台管理	0.3
教务处	教务处主任	0.5
	教务处副主任	0.5
	教务员	0.5
	图书管理员	0.5
	实验室管理	0.3

（续表）

岗位名称		岗位系数
德育处	德育处主任	0.5
	德育处副主任	0.5
	团委书记、大队辅导员	0.5
总务处	总务处主任	0.5
	内勤、外勤	0.5
	会计	1
	食堂职员	1
	门卫	1
教学岗位	初三的语、数、英、物、化教师	1.3
	初三体育教师	1.15
	初一、初二的语、数、英、物教师	1.2
	其他科目教师	1.1

五、岗位设置

1．教师岗位。

学科	初一	初二	初三	合计
	7 个班	6 个班	6 个班	19 个班
政治	1.1	0.9	0.9	2.9
语文	3.5	3	3	9.5
数学	3.5	3	3	9.5
英语	3.5	3	3	9.5
物理	—	2	2	4
化学	—	—	2	2
历史	0.9	0.8	0.8	2.5
地理	0.9	0.8	—	1.7
生物	1.4	0.8	—	2.2

（续表）

学科	初一	初二	初三	合计
	7 个班	6 个班	6 个班	19 个班
体育	1.3	1.1	1.1	3.5
音乐	0.44	0.38	0.38	1.2
美术（加校本课程）	0.5	0.44	0.44	1.4
信息技术（加校本课程）	0.56	0.5	—	1.06
4 个班校本课程	0.125	0.125	—	0.25
研究型课程	0.44	—	—	0.44
劳动技术	0.44	—	—	0.44
合计	—	—	—	52～53

2. 行政人员岗位（职员、教辅人员、工勤人员）。

岗位名称		职数
党支部、校长室	校级领导	根据上级任命确定
	人事秘书、办公室主任	0.5
	人事室干事	0.5
教务处	教务处主任	0.5
	教务处副主任（兼教科研工作）	0.5
	教务员	1
	文印（外聘）	0.3
	校医（外聘）	1
	物理实验员	0.6
	生化实验员	0.6
	图书管理员	0.6
	电教管理员	0.4
德育处	德育处主任	0.5
	德育处副主任	0.5
	团委书记、大队辅导员	0.5

（续表）

岗位名称		职数
总务处	总务主任	0.5
	水电、绿化、维修等（外聘）	0.5
	内勤、保管等	0.5
	外勤、学校现代化设备管理等	0.5
	财务	1
	门卫	1
	食堂	1
合计		13

【案例八】

广东省佛山市三水区某实验小学20××年奖励性绩效工资考核分配实施方案

根据佛山市三水区教育局《三水区直属学校教职工奖励性绩效工资考核实施办法（修订）》（三教人〔2015〕43号）以及《关于明确三水区教育系统教职工请（休）假及有关工资待遇问题的意见》（三教发〔2014〕17号）等文件精神，结合我校实际，特制定以下方案。

一、指导思想

以科学发展观和社会主义核心价值观为指导，全面贯彻党的教育方针，以实现教育现代化和促进教育事业科学发展为总体目标，以提高教师队伍素质为核心，以促进教师工作绩效为导向，构建符合素质教育要求的教师绩效考核机制，激发广大教师的工作积极性和开拓进取精神，努力提高工作效率，为办好人民满意的教育贡献智慧和力量。

二、考核分配原则

1．坚持以德为先、注重实绩原则。绩效考核要把师德放在首位，要注重教师履行岗位职责的实际表现和贡献。

2．坚持按劳分配原则。以实际工作量和业绩效果为主要依据，多劳多得，优绩优酬，适当拉开分配差距，重点向一线教师、骨干教师和做出突出成绩的工作人员倾斜。

3．坚持客观公正原则。严格按照实事求是、民主公开、科学合理、程序规范、讲求实效的原则进行考核工作。

三、绩效考核的范围和方式

1．考核范围：××实验小学在编在岗的教职工。

2. 考核方式：采取定性与定量相结合的方式进行考核。

四、区教育局有关规定

1. 自2015年1月开始，职务津贴由学校按季度申领，按月发放。其中，参加交流的教师，其职务津贴由原单位按其在新岗位（或职务）对应标准发放。

2. 名师津贴每月随工资发放方式不变。

3. 财政预发的每人每月700元奖励性绩效工资每月随工资发放方式不变。

4. 财政预拨的每人每月200元奖励性绩效工资由学校按季度申领，累积至年终，连同其余的奖励性绩效工资一并发放。

5. 绩效考核统计须包含预发的奖励性绩效工资在内。

6. 教辅人员人均奖励性绩效工资按教学人员人均奖励性绩效工资的85%计算。

7. 凡从区直属学校之外调入或新吸收录用的人员，其奖励性绩效工资按其在本单位实际工作月数计发；年度内在区直属学校之间调动的人员，由新单位按全年计发。

8. 年内辞职、调离、退休、死亡的人员不参加年度绩效考核，其奖励性绩效工资按其在本单位实际工作月数计发。

9. 年内辞退的工作人员不参加年度绩效考核，不计发奖励性绩效工资。

10. 受党纪、政纪处分的人员，处分期间，其奖励性绩效工资在考核的基础上按80%计发；被开除的，不计发年度奖励性绩效工资。

11. 凡年度考核不合格或因犯错误年度考核不定等次的人员，其奖励性绩效工资在考核的基础上按50%计发。

12. 考勤绩效奖金计发按照《关于明确三水区教育系统教职工请（休）假及有关工资待遇问题的意见》（三教发〔2014〕17号）的对应条款执行。

13. 全学期二分之一以上时间用于公派进修、工伤住院或休产假的人员，其该学期奖励性绩效工资取学校同级别教职工平均数。

14. 被交流或借调在外的教师由新单位进行考核，其奖励性绩效工资由原单位按其现职务标准发放（取该职务同类人员奖励性绩效工资平均数）。

15. 奖励性绩效工资由区教育局统筹拨付。除正校长由区教育局考核外，其余人员奖励性绩效工资按教职工实际得分计发，由学校考核并造册，经区教育局审核后，报区编委办、区财政局，再通过银行直接划拨到个人工资账户。

五、考核分类及内容

1. 正、副校长的考核。

正校长的考核由区教育局组织实施，副校长的考核分民意测评、绩效领导小组评定两部分，考核结果分为优秀、合格、基本合格和不合格四个等次。以下附副校长任期考核表。

姓名	德、能、勤、绩、廉综合评价等次				总分	备注
	优秀	合格	基本合格	不合格		

说明：①请根据被考核人的工作绩效，在表中评价等次对应选项下的空格内画“√”，多选或不按要求填写的无效。②民主测评分 = 优秀率 ×100 + 合格率 ×80 + 基本合格率 ×60 + 不合格率 ×40。

2. 中层行政人员的考核。

中层行政人员的绩效考核分民意测评、中层行政任期考核和绩效领导小组评定三部分。以下附民意测评表和中层行政任期考核表。

有效票数	任职情况			
	优秀	合格	基本合格	不合格

说明：按考核内容在相对应的考核等级格内画“√”。

考核项目	考核内容	评价标准	考核记录		
			权重	自评分	考核组评分
师德修养	师德表现	师德良好、为人师表、关心教师、热爱学生	5		
	干部先进	以身作则、带好头、自觉奉献、不争名利	5		
	全局意识	大局意识、责任意识和服务意识强	5		
	精神状态	积极工作、努力进取、乐于奉献	5		
理论学习	学习努力	努力学习政策、理论，学以致用，取得实效	5		
	坚持方针	自觉接受校长的领导，遵循教育教学规律，全面贯彻党的教育方针	5		
	依法办学	依法办事、以德治校，执行纪律不违规	5		
	专业知识	努力学习业务，提高专业水平，具有指导能力	5		

（续表）

考核项目	考核内容	评价标准	考核记录		
			权重	自评分	考核组评分
管理能力	制订计划	根据学校计划，制订分管工作的实施计划，且计划切实可行	5		
	落实制度	严格执行制度，对分管工作能严格管理，执行到位，管理有序	5		
	团结协作	团结协作，部门协调合作良好；维护领导班子威信	5		
	责任意识	求真务实，勇于承担繁、难、重任务，敢于负责	5		
工作作风	民主管理	支持、配合校务公开，规范程序	5		
	联系群众	深入实际，联系群众，工作扎实，办事务实	5		
	廉洁自律	遵守行政纪律，办事公平公正，不谋私利，不徇私情	5		
	工作态度	工作踏实、认真，不误事，不拖沓，工作效率高	5		
工作实绩	基本工作	完成学校任务，做好常规工作，分管工作有成效	5		
	建设队伍	重视本部门队伍建设，部门内关系和谐	5		
	推进教改	重视教改，在分管工作中能围绕中心、推进教改	5		
	工作特色	工作有特色、有创意、有质量	5		
测评总分		考核等次		考核组长签名	

考核结果分为优秀、合格、基本合格和不合格四个等次。其中，优秀等次不能超过中层行政人员总数的15%。

3. 教学人员的考核（非行政人员）。

教学人员包括科任教师、班主任、科组长和年级组长。以履行《教师法》《教育法》规定的职责及完成学校规定的岗位职责、工作任务的实绩为依据，全面考核教师的德、能、勤、绩等，重点是考核工作量和工作实绩（具体见附件）。

4. 教辅人员的考核。

主要考核服务态度、履行岗位职责和完成工作任务等方面的情况。考核结果分为优秀、合格、基本合格和不合格四个等次，不服从学校工作安排，不履行工作岗位职责，造成比较大的工作失误的，可以定为不称职。其中优秀等次不能超过教辅人员总数的15%。

考核细则如下：考核评定为优秀的，按全校教学人员的考核平均得分的90%计算；评定为合格的，按全校教学人员的考核平均得分的85%计算；评定为基本合格的，按全校教学人员的考核平均得分的80%计算；评定为不合格的，按全校教学人员的考核平均得分的75%计算。考核评定采用民主测评方式进行，由学校奖励性绩效考核领导小组最后审核确定。民主测评方案另行制定。

六、奖励性绩效工资的分配与计发

（一）奖励性绩效工资的分配

奖励性绩效工资由以下四个部分组成：奖励性绩效工资 = A + B + C + D。

1. 请假、休假的扣发（A）：根据三水教发〔2014〕17号《关于明确三水区教育系统教职工请（休）假及有关工资待遇问题的意见》计发。

2. 学校岗位补贴（B）：占财政下拨奖励性绩效工资总额的45%。

3. 副班主任补贴（C）：每月300元/人，凡担任副班主任的，均按此标准发放。

4. 考核性绩效工资（D）：在扣除学校岗位补贴和副班主任补贴的基础上，加上请假、休假的扣发，余额按照绩效考核结果计算发放。

（二）各类人员考核性绩效工资的计发

1. 校长、副校长。

校长由区教育局组织考核。副校长（含党支部书记）考核性绩效工资与考核结果直接挂钩，其中考核结果分为四个等次：优秀（90～100分），合格（70～89分），基本合格（60～69分），不合格（59分以下）。

2. 中层行政人员。

中层行政人员考核性绩效工资与考核结果直接挂钩。考核结果为优秀的，按全校教职工奖励性绩效工资考核前10名得分的平均分值计发；考核结果为合格的，按全校教职工奖励性绩效工资考核前30名的平均分值计发；考核结果为基本合格的，按全校教职工奖励性绩效工资考核得分的平均分值计发；考核结果为不合格的，按全校教职工奖励性绩效工资考核得分的平均分值的0.6倍计发。计算公式为：

中层行政人员个人考核性绩效工资 = 中层人员考核性绩效工资总额 ÷ 中层行政人员分值总和 × 个人分值

3. 教学人员。

教学人员的考核性绩效工资以工作绩效考核结果为依据，按照考核分值进行计算。计算公式为：

个人考核性绩效工资＝全校教学人员考核性绩效工资总额÷全校教学人员分值总和×个人分值

4. 教辅人员。

教辅人员的考核性绩效工资以工作绩效考核结果为依据，按照考核分值进行计算。计算公式为：

教辅人员个人考核性绩效工资＝全校教辅人员考核性绩效工资总额÷全校教辅人员分值总和×个人分值

说明：教辅人员的奖励性绩效工资在扣除全年的请（休）假金额后，不按照扣除副班主任补贴的方式，而是按照绩效考核分值计算发放。教辅人员如有参与值日工作，则同教学人员一样按每天两课时计算，此值日项绩效工资在教学人员的奖励性绩效工资中支出。

七、奖励性绩效工资额度及发放形式

1. 奖励性绩效工资额度：奖励性绩效工资按实际在职人数核定额度并拨付到学校。学校教职工奖励性绩效工资分学期考核。

2. 发放形式：学校教职工奖励性绩效工资由相关处室考核、统计后，交由学校办公室汇总，由区教育局审核后报区编委办、区财政局，通过银行直接划拨到个人工资账户。

八、具体操作

1. 本考核方案必须经过教代会和教职工大会讨论通过（有半数以上的与会人员到会，且得到与会人员三分之二以上的多数人员同意）。考核方案一旦经过教代会或教职工大会通过，一般不再改动。如果运行时发现方案有明显漏洞或有失公允，则修正案仍然要通过上述程序。

2. 本方案由校长办公室具体实施操作。

3. 方案第一手材料、数据来自各级组、科组、处室，学校组织有关领导加强不定期检查。方案中的数据要实事求是，有理有据，做到公开、公正、公平，如发现虚报，一是追究当事人责任，二是追究责任人责任。

4. 考核量化分数揭晓后，要在本校进行公示，公示期限不得少于3天。有意见的，要及时核实；考核分值有误的，必须重新确定。

5. 学校成立××实验小学教职工奖励性绩效工资考核分配工作领导小组，名单待定。

九、说明

本方案自20××年1月起开始试行，试行期为一年。本方案解释权归××实验小学教职工奖励性绩效工资考核分配工作领导小组。本方案如有与国家政策相抵触之处，以国家有关政策为准。

附件：佛山市三水区××实验小学教学人员量化考核细则

考核共计100分，其中师德占30分，工作量占40分，教育教学能力占30分；另设有加分项目（奖教奖学）5分。

一、师德（30分）

1. 违反《××实验小学常规管理工作要求》，但未造成重大影响的，第一次警告，第二次扣0.5分；造成重大影响的，视情节酌情扣分。

举例：(1) 没有关好空调、门窗就离开的，第一次警告，第二次扣0.5分；(2) 没有按时上交资料的，第一次警告，第二次扣0.5分。

2. 因工作疏忽，对学生人身安全造成影响的，发现一次扣5分，两次扣10分，以此类推。

举例：午睡值日时忘记清点学生，起床后还有学生在寝室睡觉而没有发现的，出现一次扣5分，两次扣10分，以此类推。

3. 有体罚或变相体罚学生的行为，遭到家长投诉，经调查属实的，一次扣5分。造成恶劣影响，被通报批评的，一票否决，扣30分。

4. 由于工作不负责任或工作出现疏忽，造成器材、设备损坏者，视情节酌情扣分。因工作失职，造成重大安全责任事故或造成重大损失的，一票否决，扣30分。

5. 有其他严重有损教师形象和声誉行为的，视情节酌情扣分。

6. 工作时间进行有偿家教的，一票否决，扣30分。

7. 上班时间在办公室上网炒股，或用电脑看电影、玩游戏的，发现一次扣5分。

8. 合作意识差，无团结协作精神，有不团结行为者，扣5分；对同事进行谩骂，或通过网络等媒体散布不实言论的，一票否决，扣30分。

9. 非特殊情况而不服从学校临时工作安排或不完成学校安排的工作任务的，一次扣5分；出现上述行为两次的，扣10分，以此类推。这里的“不服从学校临时工作安排或不完成学校安排的工作任务”指不交论文、借口推脱学校安排的公开课、不完成各项比赛任务或不协助比赛等各种教育教学工作。

二、工作量（40分）

教学人员工作量包括基本课时工作量和增补工作量。

1. 基本课时工作量包括课程表周课时数、第二课堂课时数、值日课时数、代课课时数（含非上班时间训练、带队课时数）。

2. 增补工作量项目及标准。

项目	标准（节/周）	项目	标准（节/周）
内宿生班主任、副班主任	1	备课组长	1
50岁以上（含50岁）教师	3	工会组长、通讯员	2
级（科）长兼任班主任	2	语、数、英跨学科任课	2

工作发生变动的，增补工作量按照实际情况进行增减。学校临时安排一周以上（含一周）的工作，增补工作量根据实际情况增减。

3. 计算方法。

（1）教师周课时基本数（A）＝课程表周课时数＋周第二课堂节数＋值日（按每天2课时计）

（2）教师周代课课时数（B）＝教师学期代课总数÷学期总周数

（3）教师周增补工作量（C）＝教师学期增补工作总量÷学期总周数

（4）科组人均周课时基本数（D）＝科组教师周课时基本数（A）总和÷科组总人数

（5）校人均周课时基本数（E）＝校教师周课时基本数（A）总和÷全校总人数

（6）个人工作量得分＝［A÷D＋（B＋C）÷E］×40

说明：①计算“科组人均周课时基本数”时，不包括代课及增补工作量，是体现“多加工作量”。②科组为语文、数学、英语、体育、美术、音乐、电脑、科学与综合八个科组。③计算“科组人均周课时基本数（D）”时，“科组总人数”是指参与本方法考核的科组教学人员数，不包括行政人员，“校总人数”也类同。④本计算方法是平衡科组与科组之间因学校的分工、科组性质所带来的一些客观不平衡因素，只是科组之间的教师有差别。

三、教育教学能力（30分）

教育教学能力主要考核教学人员在教育教学过程中的岗位职责履行情况，重在考核备、教、批、辅、考、研等常规教学落实情况和教研活动情况。具体考核办法如下：

1. 教师在学期初要有教学工作计划，学期末有教学工作总结，缺一项扣1分。

2. 教案项目齐全，切合教学实际，按时备课，教学进度与教案相符。每缺一课时教案扣1分。

3. 上课期间不得吸烟，发现一次扣1分。教师不允许酒后上课，发现一次扣2分。上课时迟到或早退、中途离开课堂的，每次扣1分。旷课一节，每次扣5分。上课时非特殊情况接打手机，歧视、谩骂、侮辱学生的，一次扣1分。

4. 学校不定期随机检查作业批改，不按学校要求批改的，每发现一次扣1分，扣完为止。

5. 严格遵守学校规章制度，按时参加各级组织的教研活动。无故缺席学校、年级、科组、备课组组织的教研活动或会议，一次扣1分；无故缺席区、市教研活动的，一次扣3分（以科组和级组会议记录、备课组会议记录、上级反馈信息为准）。

6. 每学期完成一篇教育教学论文（教育教学案例、教学反思），缺交一次扣1分。

7. 每年继续教育进修要达到72学分，未达到的，每学分扣0.5分，最高扣10分。

四、奖教奖学（加分项目5分）

（一）校级获奖

1. 先进科任教师、优秀班主任、优秀辅导员、优秀副班主任、优秀在编职工加0.6分（以上奖项按50%的比例评奖）。

2. 文明班、优秀中队加0.6分。

3. 评优课、论文、课件设计等获奖：一等奖加0.5分；二等奖加0.3分；三等奖加0.25分。

4. 校内公开课、示范课，包括对全区开放的在校上课，加0.5分。

（二）校级以上奖励

1. 论文、课件等获奖。

奖项	全国	省级	市级	区级
一等奖（分）	1.5	1.3	1	0.8
二等奖（分）	1.3	1	0.9	0.6
三等奖（分）	1	0.9	0.8	0.5
特别奖、参与奖（分）	按三等奖计算			
刊登	1. 刊登在教育类正规刊物上的论文等，按该级别的一等奖计算；刊登在教育类非正规刊物上的论文等，按该级别的二等奖计算。 2. 刊登在《珠江青少年报》上的论文等，按校级一等奖0.5分计算；刊登照片，按校级三等奖0.3分计算。			

2. 获得优秀教师、优秀教育工作者、优秀辅导员等荣誉。

奖项	全国	省级	市级	区级
优秀教师、优秀教育工作者优秀辅导员等荣誉（分）	2.5	2.3	1.9	1.3

3. 辅导学生参赛获奖。

奖项	全国	省级	市级	区级
团体一等奖（分）	5	4.5	3.8	3
团体二等奖（分）	4.5	3.8	3	2.5
团体三等奖（分）	3.8	3	2.5	2
个人一等奖（分）	1	0.9	0.7	0.6
个人二等奖（分）	0.9	0.8	0.6	0.5
个人三等奖（分）	0.8	0.7	0.5	0.4
个人优秀奖、个人参与奖（分）	按三等奖计算			

说明：①同一赛事所有单项奖不能超过全国团体奖最高奖金额度；若超出，则按团体奖最高额度奖励。团体奖与个人奖不重复计算，奖金按最高额度计算。②在非教育部门组织的比赛中获奖，按30%计算。③特别奖、参与奖按同类优秀奖计算。④校级以上所获奖项，协助老师按获奖教师降一级计算。⑤非本校教师独立指导学生获奖的，按同类奖的80%计算。⑥体育比赛“第一名”按一等奖计算，“第二名”按二等奖计算，“第三名”按三等奖计算；“第四名”“第五名”“第六名”等同于优秀奖，即按三等奖计算。⑦最高累计加分不能超过5分（即5分封顶）。

【案例九】

江苏省泰州市海陵区某学校绩效考核办法

为进一步深化教育人事改革，充分调动广大教职工的积极性和创造性，促进教师全面发展，不断提升学校办学水平，促进教育事业科学、健康发展，着力构建符合教育教学规律和教师职业特点的教师绩效考核制度，根据《江苏省义务教育学校教职工绩效考核工作指导意见》（苏教人〔2009〕24号）及《关于印发〈海陵区义务教育学校绩效工资实施办法〉的通知》（泰海教〔2009〕51号）文件精神，结合我校实际，特制定本考核办法。

一、基本原则

1. 尊重规律，以人为本。
2. 以德为先，按劳分配。
3. 注重实绩，激励先进。
4. 客观公正，促进和谐。

二、考核对象

本校在编在岗教职工（含见习期教师）。

三、考核标准

教职工绩效以定性与定量相结合的方式进行综合考核，分为优秀、合格、基本合格和不合格四个等次，按绩效考核得分从高到低确定。优秀等次名额最多不超过本校教职工总数的15%。四个等次的标准为：

1．优秀：师德考核优秀；工作量符合要求；教育教学业绩突出；专业发展成效显著。

2．合格：师德考核合格；工作量基本符合要求；教育教学业绩良好；专业发展成绩良好。

3．基本合格：师德考核基本合格；工作量不足；教育教学业绩一般；专业发展成绩一般。

4．有下列情形之一者，确定为不合格：师德考核不合格；业务素质和工作能力不适应教育教学工作要求；不能完成教育教学任务；工作中发生重大教学事故。

四、考核办法

1．学校成立绩效考核工作领导小组，负责制定本校教职工绩效考核办法并组织实施。组长：×××；副组长：×××；成员：×××、×××、×××。

2．考核为“不合格”等次人员，原则上不得参加教职工奖励性绩效工资的分配。从事教学工作而又兼任教辅工作的相关人员，需接受相关部门的考核。学校对绩效考核结果及分配办法等，要及时反馈给考核对象并在校内公示。

五、考核内容

教师绩效考核的内容主要是：根据《教育法》《义务教育法》《教师法》等法律法规的规定，对教师服从工作安排、履行岗位职责、完成学校规定的教育教学任务等情况进行全面考核，重点考核工作实绩，具体包括师德、教育教学、专业发展等方面的实绩，并采用百分制对考核进行量化。班主任工作考核办法及教辅后勤人员考核办法附后。

（一）师德考核（30分）

主要考核教师遵守《中小学教师职业道德规范》的情况，特别是为人师表、爱岗敬业、关爱学生等方面的情况。

1．政治坚定，依法执教（15分）。贯彻党和国家的教育方针、政策。宣传正能量，不信邪教，不散布消极落后言论和不健康思想。维护学校和谐稳定。积极参加学校集体活动和会议。积极参与各项公益性活动。

2. 行为规范，爱岗敬业（10分）。遵守教育法律法规和职业道德；杜绝有偿家教，不以教师的特殊身份向学生推销教辅资料及商品，不向学生乱收费，不向家长索要钱物。无违反教育教学规范的行为。坚决服从工作安排。学生评教满意率高，工作中无旷课现象。

3. 尊重家长，家校配合（5分）。尊重学生人格，不嘲讽、体罚或变相体罚学生。注重与学生、家长的联系，虚心听取家长意见和建议，礼貌接待家长，形成家校有效配合的氛围。

有下列情形之一的，经查实，师德考核确定为不合格（即一票否决）：

1. 有违背党和国家方针政策的言行，攻击、诽谤他人，造成社会影响和严重后果者。

2. 体罚、变相体罚学生，造成严重不良社会影响者。

3. 参与有偿家教，未经学校批准在外单位兼职，向学生家长索要钱物，强制学生购买教学辅导材料及推销其他商品者。

4. 以非法方式表达诉求、干扰正常教育教学秩序、损害学校和学生利益，造成严重后果者。

5. 其他有损于教师和学校形象的行为，造成重大不良影响者。

（二）常规教育教学考核（以满分100分计算）

1. 能按时参加教研活动和集体备课，认真完成学校、教研组、备课组安排的教研工作和集体备课任务的，给予满分20分，否则按缺席和未完成情况每次扣4分，扣完为止。

2. 胜任教学任务，课堂教学严谨、负责，作业、试卷批改认真、及时的，给予满分20分。存在教学违规行为被投诉，经查属实的，视其严重程度每次扣5~10分，扣完为止。

3. 学校每次集中教学检查时，能提供应检查的材料，教案、作业、计划等符合教学规程要求的，给予满分20分。不能提供应检查材料的，每次扣10分；能提供应检查材料的教案、作业、计划等，但不符合教学规程要求或不及时的，每次扣4分，扣完为止。

4. 参与校本教材、校本作业编写的执笔人，或参加微视频制作等活动并上传的，得10分；取得两次以上A级评价的，给予满分20分。不参加的不得分。

5. 参与命题、考试监考、阅卷等工作，认真按时完成且无重大失误的，给予满分20分。无故拒绝或因事假等个人原因未完成学校布置的相关任务的，每次扣5分；出现责任事故的，不得分；出现重大责任事故并造成严重后果的，学校按相关问责规定进一步追究责任。

6. 加分（最高30分）：①认真完成学校期中和期末考试命题、审核任务的分别加3分、2分，出现责任事故的不计分。②参加中考阅卷工作加3分。③相关教师积极履职、认真完成学生学籍登记、考务、书本发放等工作的，加5分，工作拖拉或完成质量不高的不加分。

（三）专业发展（以满分100分计算）

1. 听课（30分）。

按上级要求，结合我校实际情况，规定我校教师听课要求（按一个学期统计）：分管教学的副校长，30节；中层以上，20节；新招聘的教师和参加工作不满3年的教师，30节；未满35周岁的教师，20节；其他教师，10节。没有听课时间、科目、随笔、评价、签名的，不做统计。每少一节课减1分；弄虚作假的，每节课减1分。

2. 论文（10分）。

（1）论文在省、市、区核心期刊发表的，每篇得10、8、5分；同一篇论文在多个期刊发表的，按照最高层次的期刊计分。论文发表在市报的，得2分。

（2）论文获得省教育主管部门一、二、三等奖的，分别得3、2、1分；获得市级教育主管部门一、二、三等奖的，分别得2、1、0.5分。

3. 赛课、公开课、专业技术比赛（20分）。

（1）未按上级相关部门及学校要求参加赛课、公开课、专业技术比赛的，不得分。

（2）赛课、专业技术比赛获国家级一、二、三等奖的，分别得15、13、11分；获省级一、二、三等奖的，分别得9、7、5分；获市级一、二、三等奖的，分别得7、5、3分；获区级一、二、三等奖的，分别得5、3、2分；获校级一、二、三等奖的，分别得3、2、1分。同一赛事按最高奖计算，不累计。由教育主管部门组织的才能计分，由各种学会组织的不计分。本项得分不超过20分。

4. 课题（10分）。

参与课题研究的得5分；当年顺利结题的得10分。

5. 各种竞赛和社团活动（20分）。

（1）组织训练、参加竞赛，并获得省级一、二、三等奖的，分别加20、15、10分；获得市级一、二、三等奖的，分别加7、5、3分；获得区级一、二、三等奖的，分别加5、3、2分。同一项比赛，不重复计算。

（2）社团能定期、按时、有计划地举办活动，且每学期不少于4次的，得20分。

（3）成功举办学校大型活动的主要工作人员，得20分。

6. 专业成长（10分）。

（1）按照上级相关部门及学校要求参加继续教育的，得5分。

（2）当年荣获有突出贡献专家、特级教师荣誉的，得5分。

(3) 当年荣获三级骨干教师、学科带头人、教学能手、教坛新秀等荣誉，市级的得5分，区级的得3分。

(4) 参加在职研究生深造，获得硕士研究生、博士研究生学位的，分别得3分、10分（仅限荣获学位的当年有效）。

六、奖励性绩效工资项目设置（另见附件3）

1. 教学成果。

2. 教育教学管理。

七、工作量考核

1. 满工作量的得10分。

2. 本学科工作量不足，但服从学校安排，兼教其他学科的，得5分。不服从学校工作安排的，不得分。

3. 距离退休三年以内的教职工，在不影响工作的前提下，上下班时间和工作量可适当照顾。

八、特殊人员奖励性绩效工资的发放

1. 精神病、癌症、严重传染病等特殊患者，经二级甲等及以上医疗机构诊断证明，经学校领导批准后，可按奖励性绩效工资平均数发放。因病休假6个月以内的教职工，按学校考勤制度执行；6个月以上的，从第七个月起停发奖励性绩效工资。

2. 当年退休人员，按照实际在岗时间发放。

九、后勤、教辅人员的考核

后勤、教辅人员由校级班子、分管处室干部和教师代表组成考核小组进行单独考核，按后勤、教辅人员总数的10%、80%的比例评出一、二等奖。

十、加班、安全管理的现金计算

1. 早晨上课前半小时进行安全检查，每次5元；晚上放学后进行安全检查，每次5元。

3. 满工作量并按学校要求代课者，代课费每节课5元（工作量不足的不发）。

十一、其他说明

教师考核按得分排序，前15%的人员获得一等奖，75%的人获得二等奖，后10%的人不能得奖。其中一等奖300元，二等奖200元，政府奖另外再加。

绩效考核结果是教师绩效工资分配的主要依据。学校将根据绩效考核结果，合理确定奖励性绩效工资分配等次，坚持向骨干教师、优秀班主任和做出突出贡献的教师倾斜，适当拉开分配差距，充分调动全体教职工的积极性，促进其全面发展。绩效考核结果也将作为教师岗位聘任、职务晋升、培养培训、表彰奖励、评优评先等工作的重要依据。

考核过程中的未尽事宜由考核领导小组集体研究决定。

附件1：泰州市海陵区××学校考勤办法

为促进我校教职工绩效考核工作制度化、规范化，利于学校管理工作的精细化，调动广大教职工的工作积极性，体现考核工作的意义，现结合我校实际情况，针对教职工出勤考核工作，制定本绩效考核补充意见如下（试行）。

一、考核内容

1. 教职工考勤由各年级组长、职能部门负责人负责。全体教职工必须遵守学校作息制度，年级组长、学校职能部门不定期进行检查或抽样考核。

2. 个人因特殊情况推迟到校、提前离校，须向教研组长、部门负责人请假（两小时以上按半天计算），批准后才可离校。

3. 请假一天以内的，由年级分管副校长审批；请假两天以上的，须经校长室研究批准；请假三天以上的，须报经校长同意，并报区教育局人事科备案。

4. 出差、外出学习等公务活动，须出具相关证明，由分管副校长审批，报职能部门记录备案。

5. 假期期满，须及时到校长办公室办理销假手续。逾期无故不归者，以旷工处理。

6. 学校大会、年级组会议、集体教研活动等，实行本人签名考勤的办法，纳入考核。

二、绩效执行标准

1. 病假1天扣30元（凭病历、缴费单），大病患者、住院者除外，但须凭住院通知单、缴费单请假。事假1天扣60元（学期病、事假累计5天以内，且不影响教学工作，可以不扣减）；旷工1天扣100元（一年内累计超过30天的，应予以行政处理）。全年无故缺勤10天以上的，年度考核确定为不合格。以上假期都以半天为单位进行累积计算。每学期迟到、早退20次以上者，扣绩效考核师德分4分。

2. 对于学校全体教师大会、年级组会议，全年请假超过5次的，每次扣20元；无故缺席的，一次扣30元。

3. 婚、丧、产假按国家最新的相关政策文件施行。

4. 对于距离退休在三年以内的同志，在不影响工作的前提下，上下班时间和工作量可适当照顾。

三、说明

1. 出勤情况按月统计、按月公示，于年终汇总，并以此作为绩效考核的依据。

2. 本考勤考核制度经教代会通过后，从20××年春季学期起开始执行。

附件2：泰州市海陵区××学校班主任月度工作绩效考核办法（试行）

一、指导思想

为了贯彻《泰州市海陵区义务教育学校教职工绩效考核工作指导意见（试行）》，打造我校一批思想过硬、业务精湛的班主任队伍，更好地调动广大班主任的工作热情，增强班主任的责任感，激励班主任做好本职工作，现结合我校实际情况，制定如下考核办法。

二、思想道德建设（10分）

忠诚党的教育事业，为人师表，爱岗敬业，关注每一个学生的全面发展，认真完成学校布置的各项任务。有下列情形之一的给予扣分处理：

1. 体罚或变相体罚学生的，每次扣5~10分。

2. 不服从学校工作安排的，扣5分；不及时完成学校下达的任务（含领取及收发相关材料）的，每次扣1~2分。

3. 向学生、家长索要钱物，强制学生购买辅导材料及推销其他商品的，扣10分。

4. 因教育不当，造成学校与家长、教师与家长、教师与学生产生矛盾的，扣5分。

三、班主任业务（30分）

（一）班会（10分）

班主任应当认真备课，精心组织班会课。班会课的主题应明确，师生互动积极。有下列情形之一的给予加分或扣分处理：

1. 班主任组织的班会秩序一般，无明确主题或无班会教案的，扣1~2分。

2. 班会课无故挪作他用的，每次扣2分。

（二）班主任工作手册（10分）

班主任工作手册记载全面，突出与学生、家长的交流，以及与任课教师的工作协调效果。班主任工作手册以政教处检查记录为考核依据。

（三）黑板报（10分）

各班按学校要求及时出版每期的黑板报，且黑板报主题突出、栏目清晰、书写工整、图文并茂。有下列情况之一的，给予加分或扣分处理：

1. 在学校组织的黑板报评比中获一、二、三等奖，分别加3、2、1分。

2. 黑板报无主题，扣1~2分；版面简单、混乱，书写不工整，扣2~3分；不及时完成黑板报，三天之内扣2分，一周之内扣4分。

四、班级管理（60分）

（一）卫生管理（20分）

指导学生做好教室及包干区环境卫生工作，定时保洁。以政教处检查记录为考核依据。

（二）车辆管理（10分）

指导并督促学生将车辆整齐有序地排放在学校指定区域。以政教处检查记录为考核依据。

（三）升旗、集会、广播操、眼保健操（10分）

班主任到场组织升旗及集会活动；班主任到场管理广播操、眼保健操等。以政教处检查记录为考核依据。

（四）学生行为规范（10分）

班主任必须教育学生严格遵守《中学生日常行为规范》及学校各项规章制度，爱护公物。

有下列情况之一的，给予加分或扣分处理：

1. 有关心集体、助人为乐典型事例并得到学校表彰的，加2~3分。

2. 校内骑车，每人次扣1分。

3. 学生违规违纪，被学校处分，每人次扣3分。

4. 班级有严重违规违纪行为，以及发生重大事件不及时上报和处理的，每次扣5分。

（五）安全平台完成情况及公物管理（10分）

学生故意或严重破坏公物，每次扣2~4分（以总务处记载为准）。

五、班级活动

班主任应积极组织学生安全有序地参加校内外各项活动，增强学生创新意识和动手能力，全面推进素质教育。有下列情况之一的，给予加分或扣分处理：

1. 参加学校组织的校级以上的各项活动或比赛，荣获团体一等奖的，加2~5分（校级加2分，区级加3分，市级加4分，省级加5分）；荣获二等奖的，依次递减1分。

2. 无故不参加学校组织的各项活动或比赛的，每次扣5分。

3. 班主任没有按照学校要求，组织混乱，影响活动或比赛正常进行的，每次扣3~5分。

4. 在活动或比赛中因组织不当发生安全事故的，扣5~10分。

六、备注

1. 本方案未标明的考核要求，详见校内各项具体考核细则。

2. 单项扣分以该项总分扣完为止；各单项累计加分不得超过 15 分。

3. 年终考核总分前 10 名的班主任，每月发放班主任津贴 350 元；年终考核总分后 10 名的班主任，每月发放班主任津贴 250 元；其余班主任每月发放班主任津贴 300 元。

附件 3：泰州市海陵区××学校教学成果、教育管理奖励办法

根据《泰州市海陵区义务教育学校绩效考核工作指导意见》（泰海教〔2015〕12 号）的有关规定，特制定本办法。

一、教学成果奖励

根据教师工作实绩进行计分，按得分多少计算奖励金额，年终考核后一次性发放。计算方法为：

教学成果奖励 =（学校奖励性绩效工资总额 ×4.5% − 教育教学管理奖励总额）× 个人得分 ÷ 参评人员总得分

具体评分方法如下（跨年级、跨学科的教师分别以高年级、考试学科作为计算依据）：

（一）中考学科

1. 根据中考班级整体目标达成率评出班级一、二等奖，一等奖不超过 30%，二等奖不超过 60%。一等奖班级的班主任得 15 分，任课教师每人得 10 分；二等奖班级的班主任得 10 分，任课教师每人得 5 分。任教多个班级的，得分进行累计。

2. 根据中考各备课组成绩与联谊学校对比情况，评出优秀备课组 2 个，备课组成员每人加 5 分。

3. 将上述中考班级整体目标达成率得分相加，乘以学科系数，再加上第 2 项，即为最终得分。学科系数为：语文、数学、英语为 1.5，物理为 1.2，化学为 1.0，思想品德、历史为 0.5，体育为 0.4。

（二）会考学科

根据会考成绩评出一、二等奖，一等奖不超过 30%，二等奖不超过 30%。一等奖每人得 5 分，二等奖每人得 2 分。工作量不足的，不可被评为一等奖。

（三）初一、初二考试学科

根据两学期期末考试成绩综合评出一、二等奖，一等奖不超过 30%，二等奖不超过 30%。一等奖每人得 5 分，二等奖每人得 2 分。考试学科工作量不足的，不可被评为一等奖。

（四）初一、初二非考试学科（前三项以外的科目）

根据两学期班主任、分管处室干部、校级班子测评综合评出优秀奖，每人得 2 分。

（五）教科研成果奖励

1．本年度作为课题组骨干成员参与市级以上课题研究的，加 5 分。已结题的，省、市级分别加 10 分和 5 分（限主持人和执笔人）。

2．本年度撰写论文发表于核心期刊（以最高级别的一篇计）加 2 分。

3．本年度参加教育主管部门举办的赛课、基本功比赛（以最高级别的一次计），获省二等奖以上的加 2 分。

（六）重要贡献奖

对学校工作、对学科教学管理有重大贡献的，由校长根据其贡献大小给予一定奖励。

二、教育教学管理奖励

对中层正、副职干部和工会、团委主要负责人进行教育教学管理绩效考核，根据考核得分评定一、二等奖（一等奖比例不超过 50%），一等奖每人每月 120 元，二等奖每人每月 100 元，年终考核后一次性发放。具体评分标准如下：

序号	考评项目	满分	测评人
1	自觉维护学校利益，廉洁奉公	20	教职工代表
2	工作积极，踏实肯干	10	
3	团结协作，顾全大局	10	
4	联系群众，作风民主	5	
5	服从分配，工作量满负荷	20	学校领导
6	出勤情况良好	5	
7	工作效率高，本职工作成绩突出等	30	

注：①中考班级整体目标达成率 = 班级实际录取人数/计划数。②会考成绩：按班级及格率排名，任教多个班级的取班级名次平均值。③两学期期末考试成绩：初一年级按平均分排名，任教多个班级的，取两学期各班级名次平均值。初二年级按平均分进步情况（与初一第二学期期末排名比较）；任教多个班级的，取两期各班级名次平均值。④两学期期末班主任、分管领导测评：由教职工进行满意度投票获得。

【案例十】

广东省湛江市某中学奖励性绩效工资实施方案

一、绩效工资分配的依据

1. 教育部《关于做好义务教育学校教师绩效考核工作的指导意见》（教人〔2008〕15号）。

2. 广东省人事厅、广东省财政厅、广东省教育厅《关于中小学贯彻〈事业单位工作人员收入分配制度改革方案〉实施意见》（粤人发〔2007〕274号）和广东省教育厅《关于做好义务教育学校教师绩效考核工作实施意见》（粤教师〔2009〕50号）。

3. 湛江市教育局、湛江市财政局、湛江市人力资源和社会保障局《关于进一步规范义务教育学校教师奖励性绩效工资分配工作的指导意见》（湛江教〔2011〕230号）。

二、指导思想和基本原则

1. 充分调动教师工作的积极性，以促进教师工作绩效为导向，建立科学规范的教师绩效量化和收入分配相结合的机制，充分发挥绩效工资的激励导向作用，激励教师爱岗敬业，扎实工作，共创优绩，共谋教育发展。

2. 贯彻按劳分配、多劳多得、优劳多得的原则，以教师完成学校规定的岗位职责和工作任务为基本依据，全面考核德、能、勤、绩，重点考核工作实绩。

3. 凸显向骨干教师倾斜的原则。

4. 体现激励先进，促进教师专业不断发展的原则。

5. 体现公平公正、易于操作、循序渐进的原则。

三、绩效工资分配的基本思路

1. 从学校实际出发，作为过渡性办法，在奖励性绩效工资部分设立岗位补贴，按职务分等次固定发放。岗位补贴比例应逐年减少，过渡期满即可取消。

2. 应以工作量、工作绩效和师德师风为内容，每学期对教职工进行考核，主要考核教职工的德、能、勤、绩，具体包括工作态度、工作职责、专业水平、业务工作能力、出勤情况、工作数量、工作质量、工作效益等方面的表现。

3. 绩效工资分为三部分：①根据个人的工作量发放工作量补贴，体现多劳多得；②根据个人的工作实绩进行评比，体现优劳多得；③根据师德师风及个人工作表现进行评比，体现优劳多得。

四、绩效工资的实施方案

（一）岗位补贴

总额约19万元。教职工在完成本学期基本工作量并考核合格，可领取自己职务等次的绩效工资的50%，以此作为岗位补贴。

（二）师德师风奖

100元/（人·学期），总额约1万元，按《师德师风评比方法》（附件1）发放。

（三）教育教学成果奖

总额约11.9万元，其中：

1. 教学质量奖：650元/（人·学期），总额约6.5万元，其中中考特别奖1.5万元/学期，参照《教学质量奖励方案》（附件2）发放。

2. 教育科研奖：100元/（人·学期），总额约1万元，按《教育科研成果奖励方案》（附件3）发放。

3. 中考招生奖：100元/（人·学期），总额约1万元，参照《高中招生奖励方案》（附件4）发放。

4. 巩固率奖：100元/（人·学期），总额约1万元，参照《防流控辍工作实施方案》（附件5）发放。

5. 班主任津贴：半课工作量，200元/（班·月），总额约2.4万元，具体按《班主任津贴发放办法》（附件6）发放。

（四）教育教学过程奖（总额约7.2万元）

1. 工作量补贴（总额约4万元）。

（1）超课时奖：按照《专任教师周课时量的规定》（附件7），每超课时1节补贴15元；不足课时，1节扣8元（由于学校工作安排原因造成）或15元（由于教师个人原因造成）。

（2）第二课堂及下班辅导奖：晚自习下班辅导1节5元，早读、晚读下班辅导1节2.5元，第二课堂每节10元。

2. 教学常规管理奖：100元/（人·学期），总额约1万元，按《教学常规管理方案》（附件8）发放。

3. 全勤奖：100元/人，总额约1万元，按《教职工请假及出勤奖发放的规定》（附件9）发放。

4. 行政岗位管理奖：按学期发放，总额约1.2万元，按《行政领导考核方案》（附件10）发放。

五、附则

1. 本方案适用于在职在编的教职工。年度奖励性绩效工资的发放参照本方案。

2. 项目奖励实行封顶。如项目奖励资金出现剩余，可投入教学质量奖励、工作量补贴之中。

3. 本方案解释权归校长室。

4．本方案获20××年×月×日召开的教职工代表大会表决通过。

附件1：师德师风评比办法

为加强我校师德师风建设，促使我校全体教师重视良好师德师风的养成，特制定此评比办法。

一、确认等次的依据及步骤

1．学生“评教”，初步确认师德等次。

每学期期末，各班学生按照“最受欢迎教师”量化标准（另附），对本班科任教师进行量化打分，根据分数高低确定教师等次。

（1）各班得分前两名为A等，最后两名为C等，其他为B等。

（2）任教多个班级的教师，有过半班级被评为A等，其他班级被评为B等，即应确立为A等；有过半班级被评为C等，即应确立为C等。

2．与其他记录相结合，最终确认师德等次。

“其他记录”是指教室日志记录、行政领导值日记录、课堂巡视录像等。

被初步确立为A等的教师，若在以上记录中有不良表现，应最终确立为B等；被初步确立为C等的教师，若在以上记录中没有不良表现或不良表现较少，可以最终确认为B等。

二、奖励标准

只对A、B等次给予奖励，其中A等奖励300元，B等奖励150元。

三、惩戒

有下列行为之一的教师，直接确认为C等：

1．上课、下班辅导或学校集体活动等所有考勤项目中，一学期缺席累计5节及以上，迟到、早退累计20次及以上的。

2．不讲社会公德，言行不检点，严重损害教师形象和学校声誉的。

3．不服从学校合理工作安排或教学工作调整的。

4．体罚或变相体罚、打骂学生，造成严重后果的。

5．闹不团结或挑拨同事关系的。

6．不履行工作职责，工作敷衍、应付，造成严重安全事故或重大财产损失的。

7．有非法诉求行为，影响学校正常教育教学及办公秩序的。

8．在校园内放养家禽，经教育不改的。

9．有违规收费、非法推销和征订学生辅导书或搞有偿家教行为，经举报查实的。

10．有故意撕毁学校有关告示（含各类通知、工作安排、考勤记录等）行为的。

四、最受欢迎教师量化打分标准

总分100分，分为四大项、12小项。每个学生分别给各个科任教师打分，最后取平均分。

1. 师德表现（24分）。

（1）具有强烈的敬业精神，热爱教师岗位（8分）。

A. 8分　B. 7分　C. 6分　D. 4分

（2）主动关爱学生，不歧视、不体罚学生（8分）。

A. 8分　B. 7分　C. 6分　D. 4分

（3）对待学生态度亲切、和蔼，严慈兼备（8分）。

A. 8分　B. 7分　C. 6分　D. 4分

2. 教学态度（32分）。

（1）遵纪守时，不迟到、不早退（8分）。

A. 8分　B. 7分　C. 6分　D. 4分

（2）敢于管理、善于管理，课堂秩序好（8分）。

A. 8分　B. 7分　C. 6分　D. 4分

（3）治学严谨，备课充分，讲授熟练（8分）。

A. 8分　B. 7分　C. 6分　D. 4分

（4）答疑耐心，批改作业认真（8分）。

A. 8分　B. 7分　C. 6分　D. 4分

3. 教学水平（24分）。

（1）启发思维，学生积极参与，课堂气氛活跃（8分）。

A. 8分　B. 7分　C. 6分　D. 4分

（2）联系实际，例证结合，培养学生实践能力（8分）。

A. 8分　B. 7分　C. 6分　D. 4分

（3）语言规范，表达清晰，有条有理，板书整齐，辅助教学手段得当（8分）。

A. 8分　B. 7分　C. 6分　D. 4分

4. 教学效果（20分）。

（1）学生乐学，学习兴趣浓厚（10分）。

A. 10分　B. 8分　C. 6分　D. 4分

（2）学生会学，学习效果好（10分）。

A. 10分　B. 8分　C. 6分　D. 4分

附件2：教学质量奖励方案

为了激发教师的教学积极性，全面提高教学质量，根据我校实际情况，特制定本方案。

一、“一分一率”奖

“一分”指平均分，“一率”指优秀率。该奖项所有科任教师都享受。

1. 班级层次设置：按照“公平竞争”的原则，把一个学年度各年级分成两个或三个层次。

级别	第一层次	第二层次	第三层次
初一	(1)(2)(3)(4)班	(5)(6)(7)(8)班	—
初二	(1)(2)(3)班	(4)(5)(6)班	(7)(8)班
初三	(1)(2)班	(4)(5)(6)(7)班	(8)班

注：初三(3)班做特殊处理。

2. 底数依据：七年级以“小升初”的成绩为底数；八年级以七年级第二学期期末考试成绩为底数；九年级以八年级第二学期期末考试成绩为底数。

3. “一分一率”计算方法：

(1)优秀人数确定。在各个层次中，把学生的各科考试成绩从高到低排序。把考试成绩达到该层次前10%的学生人数作为优秀等级人数。若有并列分，则取总分高的计算，但不能超过10%。

(2)平均分差值确定。按照平均分进行差值排名，差值＝期末考试平均分－底数平均分，即按各科比例确定平均分差值的排名得分。

注：实行跟班保护政策。若该班该科初一年级平均分、差值皆排名第一，升上初二后，班底不变，该班该科差值排名非第一，但平均分排名保持第一，那么仍旧视该班该科排名第一（与差值排名第一的班级并列）。初二升上初三，同理。

(3)期初人数和期末人数确定。各班期初人数与期末人数保持不变，第一学期与第二学期人数保持不变，中途若有学生调班，则回到原班计算。如果存在没有底数的学生，则用该生所在的班级各科平均分作为该生的成绩；因病或因其他特殊情况不能参加期末考试的学生，则用该生所在的班级各科平均分作为该生的期末成绩。学生请病假的，要出具医院证明，并经教导处批准；有特殊情况的，由家长申请，报教导处批准。除学校确认退学外，不参加考试的一律当0分计算。

(4)计算公式：每班每科总分＝每班每科优秀率得分＋（期末考试10%优秀人数－底数10%优秀人数）×学科比例分＋平均分差值排名得分

附：各学科参照分

科目	学科比例分	优秀率得分	平均分差值排名得分
语文、数学、英语	6	60	两个班为一个层次：第一名70，第二名50；三个班为一个层次：第一名70，第二名60，第三名50；四个班为一个层次：第一名70，第二名65，第三名55，第四名50
初三物理、初三化学	4	40	两个班为一个层次：第一名46.7，第二名33.3；三个班为一个层次：第一名46.7，第二名40，第三名33.3；四个班为一个层次：第一名46.7，第二名43.3，第三名36.7，第四名33.3
初二物理、初三政治和历史、初一体育	3	30	两个班为一个层次：第一名35，第二名25；三个班为一个层次：第一名35，第二名30，第三名25；四个班为一个层次：第一名35，第二名32.5，第三名27.5，第四名25
初一和初二政治、历史、地理、生物；初二和初三体育	2	20	两个班为一个层次：第一名23.3，第二名16.7；三个班为一个层次：第一名23.3，第二名20，第三名16.7；四个班为一个层次：第一名23.3，第二名21.7，第三名18.3，第四名16.7

4. 美术科每一个学期由任教老师出一期学生作品展，由评议小组评议，设立等级奖；不出作品展的不得奖。

5. 音乐科由教导处组织抽考，并设立等级奖。

二、班级总平均分进步奖

将各班每个学期期末考试总平均分减去底数总平均分所得差值进行排名，按名次给予班主任奖励：第一名奖250元，第二名奖200元，第三名奖150元，第四名奖100元。

该奖项由所有班主任享受，每学期计算一次，奖金从班主任绩效工资补贴中提取。

三、非毕业班特别奖

该奖项由非毕业班老师享受，每个学期计算一次。

1. 区平均分排名奖。

对全区公立初级中学初一、初二各科平均分进行排名，按我校初一、初二各科平均分所占名次给予奖励。第一名，奖励科任教师每人200元；第二名，奖励科任教师每人150元；第三名，奖励科任教师每人100元；第四名，奖励科任教师每人50元；第五名，奖励科任教师每人30元。

2．单科成绩排名奖。

按初一、初二年级学生期末考试单科成绩排名，给予科任教师奖励。初一排在年级前40名内、初二排在年级前30名内，每1人给予科任教师奖励：语文、数学、英语各10元，物理7元，政治、历史、地理、生物、体育各5元。

四、中考特别奖

该项奖励由毕业班老师享受，一年计算一次。中考特别奖奖金为3万元，若经计算后超出额度，则按一定的比例打折计算。

1．区平均分排名奖。

对全区公立学校中考各科平均分进行排名，按我校各科平均分所占名次给予奖励。第一名，奖励科任教师每人300元；第二名，奖励科任教师每人250元；第三名，奖励科任教师每人200元；第四名，奖励科任教师每人150元；第五名，奖励科任教师每人100元。

2．考上重点中学奖。

（1）20××年中考，若我校初三（3）班考上区一中、二中、三中人数排列区公立学校第一名、第二名、第三名，每考上1人，分别奖励初三（3）班科任教师每人50元、40元、20元，分别给予班主任奖励20元、15元、10元。体育科任教师减半奖励，地理、生物科任教师按照标准的四分之一进行奖励。

（2）初三（1）班、（2）班若有学生考取一中、二中，每考上1人，奖励科任教师每人100元，班主任200元；初三（1）班、初三（2）班学生中考成绩总分在区500名以内，每1人奖励科任教师每人20元，奖励班主任10元。初三（4）、（5）、（6）、（7）班学生中考成绩总分在区1600名之内，初三（8）班学生中考成绩总分在校400名之内，每1人奖励科任教师每人20元，奖励班主任10元。体育科任教师减半奖励，地理、生物科任教师按照标准的四分之一进行奖励。

说明：若有并列分，则按照总分最高的计算，不能超过规定的名次。

3．中考单科奖。

（1）初三（3）班学生中考单科成绩位列区先进名次内（以我区考上一中、二中人数为基数），每1人奖励科任教师20元；初三（1）、（2）班学生中考单科成绩在区500名内，每1人奖励任教教师20元；初三（4）、（5）、（6）、（7）班学生中考单科成绩在区1600名内，每1人奖励科任教师20元。初三（8）班单科成绩在校400名以内，每1人奖励任课教师20元。

说明：若有并列分，则按照总分最高的计算，不能超过规定的名次。

（2）辅导特色班奖。

考上区内高中学校特色班的，每1人奖励辅导老师12元。

五、工勤人员奖

其他工作人员经领导考核、评价，切切实实为教学服务，按时、按质、按量完成了工作任务，工作态度好，被评为“一等”者，享受教学质量平均奖的80%；被评为“二等”者；享受70%；被评为“三等”者，享受60%；被评为“不合格”者，不能享受。该项奖金从教学质量奖中支出。

附件3：教育科研成果奖励方案

随着教学改革的深入开展，结合我校教育教学管理的实际需要，为增强我校教师的教科研意识，调动教师教学研究的积极性，推动我校教科研的发展，现制定我校的教科研成果奖励方案如下。

一、发表论文的奖励

1. 在CN以上刊号的杂志、报纸上发表本专业的教育教学论文，按照国家级、省级、市级的标准每篇分别奖励300元、250元、200元。

说明：在增刊、论文集、征文集上及需要出版资助发表的论文不予奖励。

二、优秀论文评比的奖励

1. 在国家级教育教学论文评选中获一、二、三等奖的，每篇分别奖励1000元、900元、800元。

2. 在省级教育教学论文评选中获一、二、三等奖的，每篇分别奖励800元、700元、600元。

3. 在市级教育教学论文评选中获一、二、三等奖的，每篇分别奖励600元、300元、200元。

4. 在区级教育教学论文评选中获一、二、三等奖的，每篇分别奖励300元、200元、100元。

5. 在本校教育教学论文评选中获一、二、三等奖的，每篇分别奖励200元、150元、100元。

三、参加各类教育教学比赛活动的奖励

（一）优质课比赛

国家级：一等奖1000元；二等奖900元；三等奖800元。

省级：一等奖800元；二等奖700元；三等奖600元。

市级：一等奖600元；二等奖500元；三等奖400元。

区级：一等奖300元；二等奖200元；三等奖100元。

校级：一等奖200元；二等奖150元；三等奖100元。

（二）单项教育教学技能比赛（说课比赛、教学设计、案例评比、课件评比、班主任能力比赛等）

国家级：一等奖1000元；二等奖900元；三等奖800元。

省级：一等奖800元；二等奖700元；三等奖600元。

市级：一等奖600元；二等奖500元；三等奖400元。

区级：一等奖300元；二等奖200元；三等奖100元。

校级：一等奖200元；二等奖150元；三等奖100元。

四、课题研究成果奖

1. 承担国家级、省级、市级、区级研究课题，经专家组验收通过结题，分别对参加课题研究工作的课题组成员奖励2000元、1000元、800元、500元。

2. 在学校个人课题研究成果的评选中获一、二、三等奖的教师，分别奖励400元、300元、200元。

五、教育科研立项奖

校级100元；区级200元；市级300元；省级500元；国家级800元。

六、学科辅导竞赛奖

辅导学生参加政府或教育部门组织的各类比赛，获奖的，按级别给予辅导老师奖励。

国家级：一等奖800元；二等奖700元；三等奖600元。

省级：一等奖600元；二等奖500元；三等奖400元。

市级：一等奖400元；二等奖300元；三等奖200元。

区级：一等奖200元；二等奖150元；三等奖100元。

校级：一等奖100元；二等奖80元；三等奖50元。

七、草根名师奖

被评为学校年度“草根名师”的教师，一个学期举办一次教学或教育讲座、上一次教学或教育示范课、培养一个青年教师，每人奖励300元。

八、优秀备课组奖

被评为“优秀备课组”的，每次每人奖励200元，备课组长奖励300元。

九、教坛新秀奖励

被评为学校年度教坛新秀的教师，一个学期上一次课堂改革示范课，每人奖励100元。

十、示范科组奖

市示范科组：奖给科组3000元；区示范科组：奖给科组2000元；校示范科组：奖

给科组1000元。

十一、对外公开课奖

校级对内公开课：100元；校级对外公开课：200元；区级公开课：300元；市级公开课：500元。

附件4：高中招生奖励方案

一、单人奖

每完成1个招生任务，奖励责任教师100元。

二、集体奖

1. 完成本班输送生源任务（以学生到区高中就读为准）100%，奖励该班班主任3000元，跟班领导、初三级科任教师每人1500元，初一、初二级科任教师共计5000元（按人头平分）。初三（3）、（6）班跟班的行政领导以及班主任、科任教师按人头平分5000元。

2. 完成本班输送生源任务（以学生到区高中就读为准）95%～99%（四舍五入），奖励该班班主任2000元，跟班领导、初三级科任教师每人1000元，初一、初二级科任教师共计4000元（按人头平分）。初三（3）、（6）班跟班的行政领导以及班主任、科任教师按人头平分4000元。

3. 完成本班输送生源任务（以学生到区高中就读为准）90%～94%（四舍五入），奖励该班班主任1500元，跟班领导、初三级科任教师每人800元，初一、初二级科任教师共计3000元（按人头平分）。初三（3）、（6）班跟班的行政领导以及班主任、科任教师按人头平分3000元。

4. 完成本班输送生源任务（以学生到区高中就读为准）85%～89%（四舍五入），奖励该班班主任1000元，跟班领导、初三级科任教师每人500元，初一、初二级科任教师共计2000元（按人头平分）。初三（3）、（6）班跟班的行政领导以及班主任、科任教师按人头平分2000元。

5. 完成本班输送生源任务（以学生到区高中就读为准）80%～84%（四舍五入），奖励该班班主任800元，跟班领导、初三级科任教师每人400元，初一、初二级科任教师共计1500元（按人头平分）。初三（3）、（6）班跟班的行政领导以及班主任、科任教师按人头平分1500元。

6. 初三（3）、（6）班要确保比市二中录取分数线低30分以内的考生到区高中学校就读，低于30%不能拿取集体奖；低于50%只能拿取集体奖的80%；低于60%只能拿取集体奖的90%；达到80%的，则100%拿取；达到90%的，则另外奖励本班常务招生组成员每人500元；100%完成的，则另外奖励本班常务招生组成员每人1000元。

7. 超额完成本班招生任务110%以内，奖励本班常务招生组成员每人500元；超额完成本班招生任务110%以上（含110%），奖励本班常务招生组成员每人1000元。

三、责任追究

输送生源任务未达标的，实行“一票否决”制度，取消当年“评优选先”及年度考核优秀资格。达标标准为：完成个人招生任务的100%，或所在班级招生任务完成80%。

附件5：防流控辍工作实施方案

为树立“防流控辍”意识，提高教师“防流控辍”工作的积极性，做好在校生的巩固工作，防止学生厌学、流失，形成“控流保学”工作合力，切实完成“防流控辍”工作目标，特制定如下方案。

一、期巩固率考核与奖惩

1. 期巩固率计算：期巩固率 = 下学期期初学生数/本学期期初学生数 ×100%（四舍五入）

2. 奖励与处罚：

（1）初一（5）、（6）、（7）、（8）班巩固率达到95%，初二（7）、（8）班巩固率达到90%，在此基础上，每多巩固一人奖励班主任50元；次重点班达到100%，奖励班主任200元。初三（4）、（5）、（6）、（7）班20××年中考报考率达到95%，初三（8）班达到20%，奖励班主任200元。

（2）初一（5）、（6）、（7）、（8）班期巩固率低于95%，初二（7）、（8）班期巩固率低于90%，初三（4）、（5）、（6）、（7）班20××年中考报考率低于95%，初三（8）班20××年中考报考率低于20%，在此标准上，每流失一人处罚班主任20元。

（3）初一、初二年级期巩固率达到97%，奖励挂级组长200元。在此基础上，每提高一个百分点，奖励挂级组长50元；每降低一个百分点，处罚挂级组长20元。初三年级20××年中考报考率达到85%，奖励挂级组长200元；每提高（降低）一个百分点，奖励（处罚）挂级组长20元。领导组长奖罚取三个挂级组长的平均值。

（4）初三第二学期班级人数以第一学期中考报考人数计算，初三（4）、（5）、（6）、（7）、（8）班期巩固率达到100%，奖励班主任200元；在此基础上，每流失一人，处罚班主任20元。挂级组长及蹲点的行政管理人员的奖罚与同班级的班主任同等。

（5）下班蹲点的行政管理人员的奖罚与同班级的班主任同等，同奖、同罚。

二、几点说明

1. 设立“防流控辍”奖金。学校从教师绩效工资总额中拿出部分金额作为“防流控辍”奖金，总奖金为10000元，若超出，打折计算。

2. 期巩固率班级学生人数确定：以上、下两学期期初班级实际报名注册人数计算（以教导处核实的各班人数为准）；初三年级第二学期期末以中考考试人数计算。

3. 上、下学期更换班主任，上期巩固率考核的奖惩属于上期的班主任，新班主任所任班级人数以新学期报名注册人数为准。

4. 班级层次区分。第一层次：初一（1）、（2）（3）、（4）班，初二（1）、（2）、（3）班，初三（1）、（2）、（3）班；第二层次：初一（5）、（6）、（7）、（8）班；第三层次：初二（4）、（5）、（6）班，初三（4）、（5）、（6）、（7）班；第四层次：初二（7）、（8）班，初三（8）班。

5. 校外转入、校内转出、复学学生经学校同意并办理了相关手续，不算班级学生的增加或减少。校内转班、休学、寄读学生经学校研究同意并办理了相关手续，不算原班的流失。

6. “保学控流”工作突出的班主任及挂级领导年终考核评先、评优给予优先考虑。

三、工作要求

1. 教导处每周对各班级流失学生姓名进行登记、公布，班主任每周星期一要如实报告本班级流失学生情况。

2. 巩固在校学生，减少学生流失，不但要求班主任工作要认真负责，促进班集体健康向上风气的形成，而且要求全体任课教师要既教书又育人，在认真上好每一节课的同时，切实关心爱护每个学生，使学生得到老师的关怀和班集体的温暖。

3. 若出现学生流失情况，班主任应尽快了解学生流失的原因，汇报给挂级组长，并同挂级组长、蹲点的行政领导对学生及其父母或其他监护人进行及时说服、动员或进行家访，经说服动员或家访无效的，应在当日内填写学生流失表（家长签名确认），并上报教导处；教导处在收到流失学生报告后进行核实。对因管理不善、工作不力导致学生流失，或以侮辱学生人格、歧视、体罚和变相体罚迫使学生辍学，未经学校批准以各种理由迫使学生退学的，学校视其情节对当事人追究责任。

4. 下班级蹲点的管理人员要加强班级控流工作的指导，定期召开班级任课教师会议和学生会议，做好班级的稳定工作。每学期挂级组长、班主任要写一份“防流控辍”工作总结。

四、领导小组和工作小组

为严格保障“控流保学”工作的考核，学校成立“控流保学”工作考核领导小组和工作小组。领导小组组长：×××；副组长：×××；成员：×××、×××。工作小组组长：×××；副组长：×××；成员：×××、×××。

五、行政管理人员挂级安排

初一年级挂级组长：×××；下班蹲点的管理人员：×××、×××。

初二年级挂级组长：×××；下班蹲点的管理人员：×××、×××。

初三年级挂级组长：×××；下班蹲点的管理人员：×××、×××。

附件6：班主任津贴发放办法

学校以“班主任职责”为依据，结合创“双优”活动，把班主任管理工作进行量化，每学期统计得出结果，按多劳多得、不劳不得的原则进行奖励。

一、评估内容及办法

1. 班风班貌（300分）。

通过创“双优”活动评比来计算。“双优”活动每学期统计一次，按所得总分进行排名，第一名为满分（即300分），第二名为290分，第三名为280分……按每一个级别相差10分来计算。

2. 学校任务完成情况（300分）。

（1）学校及各处室要求班主任完成的工作，班主任未及时完成的，每次扣50分。

（2）工作未完成的，每次扣100分。

（3）工作应付了事，完成质量差的，每次扣30分（所谓“差”，是指任务完成质量在80%以下）。

（4）不服从工作安排的，每次扣100分。

此项内容平时由各处室操作，期末各处室须将结果交到政教处，然后由政教处统一记录、算分。本项评比可倒扣至负分。

3. 班级财产保护（200分）。

每学期期末由总务处检查验收（根据总务处的方案），并把结果交到政教处，然后由政教处统一记录、算分。本项评比可倒扣至负分。

4. 主题班会和家访（200分）。

（1）每学期家访面不得少于本班人数的50%，每少1人扣5分。

（2）每周要上好主题班会课（学校活动除外），主题班会必须有教案，每少一次扣50分。

以上内容以期末上交的记录和平时检查来评定。

5. 班级学生成绩（200分）。

每学期期末由教导处评出结果（根据教导处的方案），并把结果交到政教处，然后由政教处统一记录、算分。

6. 上交材料（300 分）。

（1）学校及各处室要求班主任上交的材料必须及时上交。上交不及时的，每次扣 50 分；未上交的，每次扣 100 分；完成质量差的，每次扣 30 分。

（2）班主任期初没有计划、期末没有总结，每项扣 100 分。

（3）此项内容平时由各处室操作，期末各处室必须把结果交到政教处，然后由政教处统一记录、算分。

7. 巩固率（100 分）。

每学期期末由教导处评出结果（根据教导处的方案），并把结果交到政教处，然后由政教处统一记录、算分。

8. 出勤（400 分）。

（1）升旗、校会、集体活动、劳动等大型活动班主任不到场的，每次扣 50 分；到场而不维持纪律者，每次扣 30 分（要求班主任站在本班队列后，值日人员检查）。

（2）班主任会议缺席，一次扣 50 分；迟到、早退、请假，每有一项扣 20 分。

9. 奖励分。

（1）班主任参加区、市德育论文评选获得一等奖分别得 80、100 分，二等奖分别得 60、80 分，三等奖分别得 40、60 分。

（2）整个学期学生没有受到学校处分的，给予第一层次的班级、第二层次的班级、第三层次的班级分别奖 20 分、50 分、100 分。第二层次的班级全期没有超过 2% 的学生受到学校处分的，奖 30 分；第三层次的班级全期没有超过 5% 的学生受到学校处分的，奖 60 分。

（3）班主任跟第三节自修课、跟晚睡，一次奖 2 分（以班主任签名为准）。

二、班主任待遇

1. 本方案除奖励分外，总分为 2000 分，班主任津贴以学年末统计的班主任所得分乘以每分应得的钱数来计算和发放。

2. 优秀班主任的评选、班主任年度考核以该方案得分为依据。

三、其他

1. 班主任本人违反国家的政策、法律法规的，不发放班主任津贴，年度考核为不称职。

2. 因班主任失职造成学生重大安全事故的，不发放班主任津贴，年度考核为不称职。

附件7：专任教师周课时量的规定

1. 非中考科目周课时量（单位：节）。

级别	语、数、英（系数1.4）	理、化（系数1.3）	政、史、地、生（系数1.1）	其他（系数1.0）
校长	—	—	—	—
副校长、工会主席	2	2.2	2.5	2.8
正主任、团书记	4	4.3	5.1	5.6
副主任、级组长	5	5.4	6.4	7
班主任	6	6.5	7.6	8.4
科组长	10	11	12.7	14
备课组长	11	11.8	14	15.4
科任教师	12	12.9	15.2	16.8
备注：跨科、跨级上课补所跨科目一节的课时量。				

2. 中考科目周课时量（单位：节）。

级别	语、数、英（系数1.5）	理、化（系数1.4）	政、史、地、生（系数1.2）	其他（系数1.1）
校长	—	—	—	—
副校长、工会主席	1.9	2	2.3	2.5
正主任、团书记	3.7	4	4.7	5.1
副主任、级组长	4.7	5	5.8	6.4
班主任	5.6	6	7	7.6
科组长	9.3	10.2	11.7	12.7
备课组长	10.3	11	12.8	14
科任教师	11.2	12	14	15.2
备注：跨科、跨级上课补所跨科目一节的课时量。兼职的行政人员享受其中最高级别课时量。				

3. 课时量以语、数、英科目为标准，超一节补15元，缺一节扣15元。

4. 体育教师跟操、集会等按每周2课时计算；物理、化学教师上实验课，补助每人每周0.5课时。

5. 第二课堂活动按《第二课堂及下班辅导管理办法》执行，不计入周课时。

附件8：教学常规管理方案

教学常规是经常性教学活动的行为规范。包括备课、上课、作业、辅导、成绩考核五个环节。

一、备课

在备课前要制定有效的教学计划，主要包括教学目标、学情分析、时间分配、教学方法、检测评价等。备课要做到“四备”“六熟”，即备课标（大纲）、备教材、备学生、备教法；教师对教学目的、教学内容、教学步骤与方法、课堂练习、教具演示和实验操作要领要熟。要根据有效课堂的教学要求，精心设计教学方案，在上课前写好教案。教案环节齐全、内容翔实、书写工整，做到“备深教材、备透教材、备透学生、备好学法、备足资源”。教学反思要及时，要具有针对性，能真实反映教学得失。

讲授新课，必须有教案。每个课时撰写的教案（必须亲笔书写）不少于250字。少备课超过10节或不符合要求的，应被评为“备课不及格”。初三年级第二学期只检查复习说课稿及出一份中考模拟试卷，没有说课稿及模拟试卷的应被评为“备课不及格”。被评为优秀的，给予100元奖励。

关于集体备课：每一个备课组必须集中备课两节，并由其中的老师上公开课，全体备课组组员都必须听课、评课。每一节公开课必须登记时间、班级、内容、听课者姓名，并附上集体备课教案。缺一节集体备课，每一个组员扣50元。

二、上课

教学内容应紧扣目标，贴近新课标理念，注重引导学生全员参与教学活动，教学内容应重点突出、难点突破，容量合理。

充分发挥学生主体作用，新的学习方式应充分、实在，“三维目标”应落实到位，教学手段应合理。

能较好地运用媒体资源，促进课堂的有效、高效；能完成教学目标任务，使不同基础的学生均有所得，学生的参与状态、思维状态、学习状态良好，在讲和练的时间把握上恰当。

教学时，语言应准确，富有亲和力；语音应标准，富有感染力；板书应工整、美观；要有较强的课堂组织能力和调控能力。

能较好地运用本校的教学模式，学生兴趣浓厚，教学效果明显。以发展性评价为主，能赞赏每位学生的不同进步，课堂训练效果明显。

能认真组织课堂教学，既教书又育人，在传授知识的同时维持好课堂纪律。对在课堂上大吵大闹、严重影响课堂教学秩序的学生给予批评教育。要带点名簿上课，做好学生考勤和课堂纪律登记，并按教导处制定的标准对课堂进行评分。

三、作业

布置的作业应具有典型性、针对性、层次性，数量适当；作业批阅应及时、认真，评语翔实，讲评补救到位；有实用的辅导记录，形式多样，针对性强。一个学期每班每科的作业要求如下：语文，大作文7次，详改（有眉批和评语）6次，课外练笔不少于8次（只给分数，不写评语）；英语，批改40次（教三个班的，可批改32次，其中听写10次，英语作文5次）；物理、化学各批改20次；政治、历史、地理、生物、美术各批改8次。A班、B班、C班每次批改作业人数分别不得少于98%、90%、70%，初一（5）、（6）、（7）、（8）班不得少于80%，每少批改一次扣100元；批改人数不符合要求，每次扣10元。初三年级第二学期的作业免检。

各学科教师都要采取不同的形式对学生进行有效训练，达到使学生巩固、扩展、迁移知识和培养能力的目的。

四、辅导

我校实行晚自修时间科任教师下班辅导制度。辅导时，要根据学生的学习状况有针对性地为学生解决疑难问题，不提倡在晚自修时间上新课。课余时间要加强个别辅导，因材施教，培优转差。要建立学习困难学生的档案，记录学生转化情况。要有计划地组织本学科活动课，指导学生开展研究性学习。

五、成绩考核

要做好学期、学年、毕业班的总复习。要认真做好考察工作，明确考察是为了了解教学效果，及时总结教学经验与教训，提高教育教学质量。每个学科都要进行单元测验，测验后要及时批改、及时评讲。一个学期每班每科的单元测验卷要求如下：语文、数学、英语、物理、化学科每班每单元测验批改一次，其他科每班批改4次。A班、B班、C班每次批改人数分别不得少于98%、90%、70%，初一（5）、（6）、（7）、（8）班不得少于80%，每少批一次扣100元，批改人数不符合要求每次扣30元。在一个班中，每科作业、测验人数都符合要求，则奖励班主任100元。期中、期末和初三年级月考由教导处统一安排。教师要严格按考试规则监考，严格按标准评卷，保证考试质量的真实性。考试后要及时反馈，有效矫正。初三年级月考和期末考试成绩要进行记录，做出成绩分析，写出试卷分析报告。市、区抽考和期末统考实行单人单座、集中评卷的做法，保证考试的公平、公正。考试成绩存入“教师业务档案”，作为教师职称评聘的依据。“备课不合格”“上课不达标”“作业测试批改差”“期末考试成绩平均分在同类班中排在最后且距离较大”，有其中之一的不能评先、评优。

附件9：教职工请假及出勤奖发放的规定

一、考勤项目

考勤项目包括上课（含考试监考）、坐班辅导（含早晚读、晚自修）、科组活动、级组活动、升国旗、教师例会或临时会议、学校集体活动等。

我校实行行政领导、职工全日坐班制及教师弹性坐班制。行政领导全日坐班考勤按《行政领导考勤制度》执行，职工全日坐班考勤按照《××中学职工考勤制度》执行。

二、关于请假

1. 请假必须办齐手续。教职工确实因病、有事可以请假。凡请假的教职工，必须事前填写“请假审批表”，经校长审批同意请假后才有效。如遇突发事件不能预先请假，应进行电话请假，事后要在两天内及时补办请假手续，不补办请假手续的按旷工处理。事假要写清楚事由，病假半天以上须出具医院证明。

2. 请假审批权限。教职工请假时间一天以内（含一天）由校长审批，连续两天或两天以上由上级主管领导审批。

3. 公休假、婚假及计划生育假等按国家有关法规执行。休假前，本人应提前一周提出申请，以便学校做好工作安排。

三、关于迟到、早退、缺席

1. 迟到、早退除“正课、下班辅导”由值日领导、专职检查人员确认外，其余的考勤项目均由指纹机及签名簿记录相结合确认。

2. 超出活动规定时间1分钟即记为迟到；比活动实际结束时间提前2分钟，属早退。

3. 迟到超出活动规定时间10分钟记为缺席。

4. 迟到、早退累计3次记为缺席1次。

5. 正课调课应报告教导处，不经教导处批准，调课无效，视为缺席。

四、未达全勤的扣罚

未达全勤的，按下列情况在岗位补贴中扣罚：

1. 上课缺席一节扣50元，坐班辅导缺席一节扣20元，其他活动缺席一次扣20元。

2. 迟到或早退一次扣10元。

3. 请事假而未调课，每一节扣25元；其他活动请事假，每次扣10元。教职工请病假，每一节扣10元。男50岁以上、女45岁以上的教职工每学期头两天的病假不扣款，患有重大疾病的另行研究处理。

4. 一个月中，缺席超过6节，病、事假累计超过7天，扣罚一个月的绩效工资。每学期累计缺席达15节（次），或病、事假累计超过45天（重大疾病除外），不得享受本学期绩效工资。

每学期奖给全勤的教职工100元。本规定解释权归校长室。

附件10：行政领导考核方案

为了进一步规范行政管理人员履行岗位职责的行为，提高办事效率和工作业绩，充分调动教职工的工作积极性和创造性，促进学校各项工作的高效运行，建立客观公正的考核评价体系，在结合学校实际情况的基础上，特制定本办法。

一、基本原则和方法

1. 坚持客观公正、民主公开、注重实绩的原则，采取教师代表评价、行政互评、校长评价相结合的方法。

2. 设优秀、称职、基本称职三个等级，其中优秀等级不超过行政领导人数的20%。

3. 设工作进步显著奖一名。

二、考核范围

考核对象：副校长、工会正副主席、教导处正副主任、总务处正副主任、政教处正副主任、体卫艺处正副主任、团委正副书记、少先队辅导员、级组长、办公室主任。

三、考核标准

1. 公道正派，顾全大局，团结协作。(20%)

2. 业务工作有计划，有条不紊；注意与同事沟通，乐于指导或协助同事开展工作，督促同事完成工作任务。(20%)

3. 遵守考勤制度；工作认真细致、积极主动，有奉献精神。(30%)

4. 完成本职工作目标的工作量和领导交派的工作任务，绩效明显。(30%)

四、考核程序

1. 期末个人述职：对个人一个学期的工作进行述职。

2. 教师代表根据“中层干部工作测评表”的内容进行评价，该评价占全部考核权重的40%。

3. 行政领导根据“中层干部工作互评表”进行相互评价，该评价占全部考核权重的30%。

4. 校长评价，占全部考核权重的30%。

五、行政岗位绩效发放标准

职务 评价等级	副校长	主任	副主任（级组长）
优秀	200 元/月	180 元/月	160 元/月
称职	160 元/月	140 元/月	120 元/月
基本称职	120 元/月	100 元/月	80 元/月
进步显著奖	200 元/月	180 元/月	160 元/月

注：一个学期发放 5 个月。

【案例十一】

广东省茂名市某学校绩效工资方案

一、指导思想

为了充分调动广大教职工教书育人的积极性、主动性和创造性，将我校岗位管理工作与绩效考核工作结合起来，使绩效考核结果与分配激励机制紧密联系，激励广大教职工爱岗敬业，扎实工作，开拓进取，积极主动地完成学校工作任务，建立充满生机与活力的用人制度，进一步促进我校管理科学化、队伍建设制度化。

二、基本原则

1. 坚持绩效工资管理及分配公开、公平、公正原则。

2. 坚持不平均发放原则。坚持多劳多得、优绩优酬，向班主任、一线教师、各处室管理人员倾斜的原则。绩效工资与岗位、任务、业绩、责任等紧密结合，主要考核德、能、勤、绩，重点考核工作业绩。

三、实施对象、时间

实施对象为本校全体在编在岗已聘的正式教职工。奖励性绩效工资兑现时间由上级决定。

四、绩效工资来源及计算方法

1. 在编在岗人员的绩效工资来源于上级划拨的奖励性绩效工资。

2. 绩效工资计算方法：

个人所得工资 = 学校奖励性绩效工资总额 ÷ 在编人员得分总和 × 个人得分

五、具体考核实施方案

（一）行政人员考核

1. 从学校奖励性绩效工资总额中提取1%，用于考核学校行政人员。

奖金 = 总额的1% ÷ 学校行政总得分 × 个人考核得分

2. 考核办法及细则（满分100分）。

（1）遵守师德规范，工作认真主动，热心为一线教师和学生服务。（10分）

（2）配合校长工作，服从学校工作安排（包括临时性工作安排），团结协作，有奉献精神。（20分）

（3）计划有落实，检查有反馈：学期初能根据学校工作计划，结合自己分管工作的实际情况，制订切实有效的工作计划；在计划落实过程中，做到有检查、有总结、有反馈；期末认真写好工作总结。（10分）

（4）民主意识强，办事讲实效，能主动广泛地听取广大教职工的意见，采纳合理的建议，办事讲求效益，不拖拉，不借故推脱。（10分）

（5）以身作则，责任意识强，敢说、敢做、敢当。出现一次责任事故扣2~8分。（10分）

（6）工作有创新，成绩有突破，有争先创优的意识。认真将自己负责、分管的工作落实到位。（10分）

（7）积极参加学校举行的各类活动，不得无故缺席。平时检查或教研组长、教师反映有缺席情况，一次扣1分。（10分）

（8）准时参加各种会议，无故迟到一次扣1分，无故缺席一次扣2分。（10分）

（9）带头做好行政值日工作和节假日值班活动，重大事件及时报告和处理，做好每天行政值日记录，缺一次扣1分。（10分）

（二）年级组长、教研组长考核

1. 从学校奖励性绩效工资总量中提取0.8%，用于考核教研组长、年级组长。

奖金 = 总额的0.8% ÷ 教研（年级）组长总得分 × 个人考核得分

2. 考核办法及细则（满分100分）。

（1）教研组长。

①服从领导，组织观念强，服务意识好，有责任感。（10分）

②工作努力、踏实，以身作则，办事公正，原则性强。（10分）

③期初制订教研组工作计划，期末有工作总结。（10分）

④认真做好教研组常规工作的检查、督导、反馈与考核。（10分）

⑤认真组织每学期的听评课。（10分）

⑥每学期随堂听课、评课不低于20节。（10分）

⑦抓好各项竞赛，出成果，出人才。(10 分)

⑧认真做好每学期教研活动，组织开好教研会议。(10 分)

⑨组织本组教师学习新课程理念，推广教学经验。(10 分)

⑩出色地完成学校交给的各项临时性工作。(10 分)

（2）年级组长。

①参与班级工作各种制度的拟订、修改和完善工作。(14 分)

②拟订本年级的学期和学年学生工作计划，并对本学期和学年的学生工作进行总结。(14 分)

③负责抓好本年级学生的学习、日常管理、思想教育、第二课堂。(15 分)

④负责本年级学生材料的统计、整理、审核、存档工作，包括本年级各类学生的名单、德育情况等。(14 分)

⑤负责本年级违纪学生的调查，并根据有关规定签署初步意见。(15 分)

⑥做好与学校、有关部门的协调、沟通、配合工作。负责协调各年级组织间的工作，协调本年级与相应教师之间的工作。(14 分)

⑦认真完成学校下达的各项工作任务，传达学校下发的文件或通知，并及时向政教主任汇报学生工作的动态。(14 分)

（三）班主任考核

从学校奖励性绩效工资总量中提取 18.2% 作为班主任考核的奖励，分“十佳”班奖励、常规管理奖、“防流控辍”工作奖三项。

1. “十佳”班奖励。

从学校奖励性绩效工资总量中提取 13.2%，用于考核“十佳”班。

奖金 = 总额的 10% ÷ 班主任总得分 × 个人考核得分

“十佳”班考核分为基础分项目和奖罚分项目，其中基础分满分为 100 分。

（1）基础分项目。

基础分项目及所占的分值为：①创“文明教室”活动效果好（30%）。②创“红旗宿舍”活动效果好（20%）。③开展“两操”活动效果好（12%）。④开展“赞议”活动效果好（16%）。⑤清洁区管理效果好（8%）。⑥按质按量完成各项任务（4%）。⑦爱护花草，公共财物意识强，班级财产管理效果好（5%）。⑧第二课堂活动参与人数多，活动效果好（5%）。

①、②、③、⑤项得分由月平均分除以该项分值计算得来。如“文明教室”得分 = 月平均分 ÷ 30%。④、⑥、⑦、⑧项按等级打分，A 等级为 90 ~ 100 分，B 等级为 80 ~ 90 分，C 等级为 60 ~ 80 分，D 等级为 0 ~ 60 分，各项得分 = 该项等级分 × 该项分值。其中，第④项由政教处根据各班开展会议活动的记录材料做出评价，第⑥、第⑦项由

总务处依检查情况记录做出评价；第⑧项由教导处根据各兴趣活动小组记录情况做出评价。

（2）奖罚分项目。

奖罚分项目及有关规定：①“文明教室”“红旗宿舍”获挂旗一次奖2分，不达标一次罚2分。②“两操”活动获优秀一次奖2分，不达标一次罚2分。③“国旗下演讲”获演讲一次奖1分。④参加学校举行的各种比赛活动，成绩优秀的班级可奖1～2分。⑤获“最佳宿舍卫生管理”奖2分。⑥违纪罚分：警告处分1人次罚0.5分，记过处分1人次罚1分，校内察看1人次罚2分，校外察看1人次罚3分。

（3）“十佳”班的条件及奖励。

①“十佳”班条件。B班：80～95分为“十佳”班，95分以上为“十佳”标兵班。A班：90～112分为“十佳”班，112分以上为“十佳”标兵班。

②奖励：“十佳”班的班主任每月津贴为50分；“十佳”标兵班的班主任每月津贴为70分。

（4）“十佳”班期评方案。

①设立“学期成绩提高显著”奖。此项目由教导处做出评价，A班、B班各奖2个班级，获得该奖项的班级的班主任得100分。

②设立“班级自治管理”优秀奖。此项目由政教处根据如下条件进行评比：期初有一个较好的“班级自治管理”实施方案；期末有一篇较好的“班级自治管理”经验总结式论文；积极开展“班级自治管理”活动，班级学生自治能力强，自治管理效果好。

获“班级自治管理”优秀奖的班主任可得到100分的奖励（奖励名额依实际而定）。

③设立“后进生转化工作显著”奖。此奖项由政教处根据如下条件进行评比：后进生教育档案健全；帮教措施落实到位；帮教效果显著，退化率为零，转化率达70%（退化率、转化率由市级教育部门组织审定，由政教处审批）。此项奖励设两个名额，获奖分数为100分。

（5）有关说明。

“十佳”班月评四周一次。该方案在实施过程中可依据实际情况合理地做出变动。

2. 常规管理奖。

常规管理奖占总绩效奖金的2.5%，总分为100分。

（1）班主任责任心（20分）。

①班主任及时参加学校组织的有关会议和各种活动，无故不参加会议和活动的每次扣5分，参加会议和活动迟到的扣3分。

②实行班主任到学生宿舍了解本班住宿生情况制度。班主任每周到寝室了解本班住宿生表现情况的次数不得少于3次，每月召开一次班级住宿生会议，少一次扣2分。

（2）班会（15分）。

①按学校要求开好每一次主题班会。班会不按学校规定内容开展，一次扣2分；无故不开的扣5分。

②每周周一升旗后开班会。班会无准备，临时三言两语应付了事，或未经允许进行其他事情的扣5分。

③班会有记录。班会无记录的，一次扣3分（每学期检查2次）。

（3）计划、总结（10分）。

没有班主任工作计划和总结，每项扣5分；晚交者，一项扣2分；内容不详或抄袭的，分别扣3分。

（4）教师家访（25分）。

家访是教师在切身感受学生的成长环境，了解家长的文化素质、家庭教育状况的基础上，对学生进行全面认识、分析、理解，真正实现“一把钥匙开一把锁”的重要教育方法。教师登门造访，是与学生、家长架起联系与沟通的桥梁，织成家长与教师达成共识的纽带，是促使学生根据自己的特点健康成长的重要方式。

①开学初，班主任要根据学生的学习情况和家庭情况，初步制订家访计划，有目的地做好家访工作，按计划进行家访。没有开展的，扣5分。

②每学期家访的次数不少于班级学生总数的三分之一，少一次扣3分。

③做好家访记录，每次家访后，班主任要及时地写出详尽的家访记录，把家访过程、家校达成的共识、家访中受到的启发及家访中发现的问题一一记录下来。没有家访记录的，按没家访处理。家访记录由政教处每学期统计两次并归档。

（5）课间操（10分）。

学生上课间操时，班主任要到指定地点做好学生组织工作，督查做操。正常情况下，每周5次课间操，班主任每周跟操3次，每缺勤一次扣2分（以体育教师检查、抽查登记为准）。

（6）班级纪律（20分）。

①自习课纪律混乱，学生大声喧哗的，扣1~5分。

②不守课堂常规，与任课教师顶撞的，一人次扣1分。

③校园内骑车、不按规定摆放车辆的，发现一人次扣1分。

④学生吸烟、酗酒、打架，被学校大会点名批评的，扣学生所在班级3分，处以警告的扣5分，造成重大影响被处以记过或记大过的扣10分。

（7）加分项目。

①班主任个人加分：A. “十佳”班月评比获“标兵班”的，每次加2分。B. 班级墙报评比中，获得一等奖的加5分，获得二等奖的加4分，获得三等奖的加3分。

②班级加分：A. 寝室评比，获得“红旗宿舍”的，奖励所属班级2分（可累加）。B. 学生做好人好事，拾金不昧，受学校表扬或记录一次的，奖0.5分。C. 学生勇于向坏人坏事作斗争，检举揭发违纪事件的，一件奖1分；受到学校表扬的，一次奖2分。D. 班级集体获得学校嘉奖（包括运动会、文艺晚会等），一等奖的奖4分，二等奖的奖3分，三等奖的奖2分。

3. “防流控辍”工作奖励。

该项目占总奖金的2.5%。“防流控辍”工作实施学生巩固率奖罚制度。C班巩固率达100%，奖励100分；B班巩固率达100%，奖励70分；A班巩固率100%，奖励40分。A班每流失一名学生扣40分，B班每流失一名学生扣30分，C班每流失一名学生扣20分。

计算方法：第一学期，基数以第一学期期初座位表为准，参数以第二学期初座位表为准；第二学期，基数以第二学期期初座位表为准，参数以第二学期参加期末考试人数为准。转入同学除外。

（四）科任教师考核

科任教师考核的内容包括基本工作量，月考监考、改卷工作量，教育教学质量等。学校从奖励性绩效工资总额中提取72%，用于考核教育教学一线的教师。

奖金＝总额的72%÷教师总得分×个人考核得分

1. 基本工作量（满分100分，占总奖金的30%）。

（1）男满58周岁、女满53周岁的，不进行工作量考核，按满工作量计算。

（2）教学工作量及折算方法：语文、数学、英语一节折算为1.4节；物理、化学一节折算为1.3节；政治、历史一节折算为1.1节；其余的一节折算为一节工作量（任初三年级课程的教师每科加0.1节，例如任教初三语文的，一节折算为1.5节）；值日领导，每人每周加3节；中午值日的，每人每周加1节；晚自习，一节仍折算为一节工作量；课间操，每次以0.5节给体育教师计算工作量；班主任下班后跟班晚读，每周加2节，其他活动由考核小组核定后，再列入全校总工作量计算。工作量计算方法为：

个人得分＝（个人周折合成的工作量/全校人均周工作量）×100分

（3）副校长每周增加2～4节，正主任每周增加4～6节，副主任每周增加6～8节，团委副书记、少先队辅导员每周增加10节工作量。

2. 月考监考、改卷工作量（占总奖金的2%）。

月考监考一节得5分，缺一节扣10分；每次月考改卷，每人得15分；期末改卷，每人得25分。期末改卷缺半天扣15分，缺一天扣25分。计算公式为：

奖金＝总奖金的2%÷总分值×个人得分

3. 教育教学质量奖。

设置总奖金的40%为教育教学质量奖，从德、能、勤、绩四个方面进行考核，满分为100分。

（1）德（4分）。

①基本要求：教育思想端正，职业思想稳定，有事业心和责任感，遵纪守法，团结协作，为人师表，模范遵守《中小学教师职业道德规范》者，得满分4分。

②减分。有下列情形之一者，均被扣分，直至扣完此项得分：

A. 在工作日期间参加赌博或提供赌博场所的，每人次扣2分；若在社会上造成恶劣影响，每人次扣4分。

B. 搞无原则的纠纷，搬弄是非，无故与领导吵闹、打骂，影响安定团结的，每人次扣2分；情节恶劣的扣4分。

C. 对领导安排的工作找借口，讨价还价，拒不接受的，扣4分。

D. 参与校外纠纷，影响教师形象且造成不良影响的，扣4分。

E. 体罚和变相体罚学生且造成不良影响的，每人次扣3分。

F. 不能接受学生监督，对学生打击报复的，每人次扣2分。

G. 变相或公开向学生摊派、索要财物的，或者指使学生干私事的，每人次扣2分。

H. 偷盗或故意损坏学校公物的，每人次扣2分。

I. 上班期间，在中午饮酒影响工作的，每人次扣2分。

J. 课堂上吸烟的，每次扣1分。

K. 在学生面前有不文明言行的，每次扣2分。

③加分项目。除值日教师外，教职工发现并制止学生违纪，或者发现并上报重大违纪事件，每次奖励1分。主动上前制止和处理突发恶性事件，每次奖励1分（个人汇报到校长室并造册登记）。

（2）能（29分）。

①备课（10分）。

能根据《课程标准》大纲精神，准确体现大纲精神要求的，得10分；基本符合要求，能适应教学，但有一定缺漏的，得8分；教案马虎、简单、缺漏多的，得5分；用旧教案或无教案的，得零分。

奖罚：每少一个教案扣1分；教案栏目不齐或书写较差的，一项扣0.5分；每次备课要写教学反思，每少一次扣0.5分；书写不认真、反思不到位、马虎了事的，视情节每篇扣0.2～0.3分；每次教学检查被评为“优”的加1分，被评为“良”的加0.5分。

②作业、测验（8分）。能够按《课程标准》要求按时、按质、按量布置作业，安排测验并批改认真、及时评讲的，得8分；作业、测验量不足，批改不及时，批改有错误，效果较差的，得6分；无作业、无测验，作业和测验未批改的，得零分；作业本数不齐，每少一本扣0.1分（多班的取平均数）；作业和测验批改次数每少一次扣0.5分。具体要求见下表。

科目	教案（篇）	作业（次）
语文	30	6（全批全改）
数学	30	18
英语	30	15
物理	22	11
化学	22	11
历史	15	5
政治	15	5
地理	15	5
生物	15	5
美术	10	3
音乐	10	—
体育	15	—
信息技术	10	—

注：测验、月考应全批全改，测验次数以区测验试卷张数为准。

③听课（2分）。每少听一节扣0.5分，记录不翔实、书写不认真、栏目不齐全、点评不到位的，每一项扣0.3分。

④课堂教学（3分）。该项目由学生和学校行政人员进行综合评定。

A. 课堂教学组织严密，知识点、难度、密度分布科学，语言准确规范，学生反映良好，得3分。

B. 课堂教学组织较好，容量适当，语言准确，师生互动好，效果明显，大多数学生能理解课堂教学内容，反映较好，得2.5分。

C. 教学随意性大，容量安排不够合理，板书凌乱，课堂气氛不活跃，学生不太欢迎，得1.5分。

D. 上课态度不端正，随意应付，讲授内容凌乱、无系统性、错误较多，严重压抑学生积极性，学生意见大，得零分。

⑤月考成绩考查（2分）。

A. 按常规管理办法进行测验并及时批阅，且进行质量分析的，得2分；只填分数，未进行试卷分析的，得零分（包括每次上交教导处的质量分析表）。

B. 不按时上交各种表、卡、册及其他材料的，拖一天扣1分。

⑥教研能力（4分）。

A. 按时完成学校或教研组安排的教研任务，以及每期的计划、总结，每学年的公开课（满分为1分，未完成的每项扣1分）。

B. 教育科研：能按时参加各类教研活动，按时完成教研组交给的任务，得3分。教研组活动，每迟到、早退一次扣0.5分，请假一次扣0.5分，缺席一次扣1分；不服从教研组长安排的，每次扣2分。

⑦加分项目。

教师给学校文艺、体育团体进行辅导，参加区级及以上的比赛或会演，团体获一等奖或第一名的，奖5分；获得二等奖（第二名）及以下名次的，依次奖4分、3分。个人参赛，按团体比赛的标准加分。

（3）勤（5分）。

一学年全勤者得5分。有缺课、旷课、请假的，按以下规定扣分（办公室考核）：缺课、旷课一节扣1分；迟到、早退三次算一节旷课，各类集会缺席一次算一节旷课；迟到、早退在三次以下，每次扣0.5分；请事假一天扣0.2分，请事假一节扣0.1分（公事除外）；请病假每天扣0.05分。

（4）绩（62分）。

①考核内容：科任教师的教学成绩根据任教班级与科目的不同，按“六率”（即按10%、30%、50%、70%、80%、90%）进行考核。

②考核数据。考核数据分为基数据和参数据。基数据是指该班学生参加该科上一学年第二学期市、区、学校组织的统一考试的成绩及人数；参数据是指该班本学年第二学期由市、区、学校组织的统一考试的成绩及人数。新科目（没有基数据的科目）的考核评价基数据取语文、数学、英语的平均值。

③考核评价方法。

A. 考核成绩计算方法。教师教学成绩的计算公式为：

$$(i)\ =\frac{A_i}{A}\times 20+\frac{B_i}{B}\times 20+\frac{C_i}{C}\times 30+\frac{D_i}{D}\times 30 \qquad \text{公式（1）}$$

考核成绩基准分值为100分，教师教学成绩的10%、30%、50%、70%分别占20

分、20分、30分和30分。公式（1）适用于初一（1）、（3）、（8）班，初二（6）（7）班，初三（6）班，共六个班。

$$(i) \quad = \frac{B_i}{B} \times 30 + \frac{C_i}{C} \times 40 + \frac{E_i}{E} \times 30 \qquad \text{公式（2）}$$

考核成绩基准分值为100分，教师教学成绩的30%、50%、80%分别占30分、40分和30分。公式（2）适用于初二（4）、（5）班，初三（4）、（5）班，共四个班。

$$(i) \quad = \frac{C_i}{C} \times 30 + \frac{D_i}{D} \times 40 + \frac{F_i}{F} \times 30 \qquad \text{公式（3）}$$

考核成绩基准分值为100分，教师教学成绩的50%、70%、90%分别占30分、40分和30分。公式（3）适用于初一（2）、（4）、（5）、（6）（7）班，共五个班。

$$(i) \quad = \frac{D_i}{D} \times 30 + \frac{E_i}{E} \times 40 + \frac{F_i}{F} \times 30 \qquad \text{公式（4）}$$

考核成绩基准分值为100分，教师教学成绩的70%、80%、90%分别占30分、40分和30分。公式（4）适用于初二（1）、（2）、（3）班，初三（1）、（2）、（3）班，共六个班。

说明：（i）表示成绩；A、B、C、D、E、F分别表示“六率”中的10%、30%、50%、70%、80%、90%的基数据；A_i、B_i、C_i、D_i、E_i、F_i、分别表示“六率”中的10%、30%、50%、70%、80%、90%的参数据。

非统考科目，以学生评分与考核小组的考核结果进行综合评分，优秀的为85～100分、良好的为70～84分、一般的为60～69分，差的为0～59分（体育科以“国标”为参考依据）。

（5）教育教学质量加分项目。

①课题研究：负责、主持国家级课题并结题的加30分，参与实验的人员加20分；负责、主持省级课题并结题的加20分，参与实验的人员加10分；负责、主持市级课题并结题的加15分，参与实验的人员加8分；负责、主持区级课题并结题的加10分，参与实验的人员加5分；负责、主持校级课题并结题的加5分，参与实验的人员加3分。

②公开课：校级公开课加1分，区级公开课加3分，市级公开课加5分，省级公开课加10分。

③各类获奖。

课堂教学获奖：获校级一、二、三等奖的分别加1.5分、1分、0.5分；获区级一、二、三等奖的分别加3分、2分、1分；获市级一、二、三等奖的分别加5分、4分、3分；获省级一、二、三等奖的分别加10分、8分、6分。

论文获奖等同于同等课堂教学获奖（必须是教育主管部门颁发的证书）。

辅导学生竞赛获奖等同于同等课堂教学获奖（以同一次学生最高奖项计分，多人次的不重复计算）。

参加团体竞赛的奖项：区级的一、二、三等奖分别给负责人加6分、4分、2分，协助人员减半计算；市级的一、二、三等奖分别给负责人加15分、10分、8分，协助人员减半计算。

④综合表彰：校级先进工作者、优秀班主任加1分；区级先进工作者、优秀班主任加3分；市级先进工作者、优秀班主任加5分；省级先进工作者、优秀班主任加10分；国家级先进工作者、优秀班主任加20分。

（五）其他人员考核办法

后勤人员奖励性绩效工资（占奖金总额的4%）由教师代表、考核小组评定。

（六）完成招生任务奖

1. 完成招生任务奖金占总绩效工资的4%，每人按满分100分计算。

2. 每年把招生任务通过抽签方式分配到每位教职工身上。

3. 每人奖金等于招生总奖金除以教职工总人数再乘以完成任务的比率。

六、婚假、丧假、产假、病假及其他

婚假：教职工结婚提倡在寒暑假进行，婚假假期为5天，晚婚（男25岁，女23岁）假期为10天（包括双休日）。产假：按法定年龄结婚后生育一孩，可请产假90天，晚婚者120天；在产假假期内办理独生子女证的，产假可延长至180天，男方可享受护理假7天。丧假：父母、岳父母、子女死亡，丧假7天；爷爷、奶奶、外公、外婆、兄弟姐妹死亡，丧假5天（路程远的可适当增加路程假）。学校教职工除享受以上国家规定的各种假期外，以下人员按下列规定执行：

1. 凡达到退休年龄的教职工，从办理退休的下月起，不再执行绩效工资管理制度；提前退休、辞退、终止或解除聘任合同的教职工等从办理有关手续的下月起，不再执行绩效工资管理制度。

2. 凡新招录（聘）的教职工，从批准使用的当月起执行绩效工资。

3. 两种病（癌症、精神病）、生病人员（经教育部门组织或参与相关部门鉴定，确不能坚持教育教学工作的）享受基础性绩效工资，不享受奖励性绩效工资。因公伤残人员原则上不享受奖励性绩效工资。

4. 三天内的病假须持相关证明，由校长批假；三天以上、一周以内的病假，持县级以上的医院证明，由教育局批假；超过一周的病假，持两间市级以上医院证明，由教育局批假。

七、附则

1. 其他临时工作的奖励性绩效工资由考核小组评定后再行发放。

2. 病、事假期间的待遇问题：我校病休在职人员、法定休假期人员的奖励性绩效工资由考核小组评定后再行发放。

3. 对本方案如有异议，由考核小组讨论决定。

【案例十二】

江苏省镇江市某中学在岗教职工绩效工资考核分配方案

一、指导思想

以实施教职工绩效工资改革为契机，建立健全科学、规范的工资分配机制，充分发挥绩效工资的杠杆作用，坚持多劳多得、优质优酬，重点向一线骨干教师和做出突出贡献的其他工作人员倾斜，真正做到“干与不干不一样，干多干少不一样，干好干坏不一样”，激励广大教职工爱岗敬业，扎实工作，开拓进取，积极主动地完成各项工作，努力推进我校教育事业健康、快速、持续、科学发展。

二、绩效工资的权重及发放形式

绩效工资分基础性绩效工资和奖励性绩效工资两部分，分别占绩效工资总额的70%和30%。基础性绩效工资随工资按月发放，奖励性绩效工资在每年年终考核后发放。

三、实施对象

学校在编在岗的教职工。

四、考核分配原则

1. 坚持“不劳不得、多劳多得、优绩优酬”的原则。绩效工资以工作绩效考核结果作为分配的主要依据，如没有岗位绩效考核结果，就不能参与奖励性绩效工资的分配。

2. 坚持“公正、公平、公开”的原则。

3. 坚持“科学合理”的原则。学校绩效工资考核分配方案力求科学合理，逐渐拉开差距。

五、组织领导

组长：×××；副组长：×××；成员：×××、×××。

六、奖励性绩效工资的内容及考核办法

根据《江苏省义务教育阶段学校绩效工资实施意见》和××区教育局2009年196号文件《关于印发〈××区义务教育学校教职工绩效考核办法〉（试行）的通知》的精神，结合学校实际，对教师服从工作安排、履行岗位职责、完成学校规定的教育教

学任务等情况进行全面考核，主要包括德、能、勤、绩诸方面，重点考核工作实绩。奖励性绩效工资分两部分：一是考勤津贴、班主任津贴、管理岗位责任奖、值班与加班津贴、特殊年级津贴、师德师风考核奖、教科研奖；二是工作量、教学过程、教育教学（服务）质量奖和团队教学质量奖。

（一）教师的考勤津贴

每月出满勤，奖励200元/人。有下列情况的，须扣除相应的金额：上班迟到、早退，10元/次；升旗仪式、教师会议等重大活动无故缺席，30元/次；教研活动无故缺席，20元/次；病假，20元/天；事假，30元/天；旷课，50元/节；旷职（未经请假而缺勤），100元/天。

教师每月迟到原则上不得超过2次，病假（事假）不超过2天，超出部分按上述标准执行；请假不足1个月，但扣除金额超过当月考勤津贴的，不足部分将在全年考勤津贴中扣除。事假累计达30天（含30天，参照第九条），法定的婚假、产假、丧假按国家相关政策文件执行；凡请假不上课者，一律不发课时津贴。

（二）管理岗位责任奖

管理岗位责任奖全年发放10个月。下列人员认真履行相应职责，经职能部门考核后，享受管理岗位责任奖：教研组长以每人每月80元左右的标准进行浮动考核，年级组长以每人每月40元左右的标准进行浮动考核，备课组长以每人每月40元左右的标准进行浮动考核（备课组人员较少的，减半发放）；行政人员岗位责任奖由学校根据不同岗位和履行岗位情况进行考核后按年发放，行政岗位责任奖以每人每月400元左右的标准进行浮动考核（副校级450元/月，中层正职400元/月，中层副职360元/月）。管理人员在聘任期间享受行政管理岗位责任奖，离开岗位后的次月不再享受。

管理岗位责任奖总额不得超过学校奖励性绩效工资总额的6%。

（三）班主任津贴

班主任津贴全年发放10个月，每学期发放5个月，每月400元。班主任津贴分基础性津贴和考核性津贴两项，基础性津贴300元/月，按月随工资发放；考核性津贴由学校对班主任班级管理工作进行考核后按学期发放。教师担任班主任期间享受班主任津贴，离开岗位后的次月不再享受；行政管理人员兼班主任，其班主任津贴按100%标准、行政管理岗位责任奖按50%的标准累加并考核发放。

（四）值班与加班津贴

因工作需要加班，一天计20元；白天值班，一天计15元；晚间值班，一次计15元；值宿，一次计15元；晚自习下班出勤，一次5元，每节课8元。

（五）特殊津贴

九年级的科任教师每节课补贴2元；体育教师的工作服装津贴仍按原有规定执行。

（六）师德师风考核奖

每月师德师风考核奖为 200 元/人。有下列情况的，须扣除相应的金额：

1. 在师德师风方面，违反《教师法》《中小学教师职业道德规范》及有关规定，造成一定影响，但构不上组织处理的，酌情扣除部分奖励性绩效工资；造成影响极大的，扣除本学期奖励性绩效工资个人师德师风应得总额的 60%。

2. 月末时，根据学生测评、教师测评、行政管理人员测评的满意率确定师德师风评估等级（优秀、良好、合格），获优秀等级者奖励 200 元，获良好等级者奖励 180 元，获合格等级者奖励 150 元。

（七）教科研奖

具体执行标准见附件。

（八）中考奖

具体执行标准由学校另行制定。

（九）工作量、教学过程、教育教学（服务）质量奖和团队教学质量奖

全校奖励性绩效工资总额除去考勤津贴、班主任津贴、管理岗位责任奖、值班与加班津贴、特殊津贴、师德师风考核奖和教科研奖等部分，余下的分三部分，即工作量（占 50%）、教学过程（占 30%）、教育教学（服务）质量（占 20%）进行奖励。

1. 工作量（占 50%）。

学校监考和试卷批阅的工作量折算为监考时间（课时）+批阅班级×2 课时。主要学科跨年级教学的教师，每周补贴（现有教案数 -4）×0.5 课时。

（1）教师工作量。标准课时为每人每周 11 课时，不同学科按国家课程设置标准计算课时。各学科系数见下表。

学科	语、数	英	政、理、化、史	生	地	音、体	美	校本手工	早锻炼、早读	午间辅导	课间操	自习
系数	1.4	1.3	1.2	1.1	1	1	1	1	0.6	0.9	0.3	1.0

（2）教辅人员工作量。

实验员：教学仪器、设备的日常保养、检修等工作每周计 2 课时，卫生整洁等工作每周计 0.5 课时/室，演示实验计 0.5 课时/次，学生分组实验计 1 课时/次。

网络管理员：弱电维护每周计 2 课时，机房卫生整洁等工作每周计 1 课时/室，学校计算机及电教设备维护等工作每周计 2 课时。

校医：师生身心健康咨询和治疗、卫生检查等工作每周计 6 课时。

体育器材室管理员：器材借还、保管保养与整理等工作每周计 3 课时。

图书管理员：图书编目、图书整理维护、图书馆卫生打扫等工作每周 2 课时；图

书馆开放一天计1课时；报刊发放等工作每周计2课时；阅览室卫生打扫、图书整理维护等工作每周计2课时/室。

油印室工作人员每周计10课时，其他日常工作由学校行政会议研究制定标准。

（3）其他职工工作量。

学校根据其岗位和履行工作职责情况，结合学生评价、教师评价进行鉴定，合格者视为平工作量，不合格者视为不满工作量，具体折扣为60%～90%。

将全校一周的所有课时进行分类汇总统计，总课时数除以教师总人数得出教师平均周课时，超课时和少课时的教师，其绩效工资中的工作量部分在全校平均数的基础上进行加减。正校长的周课时数是标准的1/4，副校长的周课时数是标准的1/3，中层正职的周课时数是标准的1/2，中层副职的周课时数是标准的2/3。55周岁以上的男教师、50周岁以上的女教师完成标准课时的1/2视为满工作量；身患绝症、精神疾病的教师按国家相关政策执行。

2. 教学过程（占30%）。

（1）考核内容（七个方面）：备课；批改作业；课后辅导；理论学习与听课；教学计划与总结；课题研究；服从分工。

（2）考核计算标准：一个学期每人的基础总分为100分，其中：备课30分，批改作业20分，课后辅导10分，理论学习与听课10分，教学计划与总结10分，课题研究10分，服从分工10分。由教务处每月全面检查一次，与平时个别抽查相结合，采取累计扣分制。

（3）具体扣分标准。

备课：未按学校要求备课，如没有教学目标、作业布置、教学反思等栏目（35周岁以下的教师要求课课有反思，35周岁以上的教师要求一周有一次反思等），发现一次扣2分；没有保持一周余量或提前备课3课时者，发现一次扣2分；备课进度落后于上课进度，发现一次扣5分；不备课者，发现一次扣10分。以上项目扣完30分为止。

批改作业：作业无故迟批，一次扣2分；作业不认真批改，如只有日期、累批等，一次扣1分。以上项目扣完20分为止。

课后辅导：平均一周至少2次（重点看课后辅导记录），发现少一次扣1分，扣完20分为止。

理论学习与听课：各科任教师对职能部门要求的学习和听课任务应积极主动地承担并高质量地完成。在规定时间内完成，即可拿满分10分；迟于规定时间完成任务，扣2分；拒绝完成任务者扣10分。

教学计划与总结：每人每学期应完成一份教学计划和一份教学总结，各占5分。迟交者各扣2分，不交者各扣5分。

课题研究：按职能部门或课题组长要求的进度开展研究，并完成上研究课、实验数据上报、经验总结、课题论文、教案撰写等任务的，即可拿满分10分；如迟于规定时间完成任务，扣2分；拒绝完成任务者扣10分。

服从分工：服从学校工作安排者得10分，无故不服从者扣10分。

3. 教育教学（或服务）质量（占20%）。

教育教学效果由教学成绩（50分）和提高成绩（50分）两部分相加构成，服务质量满分为100分。教育教学（或服务）质量以月考核和每学期考试成绩为依据，由教务处考核。该项奖励分四级：特级得100分，一级得90分，二级得80分，三级得60分。

（1）工作量的考核：将全校的绩效工资总额课时工作量相应部分的数额除以学校全体教职工课时总数作为课时单价，工作量考核为其总课时乘以课时单价。

（2）教学过程的考核：将全校的绩效工资总额教学过程相应部分的数额除以学校全体教职工教学过程量化的总得分作为每分单价，教学过程考核为其量化得分乘以每分单价。

（3）教育教学（或服务）质量的考核：将全校的绩效工资相应部分的教育教学（或服务）质量数额除以学校全体教职工教学过程量化的总得分作为每分单价，教职工的教育教学（或服务）质量的考核为量化得分乘以每分单价。

4. 团队教学质量奖。

在教育局组织的考核中，若学校获得优秀等级，所有教职工分享所获奖金的一半，另一半奖励优秀备课组团队。获得区统测优秀率或平均分第一名的备课组成员奖励100元/人，获得区统测优秀率或平均分第二名的备课组成员奖励50元/人（校内团队教学质量奖方案另行制定）。

七、考核程序

1. 被考核人员进行自评，同时形成个人总结。
2. 学校组织民主评议。
3. 学校领导小组进行考核。
4. 学校考核领导小组集体研究确定教职工考核等次。
5. 在一定范围内公示考核结果，接受教职工的监督。
6. 由学校将考核工作总结和考核结果报教育主管部门备案。

八、考核等次确定

考核结果分为优秀、良好、合格和不合格四个等次，“优秀”等次的比例适当向一线教师倾斜。有下列行为之一者，可直接评定为不合格等次：

1. 不履行教育教学职责者；旷课（旷工）或请假超过国家规定天数者。

2．体罚或变相体罚学生，违规进行有偿家教，向学生乱收费，或擅自兼课造成不良影响者。

3．以非法方式表达诉求，干扰正常教育教学秩序、损害学生利益者。

4．因玩忽职守造成校园重大责任事故者。

5．有参与赌博等违法行为，以及其他严重损坏教师形象和声誉行为者。

教职工绩效考核结果为合格及以上等次的，全额发放基础性绩效工资。奖励性绩效工资在学期末依据考核结果一次性发放，坚持“优秀”等次的比例向骨干教师、优秀班主任和做出突出贡献的人员倾斜，适当拉开分配差距。考核结果为基本合格或不合格者，其基础性绩效工资中的岗位津贴在考核结果审核备案后的次月起分别停发3个月、6个月，不发放当年的奖励性绩效工资。

九、几种特殊情况的绩效工资发放

1．一学期内请事假达1个月（或累计达30天）及以上者，按比例减发本学期奖励性绩效工资，具体比例为：1个月减发10%，2个月减发20%，3个月减发30%。请病假3个月及以上者，按上级文件精神扣减本年基础性绩效工资。

2．擅自离岗人员停发全部绩效工资。

3．学校内部待岗人员停发奖励性绩效工资。

4．督学能履行相应岗位职责的，发放基础性绩效工资和同级平均的奖励性绩效工资。

5．提前离岗的教师，其奖励性绩效工资按本校教职工奖励性绩效工资平均额度的60%发放。

十、其他

1．其他未尽事宜及特殊情况，由学校奖励性绩效工资考核分配领导小组集体研究决定。

2．随着学校的发展和人员的变化，学校奖励性绩效工资考核分配领导小组依据实际情况对本方案做适当的修改和补充。

3．本方案解释权归学校奖励性绩效工资考核分配领导小组。

附件：镇江市××中学教科研成果奖的有关规定

一、论文奖

参加教育行政部门或业务主管部门（含教育学会、教研室、教科所）组织的教育教学论文、案例、教案评比，按等级给予奖励。标准如下：

<table>
<tr><th rowspan="2">级别</th><th colspan="2">等级及奖金</th><td rowspan="4">①非教育行政部门和非业务主管部门组织的教育教学论文竞赛获奖不给予奖励；②多次获奖的同一作品以最高档次奖励；③论文参赛费一律自理</td></tr>
<tr><th>一等奖</th><th>二等奖</th></tr>
<tr><td>省级</td><td>80 元</td><td>50 元</td></tr>
<tr><td>市级</td><td>50 元</td><td>30 元</td></tr>
</table>

论文在省级报刊上发表，奖励100元；在市级报刊上发表，奖励50元。省级报刊认定：国家新闻出版总署、省新闻出版广电局认可的合法报刊，不含各种增刊、专辑、学报等；在市级以上报刊等媒体发表报道学校的文章等宣传消息，参照该标准执行。

二、课题奖

承担市级以上教育主管部门批准立项的课题研究工作，课题研究成果获奖者，按以下标准奖励：

	市级	省级
一等奖	400 元	600 元
二等奖	200 元	500 元
三等奖	—	400 元

说明：①同一课题成果以最高级别奖项计奖。②课题研究成果奖金给予课题主持人，由主持人具体分配。③课题结题，省级课题奖励300元，市级课题奖励200元。

三、赛课奖

凡参加教育主管部门及教育学会组织的教学基本功竞赛、评优课、制作（含课件制作）获奖，按等级给予奖励。标准如下：

<table>
<tr><th>级别</th><th>国家级</th><th>省级</th><th>市级</th><th>区级</th><td rowspan="4">①制作（含课件、视频、网页制作）获奖一般下浮一级发放奖金；②同一作品或事项在各级获奖，以获奖最高档次给予奖励</td></tr>
<tr><td>一等奖</td><td>500 元</td><td>300 元</td><td>150 元</td><td>50 元</td></tr>
<tr><td>二等奖</td><td>400 元</td><td>200 元</td><td>100 元</td><td>—</td></tr>
<tr><td>三等奖</td><td>250 元</td><td>100 元</td><td>50 元</td><td>—</td></tr>
</table>

四、学生竞赛辅导奖

学生在教育行政部门组织的学科竞赛中获奖，辅导教师的奖励标准为（元/1个获奖学生）：

级别	一等奖	二等奖
省级	100 元	50 元
市级	80 元	—

说明：①该项奖励按获奖人次计算。②同一竞赛在不同级别中获奖，按最高等级计算，不重复。③“增华阁”作文竞赛、“金钥匙”科技竞赛等非教育行政部门举办的竞赛，奖励金额酌情考虑。

五、体艺竞赛指导奖

指导、训练学生参加体育、艺术竞赛，对指导教师进行奖励。标准如下：

级别	一等奖	二等奖	三等奖
市级	400 元	300 元	200 元
区级	300 元	200 元	100 元

说明：体育类指导奖按前三名发放，艺术类指导奖按一、二、三等奖发放。教育行政部门已发奖金的，学校不再另发。

【案例十三】

广东省汕头市某中学奖励性绩效工资分配方案

一、指导思想

以学校教职工绩效工资实施为契机，建立科学规范的学校教职工收入分配机制，充分发挥绩效工资的杠杆作用，遵循以人为本、注重实效、促进发展、简便易行的原则，建立多劳多得、优绩优酬机制，激发广大教职工爱岗敬业、扎实工作、开拓进取，积极主动地完成工作任务目标，努力推进教育事业持续、健康、快速发展。

二、基本原则

1. 坚持“多劳多得、优绩优酬”的原则。奖励性绩效工资以工作绩效考核结果作为分配的主要依据。

2. 坚持“公正、公平、公开”的原则。

3. 坚持“科学、合理”的原则。奖励性绩效工资考核分配方案力求科学合理，绩效工资差距不宜过大。

4. 坚持“实事求是，以人为本”的原则。统筹兼顾学校各类人员绩效工资分配关系，注重实绩，奖勤罚懒，构建适合我校实际的分配机制。

三、分配办法

奖励性绩效工资中设立教职工岗位绩效津贴、班主任津贴、超课时津贴及教育教学成果津贴等项目，在考核的基础上，由学校核算和分配。奖励性绩效工资由月度发放、学期发放和学年发放三部分组成。

（一）班主任津贴

班主任津贴每月发放260元。

（二）教职工岗位绩效津贴

教职工岗位绩效津贴又分设教师绩效津贴、行政管理人员岗位绩效津贴。

1. 教师绩效津贴。

教师绩效津贴 = 周课时量 × 单位课时绩效津贴

2. 行政管理人员岗位绩效津贴。

行政管理人员岗位绩效津贴 = 周课时量 × 单位课时绩效津贴

周课时量标准为：校长24节，副校长20节，主任18节，副主任16节；教研组长4节，备课组长2节，年级组长3节；教务员、会计11节，出纳、仪器室负责人10节半，卫生员及其他人员9节半。

3. 全勤奖每月按30元发放。

（三）超课时津贴

超课时津贴包括超工作量兼课、经校领导同意的加班等。语文、数学、英语课时每周超过10节者，其超过部分每节按2节计算；政治、物理、化学课时每周超过11节者，其超过部分每节按2节计算；其他学科课时每周超过12节者，其超过部分每节按2节计算；跨年级任课者每周加2节，跨学科任课者每周加2节。

（四）教育教学成果津贴

该津贴用于校级及以上的各类质量监测奖励和中考奖励。

四、工作要求

1. 科学论证、规范操作。

学校制定奖励性绩效工资考核及分配办法，要充分发扬民主，广泛征求教职工的意见，做到公开、公平、公正。考核及分配办法经学校领导班子集体研究、教职工代表大会讨论通过，报区教育局批准、备案后执行。

2. 严肃纪律、确保稳定。

学校要严格执行国家政策，严格遵守纪律。实施绩效工资后，学校不得违反规定的程序和办法进行分配。对违反政策规定的，坚决予以纠正，并进行严肃处理。

五、其他

1. 其他未尽事宜及特殊情况，由学校实施奖励性绩效工资考核领导小组集体研究决定。

2．随着学校的发展和人员的变化等，学校奖励性绩效工资考核分配领导小组依据实际情况对本方案做适当的修改和补充。

3．本方案由学校实施奖励性绩效工资考核领导小组负责解释。

【案例十四】

广东省湛江市某中学奖励性绩效工资分配考评实施方案

一、指导思想

坚持以邓小平理论、“三个代表”重要思想和党的十八大精神为指导，深入贯彻落实全面深化改革，切实维护广大教职工切身利益，规范学校内部分配办法，着力构建符合教育教学和教师成长规律、导向明确、标准科学、体系完善的教职工绩效考核评价制度。充分发挥奖励性绩效工资的杠杆作用，激励广大教职工爱岗敬业、扎实工作、开拓进取，积极主动地完成各项工作任务，努力推进我校教育事业持续、健康、快速发展。

二、分配原则

1．尊重规律、以人为本。尊重教育规律，尊重教师的主体地位，充分体现教师教书育人工作的专业性、实践性、长期性特点。

2．以德为先、注重实绩。完善绩效考核内容，把全面贯彻教育方针和师德放在首位，注重教师履行岗位职责的实际表现和贡献。

3．激励先进、促进发展。奖励性绩效工资的分配，要坚持多劳多得、优绩优酬，重点向一线教师、骨干教师和做出突出成绩的其他工作人员倾斜。引导教师不断提高自身素质和教育教学能力，促进教育均衡发展。

4．客观公正、简便易行。坚持实事求是、民主公开，科学合理、程序规范，讲求实效、力戒烦琐。

三、领导机构

学校成立奖励性绩效工资分配工作领导小组，小组成员由校领导、处室负责人和年级组长组成，负责对教师工作量、工作业绩的考核，以及绩效工资的分配、发放、解释等方面的工作，确保绩效工资公平、公正地发放。奖励性绩效工资分配工作领导小组名单如下：

组长：×××；副组长：×××；组员：×××、×××。

四、发放对象

本校在编在岗教职工和借调到本校工作的教职工。

五、发放办法

1. 将财政局核拨给我校的奖励性绩效工资总额作为学校奖励性绩效工资考评的专项资金，按照规范的分配程序和要求，采取量化考核的办法，合理分配。分配时应以教职工的实绩和贡献为依据，合理拉开差距。

2. 奖励性绩效工资根据考评项目的情况，可按月、按学期或按学年发放。

3. 校长、副校长的奖励性绩效工资由××区教育局考核发放，或参照湛江市教育局《关于进一步规范义务教育学校教师奖励性绩效工资分配工作的指导意见》发放，不列入本方案考核。

4. 校长、副校长可分别按中学高级教师定量的130%、120%提取发放。

六、考评内容

（一）考勤奖励

我校严格规范考勤制度，考勤奖励分月全勤奖和学期出勤奖两部分。

1. 月全勤奖：教职工能按照学校考勤的有关规定出勤，每月满勤者发放全勤奖励200元，否则不予发放。

2. 学期出勤奖：学期出勤设一、二、三等奖，具体实施办法参照《湛江市××中学教职工考勤管理制度》。

（二）课时奖励

课时奖励根据教职工每月的课时工作量情况按月发放。每月由相关处室统计，处室负责人核对，于次月5日前交总务处汇总并复核后发放。

1. 课时工作量。

依据国家、省、市、区有关文件精神，结合我校实际，确定教师的相应课时工作量标准。课时标准执行广东省义务教育课程设置的有关文件。满工作量的基本标准为：

（1）语文、数学、英语教师周课时数10～12节（即任教两个教学班）为满工作量。

（2）物理、化学、政治、历史、地理和生物教师周课时数12～14节为满工作量。

（3）其余教师周课时数15节为满工作量。

（4）中层干部周课时数6节为满工作量，不满工作量的可酌情扣减奖金。

（5）对老教师（3年内退休的教师）的课时量要求，可根据学校实际情况酌减。

2. 课时工作量奖励。

月课时工作量奖励标准为：

月课时工作量奖励 = 每课时奖励标准 45 元 × 周课时数 × 学科课时系数

学科课时系数为：语文、数学、英语为 1.4，物理、化学为 1.3，政治、历史、生物、地理为 1.1，其余学科为 1.0。

担任高三课程的教师月课时工作量奖励在原基础上再乘以 1.15，担任初三课程的教师月课时工作量奖励在原基础上再乘以 1.1。

跨年级（或跨学科）课时工作量：跨年级（或跨学科）折合课时为 1.5 课时/周，不计入超课时工作量。

音乐、美术学科专业课按比例适当补课时。

中层干部的课时工作量奖金为全校专任教师课时工作量奖的平均数。

3. 教辅人员的工作量及奖励。

各部门依据教辅人员的岗位性质，根据岗位工作量的情况，制定相应的岗位职责，做好工作安排，满工作量者可全额领取工作量奖金，不满工作量者按比例领取；个别岗位工作量大的，经研究可适当增加补贴。

教辅人员的全额工作量奖金为全校专任教师平均课时补贴的 85%。

4. 超课时（代课）工作量奖励。

教师在满工作量基础上承担的教学工作为超课时数工作量，奖励的计算办法为：

超课时（代课）工作量奖励津贴 = 每课时津贴标准 15 元 × 超课时数（代课时数）× 学科课时系数

班主任临时跟班每节 6 元。

（三）职务（岗位）津贴

1. 班主任、年级组长职务津贴。

按照学校有关班主任、年级组长工作考核实施方案，每月对班主任、年级组长进行考核。完成班主任、年级组长工作任务者，学校给予班主任、年级组长职务津贴；工作有重大失误，造成较大影响的，酌情从班主任、年级组长职务津贴中予以扣减。班主任、年级组长职务每月津贴标准分别为 380 元、390 元。年级组长兼任班主任，班主任津贴按 60% 发放；科组长兼任班主任，两项职务补贴同时发放。

2. 其他工作职务津贴。

（1）主任（含团委书记）、副主任（含大队辅导员）能较好地履行本岗位职责，按时按质完成岗位工作任务，可发放职务津贴。主任（含团委书记）、副主任（含大队辅导员）每月职务津贴标准分别为 400 元、390 元。

（2）科组长和备课组长职务津贴。科组长、备课组长能较好地履行本岗位职责，按时按质完成岗位工作任务，可全额发放职务津贴；不按要求完成岗位工作任务的，酌情扣减职务津贴（考核方案另定）。科组长每月职务津贴标准为 180 元，毕业班备课组长每月职务津贴标准为80元，非毕业班备课组长每月职务津贴标准为50元。

(3) 兼任多重职务者，按最高一项的职务发放津贴，超出的工作量可折算成课时数计算奖励津贴。

(四) 安全工作津贴

安全是学校工作的重中之重，学校将此项工作责任落实到每一位教师，明确工作任务与要求，制定考核方案并按月进行考核。安全工作津贴标准为50元/月。

(五) 教育教学成果奖励补贴

把寒暑假的绩效工资作为教育教学成果奖励、学期综合考评奖励及中考、高考奖励。

1. 班主任月工作效益奖。

按班主任考核标准，文明班每周评比1次，获文明班的班主任奖励20元/次。

2. 学期工作效益奖。

学期工作效益奖包括：教学工作成绩奖（由教导处制定相关考核细则）；年级组长、班主任工作效益奖（由德育处制定相关考核细则）；行政领导和教辅人员工作效益奖（由绩效工资分配工作领导小组根据行政领导的工作实绩进行评定，设一、二、三等奖）；先进级组、科组奖（每学期评选先进级组2个、先进科组4个，按级组或科组人数奖励每人100元作为活动经费）。学期工作效益奖金额根据每学期实际情况确定。

3. 高考、中考工作奖。

高考、中考工作奖具体参照《高考、中考奖励方案》发放，每年一次。毕业班教师在中考、高考结束后不再计算课时工作量。放暑假前，按学校规定参加相关活动的发放全勤奖和安全奖。如果学校工作需要，毕业班教师应服从学校临时工作安排。

4. 学科竞赛、论文奖励。

(1) 教师参加教育行政部门组织的各项学科教学竞赛奖励。

级别	一等奖	二等奖	三等奖
国家级	2000元	1000元	500元
省级	1000元	500元	300元
市级	300元	200元	100元
区级	200元	100元	—

注：学科论文按以上各奖项的50%进行奖励。

(2) 音乐、美术和各项体育竞赛团体奖。

级别	一等奖	二等奖	三等奖
国家级	3000 元	2000 元	1000 元
省级	2000 元	1000 元	500 元
市级	600 元	500 元	300 元
区级	500 元	300 元	100 元

注：体育类的一、二、三名分别执行一、二、三等奖的标准。

（六）临时性加班津贴

临时性加班包括节假日值班、非上班时间组织的家长会、临时工作任务加班等学校其他工作。学校原则上不安排加班，因特殊情况需要安排的临时性加班，按照有关文件规定进行补贴。每月加班情况由各处室统计上报，处室负责人复核，分管副校长初审并送校长审定，于次月 5 日前汇总到办公室进行统计。加班补助标准为 40 元/天。

语文和英语教师跟班早读、体育教师早操值日计 6 元/次。

（七）迟到、早退、缺课或旷课以及病、事假的处理

1. 教师缺课、旷课一节扣 30 元，其他人员半天扣 50 元。教师一学期内连续旷课 4 节、累计 6 节以上的，停发奖励性绩效工资。

2. 迟到、早退一次扣 20 元。

3. 教师事假 1 节扣 20 元，教辅人员事假半天扣 30 元；教师病假 1 节扣 15 元，教辅人员病假半天扣 20 元。

4. 婚假、产假期间，停发课时奖。

七、其他事项

1. 本方案中的全勤奖、课时奖、职务津贴等标准可根据绩效工资总额的变动而逐年调整。

2. 每季度公布奖励性绩效工资分配情况后，分别在校本部和各校区进行公示；剩余部分在学期末以奖金形式发放，并分别在校本部和各校区公示。

3. 工作调动人员及新招聘人员从工资发放当月起执行奖励性绩效工资。

4. 达到退休年龄的教职工，自执行退休金的当月起停发单项绩效考评补贴，按学期领取的综合绩效考评补贴以在职工作月份比例计发。离岗、被开除、被辞退的人员从办理有关手续的下月起停发绩效奖励津贴。

5. 本学期未承担任何教育教学工作的教师不享受绩效奖励津贴。此外，一个月中的事假累计超过 5 天、不足 10 天的，病假累计超过 10 天、不足 15 天的，由学校酌情处理；事假超过 10 天、病假超过 15 天或旷工 1 个工作日的，本月不享受奖励性绩效工资。一学期内事假累计超过 20 天（不含节假日），病假连续超过 60 天或学期内累计超过90天的（含双休日）的，不享受本学期的奖励性绩效工资。

6. 涉嫌违法违纪被立案调查尚未结束的，可参加绩效考核，但不写评价意见。结案后，不给予处分或者给予警告处分的，按规定补发；给予其他处分的，视其所受处分种类，按有关规定办理。

7. 严重违反《教师法》和《中小学教师职业道德规范》等法律、规范并造成恶劣后果的，以及受到党内严重警告或记大过以上处分的，不享受奖励性绩效工资。

八、附则

本方案由学校绩效考评领导小组负责解释，于20××年×月×日经学校教职工代表大会讨论并表决通过，从20××年×月×日起执行。

【案例十五】

广东省中山市某中学教职工绩效工资分配方案

一、绩效工资构成

绩效工资包含基础性绩效工资和奖励性绩效工资两部分。基础性绩效工资由国家、省、市规定的生活补贴、岗位津贴、节日补贴三部分组成。奖励性绩效工资由学校在考核的基础上，根据教师的工作质量、教育教学效果、其他综合表现等合理拉开差距。奖励性绩效工资包括职务津贴、工作量津贴、全勤津贴、奖励性分值绩效工资、年终一次性奖金、奖励性职务绩效工资、奖励性教学质量绩效工资、奖励性月岗位职责评价绩效工资。

二、发放办法

1. 基础性工资：经教育行政部门审批后，通过统发工资按月发放。

2. 月奖励性绩效工资：职务津贴、工作量津贴、全勤津贴、教师月岗位职责评价绩效工资，每月按规定发放（全校教师平均数为1600元）。

3. 期末奖励性绩效工资：根据教师职业道德、育人能力、工作绩效等方面进行综合评价发放。全校教师平均数为5700元，上学期2000元，下学期3700元，分别按方案发放。

4. 节日补贴：按规定发放。

5. 年终一次性奖金：教师年度考核合格及以上者，按市人事局或市教育局的通知发放。

三、基础性绩效工资

1. 教师岗位津贴、生活补贴：按教师月统发工资数发放。

2. 教师其他福利待遇（按上级规定执行）：住房公积金；医疗保险；社会保险。

3. 节日补贴（全年共8500元）：元旦、清明节、劳动节、端午节、国庆节、中秋节各补贴1000元/人；春节补贴2000元/人；教师节补贴500元/人。

四、奖励性绩效工资

（一）教师职务津贴

1. 年级组长津贴：900元/月，课时6~8节。

2. 班主任津贴：700元/月，按《班主任月岗位职责评价方案》执行，评价结果纳入月奖励性绩效工资计算。

3. 语文、数学、英语、体育科组长（兼备课组长）350元/月，其他科组长（兼备课组长）250元/月。

4. 语文、数学、英语备课组长250元/月，其他科目备课组长200元/月。

5. 毕业班（音乐、美术、信息技术科目教师除外）及初二地理、生物任课教师100元/月。

（二）工作量津贴

按学校聘任的专业技术职务满工作量标准计算：工作量津贴500元/月；超课时20元/节。

1. 教师标准工作量按周课时数计算：以语文、数学、英语课为基础，初中10~11节，跨科（跨年级）任教、承担教学指导和教育科研以及特殊岗位等工作的，由学校根据实际情况确定。标准如下：

必修课	满课时量标准（节/周）
语文、数学、英语	10~11
物理、化学、政治、历史、地理、生物、体育	12~13
音乐、美术、卫生、信息技术、场室等	14~15

校长0~2节，副校长2~4节，正、副主任4~6节，团委书记、工会主席、级组长6~8节（因工作需要的特殊情况除外）。

2. 教师任课量以课时量标准计算，超出或低于该标准，按节数计算超量补贴或扣减不足量补贴。跨级、跨科任教，折算为课时量计算（语文、数学、英语为3节，物理、化学、政治、历史、地理、生物为2节，体育、音乐、美术、综合、信息技术为1节），即按主修学科课时量标准核定课时量；超出或不足的节数，按所跨学科的课时量标准计算增补或者扣减的数量。班会课、校会课、劳动课不另计课时。

3. 实验室、功能室等管理人员的工作量折算成必修课时量，超出或不足部分按上述方法计算。各场室管理工作折算如下：生物室2节，化学室6节，物理室6节，体育器材室1节，各级组织办公室电脑、年级教学平台维护3节。

（三）全勤津贴

教师享受每月200元的全勤津贴。

（四）奖励性分值绩效工资

1. 教师月评价：根据师德的定性、定量评价，按月发放，每月360元；若有扣分，下月兑现。教师月评价按《教师月岗位职责评价方案》进行，结果纳入月奖励性绩效工资进行计算。

2. 教育教学（教育管理）质量及成果奖励：根据评价结果，于期末发放，全年共5700元。计算公式为：

期末奖励性绩效工资 = 分值 × 个人得分 + 个人成果奖

3. 月奖励性绩效工资每半年清理一次，剩余资金按人头发放。

（五）年终一次性奖金

经学校考核，年度考核合格及以上等次的教师按上级文件发放年终一次性奖金。

（六）奖励性职务绩效工资（期末发放）

1. 级组长：一等奖1200元，二等奖1100元，三等奖1000元。

2. 班主任：一等奖600元，二等奖500元，三等奖400元。

3. 科组长、备课组长：一等奖300元，二等奖200元，三等奖100元。

4. 优秀跟班教师奖：200元。

（七）其他绩效工资

1. 代课的津贴由请假者支付给代课者（婚假、产假、丧假、特殊公假除外），临时代课每节20元。

2. 早读津贴标准：每节8元。晚修津贴标准：每节20元。

3. 教师双休日加班津贴：100元/天，50元/晚。

附件：20××学年上学期教学质量奖励方案

一、评价原则

教学质量的评价原则为：优教优酬；目标分解；捆绑制（年级组20%、备课组40%、个人40%；另外，获一等奖的班级不超过10%）。

二、指标与权重（总分260分）

项目	比例（%）	满分	特等奖	特等奖条件	一等奖	一等奖条件	二等奖	二等奖条件
年级组	20	52	39	优良率平均分≥3.5	26	优良率平均分≥3	13	优良率平均分≥2
			39	合格率≥85%	26	合格率≥85%	13	合格率≥80%
备课组	40	104	65	优良率≥70%	52	优良率≥60%	26	优良率≥50%
			65	合格率≥85%	52	合格率≥82%	26	合格率≥80%
个人	40	104	65	优良人数达标70%	52	优良数（率）达标60%	26	优良数（率）达标50%
			65	合格人数达标85%	52	合格数（率）达标82%	26	合格数（率）达标80%
合计	100	260	338		260		130	
另：班级	10	20	无	无	10	尖子生数达标	无	无
					10	总分合格人数达标85%		

说明：体育教师一等奖指标为学生体能考试成绩超指标1分及以上；二等奖指标为体能成绩达指标。上学期指标分：初一47分，初二63分，初三82分。

三、评价方法

1．个人目标：按学年初学生成绩及排名确定各班各科指标数。初三化学按初二下学期末物理＋数学成绩排名确定。接班老师按接班的上学期成绩及排名确定指标数。

2．优良率、合格率公开评价。当各备课组优良率、合格率同时达标而有备课组成员不达标，个人最后得分按就高不就低原则（体育除外）。

3．初三政治和历史、初二地理和生物只计优良率（分数按2倍计算）。

4．尖子生指标按考上××中学录取分数线的比例前12%计，初一、初二及初三上学期参照兄弟学校数据。

5．班级尖子生和合格考生总分按语文、数学、英语、物理、化学五科计算，初三下学期须加上中考体育成绩。对于达标班级，班主任和有关科任教师每人每项奖励10分（共20分），不重复计算。

四、特别说明

1．任教同级同科几个班的教师，其目标为各班目标之和。

2．跨年级、跨科的市统考文化科教师，各按50%统计，计算总和后，再加20分。

3. 音乐、美术、信息技术学科教师的得分：在教师教学质量奖平均得分乘上80%的基础上，由校领导研究酌情增减。

4. 教师教学质量绩效奖平均得分为：教学质量绩效奖总分÷文化课教师人数。

5. 产假、病假或事假教师绩效奖：根据考试成绩，累计请假少于1个月的，全额领取；大于1个月的，按实际请假足月的比例计算（每学期按5个月计）。

6. 非科任教师的绩效奖：教师全部绩效奖平均得分×50%。

7. 计算绩效时，初三年级按目标分解指标计算，初一、初二年级将优良率、合格率与本市的平均水平进行对比。

五、教师各类竞赛活动奖励

1. 长周期辅导的竞赛。

级别	一等奖	二等奖	三等奖
国家级	300元	200元	150元
省级	200元	150元	100元
市级	150元	100元	50元
区级	50元	30元	—

2. 短周期辅导的竞赛，如征文（作文）、手抄报、小论文、象棋、书法、摄影、美术比赛等（获国家级奖以省级奖励计算）。

级别	一等奖	二等奖	三等奖
省级	100元	80元	50元
市级	80元	50元	30元
区级	50元	30元	—

3. 体育类（获国家级、省级奖以市级奖励计算）。

	级别	第1名	第2名	第3名	第4名	第5名	第6~8名
团体	省级	300元	250元	200元	150元	100元	50元
	市级	200元	100元	—	—	—	—
	区级	500元	与第一名差距小于60分奖励300元				
个人	市级	50元	40元	30元	20元	15元	10元
	区级	30元	20元	—	—	—	—

4. 文娱类（获国家级、省级奖以市级奖励计算）。

（1）团体（合唱、舞蹈等）：

级别	一等奖	二等奖	三等奖
市级	200 元	150 元	100 元
区级	150 元	100 元	—

（2）个人（个人歌舞、表演等）：

级别	一等奖	二等奖	三等奖
市级	100 元	60 元	40 元
区级	30 元	20 元	—

5．优质课、论文、精品课程类：

级别	一等奖	二等奖	三等奖
国家级	200 元	150 元	100 元
省级	150 元	100 元	80 元
市级	100 元	80 元	50 元
区级	50 元	40 元	—

说明：教师在报刊发表的论文、非新闻通讯报道类文章，按论文获奖级别的一等奖计发。其中，国家级、省级报刊要有正规刊号，市级、区级报刊由学校认定。

6．说课、教案、教学案例、教学课件等的评比。

级别	一等奖	二等奖	三等奖
国家级	150 元	100 元	80 元
省级	100 元	80 元	50 元
市级	50 元	40 元	30 元
区级	40 元	30 元	—

7．课题研究。

级别	立项	一等奖	二等奖	三等奖
国家级	500 元	1500 元	1200 元	1000 元
省级	400 元	1200 元	1000 元	800 元
市级	300 元	1000 元	800 元	600 元
区级	200 元	600 元	500 元	400 元

8. 说明：

(1) 本方案只包括由教育行政部门主办或协办的各类竞赛活动，非“由教育行政部门主办或协办的各类竞赛”以及本方案未列明的竞赛的奖励方案，由学校行政会议研究决定。各级各类评选的先进、荣誉称号，按《绩效奖励方案》计发，不计入本方案内。

(2) 本方案以学生获奖人次累计计算。音乐、体育类比赛有团体奖项的，只计团体奖，不计个人奖（如区运会、球类比赛、歌舞比赛等）。同一奖项多次获奖的，以最高等级奖项计算。

(3) 各级比赛如果有现金奖励，奖金发给辅导老师。若奖金低于学校标准，不足部分由学校补足；高于学校标准的，学校不再重复奖励。

(4) 获得省级、国家级的奖项是指通过市级、省级选拔后，代表市、省参赛获得省级、国家级的奖项。

(5) 课题立项和获奖的等级指独立立项课题，若是上级课题的子课题，则国家级、省级课题的子课题按市级课题奖励，市级、区级课题的子课题按区级课题奖励。

【案例十六】

广东省惠州市某学校教师绩效工资分配方案

一、指导思想

根据省、市相关的指导性方案，进一步推进分配制度改革，调动教职工的积极性，建立科学规范的收入分配机制，充分发挥绩效工资的激励导向作用，真正做到干与不干不一样、干多干少不一样、干好干坏不一样，激励广大教职工爱岗敬业、扎实工作、开拓进取，积极主动地完成各项工作任务目标，努力推进我校教育事业持续、健康、快速发展。

二、分配原则

1. 多劳多得、按劳取酬的原则。
2. 优质优酬、注重绩效的原则。
3. 凸显岗位，向一线教师、教学骨干倾斜的原则。
4. 岗变薪变，待遇能高能低的原则。
5. 不区分职称差异，不体现学科差异的原则。

三、具体办法

（一）工作量分值设定（以月绩效为计算单位，半年累计）

1. 周满工作量：语文、数学、英语为 10 ~ 12 课时，物理、化学、政治、历史、地理、生物为12～14课时，美术、音乐、体育、信息、综合实践、通用技术为14～16课时，体育教师带两操及组织课外活动按每周共增加2课时计算。其他岗位以学校核定岗位为满工作量，学校将另行公布教职工工作量清单。

2. 按教育局有关文件规定，副校级领导、处室主任半个教学工作量视为满工作量，副主任为正常工作量，会计、档案员、校医、学籍管理员、图书管理员为满工作量，出纳为三分之二个工作量。

3. 根据实际情况，学校在执行此标准时，不取上限和下限，拟取中限。已达下限、未达中限者按中限计算。

4. 设满工作量为每月100分。非个人原因，课时较少且未担任其他兼职，每月低于80分的，按80分计（50周岁以上的教师按90分计算，55周岁以上的教师按100分计算）；服从学校安排，完成其他工作且胜任者，按100分计。

5. 教研组长、年级组长每月增加10分，备课组长每月增加5分。

6. 校级领导每月增加40分，行政领导、班主任每月增加30分。

7. 教师代课或超课时，按每月增加2分计算；跨年级代课，按每月增加一课时计算（可累加）。

8. 早自习、午自习由教务处按实际发生数计算，每次增加0.5分。

9. 网络管理维护人员每月增加10分。

10. 周末及节假日值班或加班，每天增加5分。

11. 寒、暑假期间，除提取10%用于中考、高考奖励外，全体教职工同分考核。

（二）考核实施办法

1. 教职工考勤由相关处室考核，交办公室汇总。

在教学工作中请事假每天扣5分，缺勤每天扣10分（教师每缺一节课扣5分），教工例会、升旗仪式、教研组活动、备课组活动、月考质量分析会、师生座谈会及其他活动缺勤每次扣2分，请事假每次扣1分，迟到、早退每次扣0.5分。体育教师带操缺勤每次扣0.5分。另，教职工请假制度按教育局文件执行。

2. 班主任工作考核及其加分、扣分等由政教处负责。

3. 教师教学常规工作考核及其加分、扣分等由教务处负责。

4. 教师业绩考核由教务处负责。

为体现优质高薪的原则，特设立目标完成系数（即取得的等级乘以相应的系数）。教职工按照学校安排的工作，根据教育教学业绩，经“教师业绩工作绩效考评组”考核认定后，成绩突出者可以高出一至二级；业绩特差，或有重大违纪、失职者，或给学校声誉、财产造成损失者，经行政会议认定后，可以低定一至二级。具体分五级，即系数为1.1、1.05、1.0、0.95、0.9。业绩认定参照《学校教学质量考核与奖罚实施细则》。

5. 教师撰写教育教学论文、培养学科特长生、参与教育科研课题获奖、参与学科技能竞赛获奖、指导学生学科竞赛获奖、优秀课评比获奖等，由教研室另拟方案，另行加分。

6. 行政人员工作目标考核由校长负责。

7. 考虑到毕业班的教学质量评估因素，学校将从每年绩效工资总额中抽出10%，根据毕业班奖励办法，另行奖励毕业班教师。

8. 考核的相关工作由有关部门负责统计，并于当月25日前报给学校绩效工资考核分配工作领导小组审定，公示3个工作日。绩效得分核实无误后，由办公室核算教职工个人当月绩效工资，经校长审批后，由会计室每半年一次发放给教职工。

【案例十七】

湖北省黄冈市黄梅县某镇学校教师绩效工资实施方案

为了充分调动教师的工作积极性，逐步形成激励机制和约束机制，坚持按劳分配的原则，克服平均主义，实现优效优酬，将教师绩效工资与工作业绩相挂钩，发挥绩效工资的激励导向作用，特制定如下绩效工资实施方案。

一、考核内容及分值

总分为1000分，其中教学工作量100分，教研成果100分，师德师风100分，教学绩效360分，教学常规200分，考勤与安全140分。

二、发放的原则与方法

原则：由学校统一筹集，统一计分标准，统一量化考核，统一发放到位。

方法：三档五级。

三、考核机构与程序

1. 学校成立教师绩效工资考核小组，负责考核工作。组长：×××；副组长：×××；成员：×××、×××。

2. 考核程序：收集、整理原始材料；考核小组对每个教师的工作逐项量化；校内公示；向中心学校上报考核结果。

四、考核细则

（一）师德师风考核（100分）

1. 因师德有问题，导致学生、家长到学校或向上级上访、告状的，每次扣50分。

2. 体罚或变相体罚学生的，每人次扣50分。

3. 无故不参加学校或上级有关部门组织的政治活动的，每人次扣20分。

4. 乱收费，乱推销资料、物品的，每人每次扣50分，并加倍罚款。

5. 教师本人组织学生进行考试舞弊的，每人次扣50分。

6. 影响计划生育工作顺利进行的，每人次扣50分。

7. 教师与教师、教师与家属、家属与家属打架斗殴的，依次扣减双方当事人（家属由该户教师负责）50、40、30分。

8. 不服从学校分工，不服从工作安排的，每人次扣50分。

9. 向学生或家长直接或变相索要钱物的，每人每次扣50分。

10. 工作期间参与赌博，影响较坏的，每人每次扣20分。

（二）考勤与安全考核（140分）

1. 未办请假手续或未经领导批准而私自离校的，每天扣20分。

2. 早操未到岗的，办公时无故缺勤的，学生晚寝时班主任未到岗的，每次扣2分。

3. 上课迟到或早退的，未参加升旗仪式的，每次扣5分。

4. 学校或上级开会，或者其他大型活动无故不参加的，每次扣10分。

5. 无故旷课的，每节扣20分。

6. 由于考勤原因受中心学校以上领导批评的，每次扣40分。

7. 课余时间，本班学生打架斗殴导致流血受伤的，班主任扣10分，当值科任教师扣5分。

8. 教师值班、班主任周末护路未到岗的，每次扣10分。

9. 在工作时间或在自身岗位，由于自身过错导致安全责任事故的，每次扣50分；造成重大事故（理赔金额在2000元以上），本项考核分为零。

（三）教学常规考核（200分）

1. 有下列行为之一的，每次扣5分：①校内备教检查，作业、备课、听课不足次数的；②坐着上课的；③上课接听手机的；④上课期间会客的；⑤未备课上课或未带备课本的。

2. 有下列行为之一的，每次扣10分：①监考不履行职责的；②阅卷不按时参加的；③试卷是由学生代阅的。

3. 中心学校备教检查中，作业、备课、听课每少1次扣20分。

4. 在教学常规巡视检查中，被领导点名批评的，每次扣30分；被通报批评的，每次扣50分。

（四）教研成果考核（100分）

1. 教师撰写的论文、教案或主讲的公开课获国家、省、市、县、镇级奖励（或发表）的，依次计分如下（累计分不超过70分）：国家级，70分；省级，一等奖60分，二等奖50分，三等奖40分；市级，一等奖40分，二等奖35分，三等奖30分；县级，一等奖30分，二等奖25分，三等奖20分；镇级，一等奖15分，二等奖10分，三等奖5分。

2. 完成学校规定的公开课、教学随笔、教研活动的，得30分；未上公开课的，扣10分；未按时上交教学随笔、教学计划和总结的，每次扣5分；不参加教研活动的，每次扣5分。

（五）教学工作量考核（100分）

1. 教学工作量包括任课课时（正课、早读、坐班、晚自习等）和教学岗位（校长、主任、班主任、教研组长、备课组长、年级协管等）系数，由教务处每月负责具体考核，发放课时津贴，期末不再另行量化。

2. 全体教师根据任课节数计算月课时工作量，其公式为：

月课时工作量（元）=20元×每周课时数×4周

以上计算公式，不分不同年级任课，不分主次课，早读、坐班计1课时，晚自习计2课时；毕业班课时上浮20%。

3. 特殊岗位人员工作量每月津贴数为：体育教师带操150元/月（缺一次早操扣款20元）；备课组长或教研组长100元/月（负责本组教研、阅卷等），不累计。班主任0.5个标准工作量（负责第一或第三节晚自习，缺岗按旷课扣分）；主任、副主任0.5个标准工作量；团支部书记0.3个标准工作量；副校长、工会主席0.8个标准工作量；校长1个月标准工作量。

（六）教学绩效考核（360分）

1. 七、八、九年级每期均按期中、期末两次考试进行教师教学绩效考核，期中考试占60分，期末考试（由中心学校组织）占300分，六年级只按期末考试（由中心学校组织）进行考核评估。

2. 本校或中心学校举行的教学质量检测，评估科目及学科计位方法均按《××镇中学教师教学绩效评估方案》执行。

3. 绩效评估方法：

①本校组织的考试第一至第四名依次得分为60、45、30、15分。

②中心学校组织的统考按照相应位次得分。

③六年级位次得分参照《××镇小学教学质量评估方案》中的“计分表”，按其相应分值的10倍计分（最高值360分，最低值100分）。

④教师只任教一个班一门学科，其考试位次累积分即为该项得分；在同年级跨班级任教同学科课程，其积分之和除以任教的班级数，所得分值即为该项得分；跨年级任教同学科课程，该项得分为高年级的60%加上低年级的40%；跨学科任教，该项得

分为中考分值的学科积分的60%加上分值少的学科积分的40%。

五、其他

非教学人员绩效工资发放方案另行制定。

【案例十八】

广东省肇庆市某学校教职工绩效考核方案

一、指导思想

遵循教育规律，坚持育人为本、德育为先，全面、综合、多元考评教师的德、能、勤、绩。通过建立符合教育教学规律和职业特点的考评制度，充分发挥考核的规范、导向和激励功能，调动和激发广大教师的工作积极性和创造性，提高教师队伍的整体素质，促进素质教育全面深入实施。

二、考核范围

全校在编教职工、在本校交流的教职工。

三、组织实施

纳入职级管理的校长，由市教育局按《肇庆市中小学校长绩效考核细则》组织和实施考核；其他人员的考核由学校组织实施。

四、考核办法

根据工作岗位性质的不同，教职工按专任教师、管理人员、教学辅助和后勤服务人员进行分类考核。领导干部等非专任教师兼课节数超过学校专任教师平均课时量2/3的，可按专任教师进行考核。

绩效考核采用量化考核和民主评价相结合的方式。量化部分以学校考勤、实际授课记录、获奖证书等为依据，主要对工作量、考勤和业绩成果进行量化计分；评价部分采用多主体综合评价打分的方式，对职业道德、职业能力、工作表现和工作成效等进行综合评价。

（一）量化部分（70分）

1. 工作量（30分）。

根据不同学段、不同学科教师在备课、教学、批改、辅导、检测等环节中实际付出的时间、精力等差别，设定学科标准周课时量，具体由学校研定。学校根据教学人员数、班级数和学校正常开展的教育教学活动情况，量化出学校所有教学岗位标准工作量。

班主任工作量按教师标准工作量的一半计入教师岗位工作量。自习辅导、体育训练、文娱活动、考试等其他教学活动的工作量，学校将结合实际情况核定。

根据管理、工勤、教辅等非教学人员数和各岗位应完成的工作任务量，核定出各非教学岗位标准工作量。

学校将合理分配教职工的工作量，尽量使教职工周工作量大体均衡。教职工可根据岗位要求，通过学校安排和双向选择、竞争上岗等方式兼任多个岗位，合并计算总工作量。

教职工总工作量由学校每周进行统计备案，考核时累计。

教职工人均工作量 = 学校各个岗位工作量总和 ÷ 教职工总数

教职工工作量得分 = 教职工实际工作量 ÷ 教职工人均工作量 ×30 分

2. 考勤（20 分）。

主要考核年度内教职工出勤情况。病假每天扣 0.5 分，事假每天扣 1 分，旷工每天扣 2 分，迟到、早退、脱岗每次扣 0.2 分，因公请假和婚假、丧假、产假等法定假期不扣分。考核依据为学校考勤记录。

3. 业绩成果（20 分）。

主要考核教职工完成岗位职责情况，包括育人效果、教学质量、教研成果、专业发展等方面。考评时要注重教学常规检查，不得简单地以考试分数为标准，应设立学困生转化、考试合格率、辅导学生获奖等量化指标，同时将教职工在教书育人、教育教学管理、文体活动、培训进修以及公开课、示范课等方面的获奖情况纳入量化范围，突出教职工在教育教学活动中的贡献。具体的打分方式由学校根据自身特点制定。

（二）评价部分（30 分）

管理、教辅、工勤岗位人员的业绩由学校教职工和考评委员会通过评分进行评价，其中学校教职工评分占 40%，考评委员会评分占 60%。

专任教师业绩评价由考评委员会评价、年级组和学科组评价、学生评价三部分构成，其中考评委员会评价占 50%，年级组和学科组评价占 30%，学生评价占 20%。

兼任教师和管理、教辅、工勤岗位的教职工，参照不同类别的评价，并根据实际工作按比例计算总分。

五、等次确定

考核结果分为优秀、称职、基本称职、不称职四个等次。其中优秀等次的比例依据上级规定的绩效考核等次标准确定，并严格控制。学校按岗位分类考核，非专任教师岗位优秀等次的比例不得高于专任教师岗位优秀等次的比例。

1. 本年度有下列情形之一的，不得评定为优秀等次：

（1）有违法违纪行为，受党纪、政纪处分的。

（2）按《中小学教师违反职业道德行为处理办法》规定，受到警告及以上处分的。

（3）违反师德投诉30项必查内容的规定，被投诉并查实的。

2. 本年度有下列情形之一的，不得评定为称职及以上等次：

（1）教职工受到严重警告以上纪律处分或记过以上行政处分的。

（2）按《中小学教师违反职业道德行为处理办法》规定，受到记过以上处分的。

（3）旷工累计5天以上的，以及非特殊原因、未经教育局批准，病、事假累计超过60天的。

3. 本年度有下列情形之一的，应确定为不称职等次：

（1）教职工受到撤销党内职务或降低岗位等级及以上处分的。

（2）因严重违反职业道德、以非法方式表达诉求、干扰正常教育教学秩序、损害学生利益等行为受到市级以上通报批评或被省级以上新闻媒体曝光的。

（3）考核总分达不到60分的。

（4）无正当理由拒不参加考核的。

连续旷工超过15个工作日或一年内累计旷工超过30个工作日，以及病、事假累计超过半年的，不参加考核。

六、结果使用

绩效考核结果作为奖励性绩效工资发放的依据，同时作为教师专业发展、岗位聘任、职务晋升、培养培训、表彰奖励等工作的重要依据。今后，学校专业技术人员年度考核和事业单位工作人员年度考核原则上根据绩效考核成绩确定，不再单独考核；师德考核优秀等次50%的人员可根据绩效考核成绩确定；专业技术职务评聘时，教育教学业绩评定赋分可参考绩效考核成绩。

七、考核程序

1. 个人自评：要求教职工对自己采取全面、发展、联系的观点，客观地检查各项评价指标的达到程度，按照学校量化测评办法填写相关表册。

2. 量化核算：考评委员会根据学校提供的授课记录、考勤记录以及教职工获奖证书原件等，参照量化考核方案进行核算，计算出量化指标的得分。

3. 民主评价：组织考评委员会评价，教研组评价，学生、家长评价，教职工评价。各种评价应填写相应评价表，并由考评委员会进行汇总。

4. 综合评定：在量化和考核的基础上，学校考评委员会按照考核标准进行综合评定，确定考核等次。

5. 公示备案：对考评委员会综合评定的等次进行为期3～5天的公示，并按管理权限报上级主管部门审批备案。

教职工绩效考核时间一般根据上级的安排进行。

八、相关要求

1. 学校要根据“指导意见”制定教职工绩效考核方案，经全体教职工大会讨论、表决通过后实施（通过率不低于85%）；如需修正，应通过上述程序进行。学校制定的方案须送市教育局组织人事科备案。

2. 学校要成立绩效考核工作领导小组和考评委员会，负责考核工作的具体实施。考评委员会由学校领导和教职工代表7～13人组成，成员可通过民主推选，经教职工大会或教代会通过的方式产生，其中一线专任教师的比例不得少于60%。

3. 绩效考核的全过程要公开透明；考核的各项得分必须有原始依据印证，随时接受教职工的监督和质询；考核结果要在本校显眼位置公示，公示期不得少于七天。

4. 绩效考核关系到教职工切身利益，政策性强、关注度高，学校要高度重视，严格考核标准和程序，做好政策解释和思想政治工作。对在考核中有徇私舞弊、打击报复、弄虚作假等情形的，一经查实，从严处理。

【案例十九】

吉林省长春市某学校绩效工作方案

为了发挥绩效工资的调节功能，体现多劳多得、优绩优酬、兼顾公平的分配原则，学校经过多次讨论，参照兄弟学校做法，结合本校实际，在以前多学期试行的基础上，经行政会议研究，特制定本方案。

一、绩效工资构成和分配

学校绩效工资总额由上级拨付的奖励性工资、门店收益、寄宿部和幼儿部利润及社会赞助款合并构成，在总额内进行班主任和校务津贴、超课时津贴、加班和质量奖惩金四个方面的分配。

二、绩效工资考核监督小组以及考核形式

1. 领导小组组长：×××；成员：×××、×××。

2. 监督小组组长：×××。

3. 考核形式：考核结果由考核组负责统计和公布，监督组复核后，交组长确认。

三、绩效工资计算和发放办法

1. 月超课时津贴计算办法：

月课时津贴＝教师实际周超平均课时节数（不含午间课）×10元

（1）教师周课时节数按学科系数和班额系数折算。

学科系数：语文、数学为1.2，其他有单元测试的为1.0，无单元测试的为0.8。

班额系数：30人以下的为0.8；30～40人的为1；40人以上的，每多5人加0.1。

（2）任教两个班级或以上语文、数学者，每月另加200元。

（3）57岁以上的男教师、52岁以上的女教师，任教主课的，每月另加100元。

（4）毕业班主科教师每月加200元。此项由教务主任制表。本学期平均课时按校长任课9.6节计算，督导员享受一半平均课时。

2. 班主任基本津贴计算办法：班主任基本津贴＝10元×学生数。57岁以上的男教师、52岁以上的女教师担任任班主任的，每月另加100元。此项由政教主任制表。

3. 每月校务津贴：校长、书记500元，副校长300元，教务主任、政教主任、总务主任、财务科长260元，办公室等其他中层领导以上220元，教研组长、年级组长等180元。校务值日按每天30元发放加班补助（午休期间40元）。此项由校长制表。

4. 加班计算：

（1）兼职岗位（电教、校医、印刷、档案、图书、保卫、后勤等）按工作量大小和惯例进行发放。

（2）集体走访、教学教研活动、大型文体活动以及教职工集中劳动等，按参加次数和工作量适当发放加班补助和车费补助。

（3）专项加班按工作情况和效果发放补助和奖金。

（4）临时紧急性加班按工作强度和工作量适当发放补助，一般一天不超过100元。节假日加班按国家相关制度执行，一般一天不超过200元。

5. 教育教学教研奖金，按相关制度执行。此项由教务主任制表。

6. 上级拨付到校的奖励性绩效工资分配办法：达到平均课时的足额享受，未达到的按所达到（校长课时）的比例发放，超过的不再加发。此项由教务主任制表。

7. 专职安保全额享受上级拨付的奖励性绩效工资和全员性福利待遇，另每月设立100元目标奖。目标奖由综治主任制表。

8. 专职后勤人员全额享受上级拨付的奖励性绩效工资和全员性福利待遇，节假日期间门店或食堂进货每周发放补助50元。

9. 支教老师和轮岗老师每学期发放500元交通补助，由本人用领款单领取。

10. 责任追究及罚款：学校对在常规教学和管理中出现问题的教职工进行责任追究，相应罚款从其所得绩效工资中扣除；若超过应得部分，从福利中扣除。此项由校长根据校务值日及月查、抽查核定。

四、说明

1. 绩效工资一般在学期结束后发放，条件允许则按月发放。若总量不足，则按比例发放。

2. 病休人员、提前自愿退休或因其他情况不承担岗位责任的教师不参与绩效评估，不享受绩效工资，不享受全员性福利。因特殊情况不能上岗的教师，按临近退休年限每学期向学校交一定的顶岗费，每差一年交500元。临近退休教师在退休前六个月按上岗教师对待。

3. 对外聘请人员除不享受超课时津贴外，凡承担较多教学任务者，可以参加学校其他绩效分配，并免除伙食费，每月发放校龄津贴（从承担教学工作日起算，每年增加50元）。

4. 以前相关制度与此方案不符的，按此方案执行。

【案例二十】

广东省珠海市某学校奖励性绩效工资考核发放方案

为深化学校人事制度改革，切实做好奖励性绩效工资实施工作，根据市教育局关于学校实施绩效工资工作会议部署和《义务教育学校奖励性绩效工资考核发放实施意见（试行稿）》的精神，按照《教职工管理条例》的要求，以及“多劳多得，少劳少得，优绩优酬”的原则，特制定本方案。

一、总则

1. 学校成立奖励性绩效工资考核发放领导小组，人员由学校党政工领导、部门负责人及教职工代表组成。

2. 学校奖励性绩效工资主要体现工作量和实际贡献，占绩效工资总额的30%。

3. 奖励性绩效工资考核坚持把师德考核放在首位，重视考核教师履行岗位职责的实际表现和贡献，以求激励先进，促进教师素质和教学能力的提高。

4. 奖励性绩效工资，主要包括考勤奖励、岗位奖励和业绩奖励三部分，这三部分奖励的基数分别为教育局下发的学校奖励性绩效工资总额提取班主任津贴、干部管理津贴和早读、晚自习等加班加点补助后余额的三分之一。

5. 奖励性绩效工资按月度考核、学期汇总、年度兑现的流程进行。

二、考核内容及要求

（一）师德考核

教职工有下列情形之一的，视情节扣发奖励性绩效工资：

1. 擅离职守、工作失职酿成责任事故的。

2. 向学生推销商品、教辅资料，损害学生利益的。

3. 从事有偿家教并经查实的。

4. 体罚或变相体罚学生的。

5. 校内外行为不检点，造成不良社会影响，损害学校声誉的。

6. 以非法方式表达诉求的。

7. 其他影响教师形象和学校声誉的。

（二）考勤奖励

考勤奖励主要考核教职工的出勤、到班到岗、参加政治和业务学习以及公益活动等情况。

1. 按照请假制度的要求，教职工请假应由本人申请（病假附相关证明），一般应安排好课务和相关工作，填写请假单，经部门负责人审核及校长批准后，予以准假。假期结束后应销假。未请假或请假未批就离校的，按旷课（职）处理。

2. 凡一学期请事假五天以上，每超过一天扣20元。

3. 一年中病假累计一个月以上，每超过一天扣10元。

4. 婚假、产假、丧假按相关规定执行，超过规定天数按事假处理。

5. 旷职一天扣50元，旷课一节扣20元。

6. 上班迟到、早退或中途抽查不在岗的，每次扣5元；升旗或政治学习、业务学习等无故不参加的，每次扣10元。

7. 因遇特别紧急情况，可先电话请假或委托他人请假，但事后必须补办手续。

8. 早读、晚自习视为加班加点，早读每次6元，晚自习每次8元。

9. 凡连续旷职10天或一年内累计旷职20天，作自动辞职处理。

10. 监考过程中玩手机，发现一次扣10元，情节严重的扣20元。

（三）岗位奖励

岗位奖励指教职工完成规定的教育教学或后勤服务工作所发的奖励。

1. 按照《教职工管理条例》的规定，对学校党政工团等管理人员、教学人员、教研组长、备课组长、兼职教辅人员等的工作量进行折点计算。

2. 教学人员岗位工作量按所任教学科目课时折点计算。语文、数学、英语标准课时为11节，物理、化学标准课时为13节，政治、历史、地理及生物标准课时为15节，信息技术、体育、音乐、美术、劳动技术等标准课时为16节。

3. 校级、副校级、中层正职、中层副职的工作量分别为上课时数加校平均课时量的3/4、2/3、1/2、5/12。

4. 教研组长每学期补贴80元，备课组长每学期补贴40元（教研组长兼任备课组长的，不累加计算）。

5. 班主任津贴按每月120元的基数标准进行考核发放；中层以上管理人员的津贴按市教育局相关规定提取，按岗位要求考核发放。

6. 物理、化学、生物实验室管理人员工作量各折算为2课时，计算机房及网络维护人员的工作量折算为2课时，课间操播放及器材室保管人员工作量折算为3课时，计算机硬件维护人员工作量折算为1课时。

7. 主办会计、出纳、保管、门卫、水电维修工、图书管理人员等完成岗位相关工作视为满工作量（校平均岗位工作量）。

8. 年满55周岁教师的工作量达标准课时量的60%即视为满工作量。55周岁退休的女教师可以提前5年享受。

9. 超课时奖励金为每课时6元。

（四）业绩奖励

1. 教学实绩考核。

以一学年内期中、期末考试四次成绩为基数，各年级四次考试的权重各占25%，计算出个人学科实绩得分与学科平均实绩得分（学科实绩得分为优秀率、及格率、均分率、1－低分率各占25%）的差值。当差值为正时，教学实绩奖励金额为（差值－1）×100元；当差值为负时，教学实绩扣罚金额为（差值－3）×50元。

实绩考核承认起点成绩，以上学期期末成绩为基础；初二物理、初三化学以上学期期末考试数学成绩的60%为基础。七年级各学科以“小升初”成绩为基础，若组织入学考试，则以入学考试成绩为基础。若中途不分班，这个基础成绩将一直跟随科任教师。若有学生中途流失，该学年度内该生成绩以0分纳入考核。

2. 学科贡献奖。

在中考中，若九年级学科成绩位居全市上游，则给予毕业年级与非毕业年级学科教师相应奖励。非考试学科教学人员和后勤人员享受非毕业年级学科教师学科贡献平均奖奖金的1/2。

3. 教科研奖励。

（1）教师个人参加教学竞赛（含实验操作、说课等）获奖、教科研竞赛获奖，学校将给予奖励。本项可以累积计算。

（2）学生参加由教育行政主管部门主办（或联合主办）的比赛获奖的，指导教师将给予相应奖励（不累积计算）。

（3）重大科学管理建议奖。教职工对于学校管理及服务的建议被采纳，对学校工作有重要贡献的，给予建议人100～300元奖励；对学科教学管理有重大贡献的教研组长或备课组长，由校长根据其贡献大小给予一定奖励。

4. 学校加强对教育教学和后勤服务工作的全程管理，有下列情形的予以扣罚：

（1）备课不认真、过分简单或未备课的，每次扣10元；作业批改不及时或不认真的，每次扣10元。

（2）私自调课、跑课、停课或课堂上让学生站在门外，发现一次扣10元。

（3）未按规定上好教研课的，每次扣10元。

（4）教师每月听课不少于4次，每学期听课不少于20节，每少一节扣10元。

（5）学科教学影响学校教学质量提高的，给予扣罚，具体标准另定。

（6）后勤人员因服务不及时或不到位，严重影响教育教学活动正常开展的，发现一次扣10元。

5. 后勤人员满意度测评达90%时，发放全额平均业绩奖励金；低于90%时，按实际满意度打折发放。

三、附则

1. 奖励性绩效工资的考核结果是年度考核及职务、职称晋升的重要依据之一。

2. 本考核发放办法中未尽事宜，由考核小组依据上级有关规定并结合学校实际研究决定。

3. 本考核发放办法自教职工大会通过后施行。

【案例二十一】

山东省菏泽市某中学绩效工资实施方案

根据上级文件精神，结合我校实际，特制定我校绩效实施方案如下。

一、实施范围

我校在编在岗人员均纳入实施范围。按学期计算，旷工达1个工作日，或请假累计超过15个工作日，不享受期末绩效奖。不在岗的在编人员，不享受奖励性绩效工资。

二、分配原则

教职工奖励性绩效工资本着多劳多得、优质优酬的原则进行分配，合理拉开分配档次，并按行政人员、后勤人员和一线教师三部分分开核算。本方案本着向教学一线倾斜、向班主任倾斜、向重要岗位及做出突出贡献和取得荣誉的教职工倾斜的原则，力求充分发挥奖励性绩效工资的激励作用。

三、分配办法

奖励性绩效工资主要体现工作量和实际贡献等因素，设职称津贴、考勤奖、班主任津贴、课时补贴、教育教学工作考核奖等。考勤奖占奖励性绩效工资的25%左右，班主任津贴占12%左右，课时补贴占23%左右，教育教学工作考核奖占40%左右。职称津贴、考勤奖、班主任津贴、课时补贴、管理和非教学人员工作量补贴按月发放，教育教学工作考核奖按学期考核结果发放。

四、实施细则

（一）考勤（400 分）

1. 迟到、早退：辅导老师、值班人员在学校规定的时间内到位；其他教职工，在上第一节课前到位，到教务处签到，上午第四节没课的教师待考勤后，方可离校；有课的教师放学后离校；否则，即为迟到或早退。迟到、早退、中间外出，每三次按请假一天对待。无故迟到、早退、中间随便外出，每三次按旷工一天对待（迟到、早退、中间外出均按节次计算）。应该上课的教师迟到、早退、离堂、接打电话，每三次按旷工一天对待。上班时间不准带孩子、做私活、玩游戏、打牌等做与教学无关的事情，否则一次扣除 50 分。

2. 请假：一般情况下不准请假，真有急事须说明事由，填写请假卡；来不及办理请假手续的，要电话告知学校，到校后补填请假卡。病假要有区级以上医院证明，待调查核实后方可准假。在填报请假卡后，任课教师请病、事假 1 ~2 天，由校级部门领导审批，其他人员由行政办公室审批；3 ~6 天由校长审批；6 天以上的，按《菏泽市教育系统请销假制度及旷工处理办法》执行。

3. 婚假、产假、丧假、计划生育手术假按《菏泽市教育系统请销假制度及旷工处理办法》执行。各种假期均含节假日及双休日。经上级批准的 5 个月以上的假期，学校停发一切福利及各种奖励。

4. 奖惩办法：

事假：教职工每学期请假 1 ~6 天，每天扣 5 分；7 ~10 天，每天扣 10 分；11 ~20 天，每天扣 20 分；21 ~30 天，每天扣 40 分；30 天以上，每天扣 80 分。

特殊事假：如婚假、丧假、盖房假，在国家规定的时间内每天扣 5 分，累计但不递增扣分。

病假：教职工每学期请假 1 ~6 天，每天扣 3 分；7 ~10 天，每天扣 5 分；11 ~20 天，每天扣 10 分；21 ~30 天，每天扣 20 分；30 天以上，每天扣 40 分。

特殊病假：教职工住院治疗或经校委会批准确实不能上班的，病假期间每天扣 3 分，累计但不递增计算。

旷工：每旷工一天扣 30 分；连续旷工 10 个工作日以上的，除每天扣 30 分以外，按《菏泽市教育系统请销假制度及旷工处理办法》执行。每学期统计一次，累计扣分，不足部分从其他奖项中扣除。

5. 调课：原则上不准调课，确须请假，自行把课调好，如空班，责任自负。病假和确实来不及调课的事假，由教务处安排调课，并由被代课人调给代课人 50 分。教师进修学习、因公调课，每节课奖给代课人 50 分。奖励分值纳入量化奖，但不作为评优评先的凭据。误课一节扣 100 分（包括自习）；因调课造成的空堂由本人负责。不准同时上多个班级的课。

（二）**教案**（100 分）

1. 要求所有任课教师必须有教案，并要超前备课。具体要求与分值如下：

（1）教学计划（全册计划）（10 分），包括学情分析、教材分析、教学进度、检测安排等。

（2）单元计划（30 分），包括：课题或教学内容、单元教学目标（应设计知识与技能、过程与方法、情感态度价值观三方面）、课时分配等。

（3）课时计划（55 分），包括：课题（或教学内容）、教学目标（三维目标）、教学重点难点、教学过程、课件制作和板书设计、作业安排等（其中教学过程占 30 分，其余每项 5 分）。

（4）教学反思（5 分）。

2. 奖励办法：各项齐全、不缺课时，奖 100 分；缺项，按相应分数累计扣除。每少一课时扣除 10 分，累计扣分；如果不够扣减，从其他奖项中扣除。不认真备课者，提出批评直至解聘。

以上事项采取分散和集中相结合的办法进行检查，明显滞后备课者，扣 30 分；无教案或用旧教案者，扣 50 分；在最后一次检查中，全学期无教案或用旧教案者，从总量化指标中扣 200 分。

（三）**课堂教学**（100 分）

1. 要求：

（1）教师在上课预备铃结束时到达教室门口，到点上课，中途不离开课堂，按时下课。穿着整洁大方，仪表端庄，在课堂上不吸烟、不使用手机。要站立讲课，正确使用普通话。不体罚或变相体罚学生，不挖苦讽刺学生。

（2）教学目标符合课标要求，符合学生实际，具有三个维度——明确、具体、可操作性强，并体现在教学过程的始终。

（3）教学内容科学、系统，体现知识的内在联系，重点突出，难点得到突破，切实成为“三维目标”的有效载体。

（4）熟练、合理地使用电教器材和相应的教具、仪器。有实验要求的课程，要创造条件，足量做好实验，努力实现多媒体辅助教学。

（5）教学过程：教学程序的设计具有科学性、针对性、可操作性；教学方法具有启发性、开放性；教学手段要灵活多样，实用效果好；讲授要抓住重点，突破难点，倡导自主、合作、探究的学习方式，体现学科的教学特征，引导学生独立思考、自主探究和合作交流，使每个学生得到充分的发展；要创设学生主动参与的学习环境，学生参与率高，既重过程又重结果；板书要简明扼要，条理清晰，工整规范无误，能体现出本课时教学内容的脉络。

2. 奖励办法：

（1）集体备课：每参加一次计10分。

（2）例行公开课：每讲授一节计30分。

（3）例行示范课：每讲授一节计50分。

（4）例行公开课：每参加一次计10分。

（5）例行公开课听课后评课：每参加一次计10分。

（6）论坛：每参加一次计20分。

（7）学科主任、副主任、督导员会议每参加一次计20分。

说明：

（1）初三音乐、体育、美术、信息技术教师上述（1）、（2）、（3）项按初一、初二课改教师的平均分计分，（4）、（5）、（6）项按实际参加次数计分。

（2）门岗、无课人员按参加课改教师平均分的60%计分。

（3）初二物理例行公开课每周进行一次。

（四）作业批改（100分）

1. 要求：作业要及时进行全批全改，有批改符号、批改时间、等级划分，可采取眉批、尾批、行批等方式。批改要正确，批语要具体、明确，重在指导和鼓励，评价恰当；批改的文字表述要清楚、规范。提倡面批面改（包括单元检测题）。

2. 记分办法：卷面分析和作业批改记录计10分，作业批改计70分，单元试题计20分。

具体要求是：作业批改每周次数为语文5次（每篇作文按7次）、数学5次、英语5次、物理3次、化学3次、政治2次、历史2次、地理2次、生物2次、美术1次（每学期搞一次画展计25分）；综合实践科、地方课程每周1次，音乐科每学期搞两次活动，体育科搞好两操，微机管理员负责打扫好机房卫生，以上科目均按作业得分的平均分计分。

3. 奖励办法：要求批改的作业按上述要求的次数得分，无作业批改、单元试题不批改者，从总量化分中扣除200分。

（五）教学成绩（600分）

学生成绩按联片考试期末成绩计算，毕业班第二学期按升学成绩计算。其中，优秀奖占240分（每班有效人数为年级总人数的20%除以班数），全体奖占360分（每班有效人数为年级总人数的90%除以班数）。

各科目平均成绩每高出一分，奖50分；各科目平均成绩每低一分，扣20分；任教多个班级的教师，按多个班级的平均成绩计算；音乐、体育、美术、信息技术、综合实践及地方课程合格率达到90%的，按学校总平均分奖励，每超1个百分点加10分，每低一个百分点减5分。音乐、体育、美术、信息技术、综合实践及地方课程按课本内容，体育按省中学生体育锻炼标准，由教务处在期末统一检测。

特殊奖励：教师所教学科在联片考试中获取全片区第一名，奖给任课教师500分，第二名奖450分，第三名奖400分，第四名奖350分，第五名奖300分；每降一个名次按50分递减，至50分为止；低于平均分的不奖励。本年级总均分超过平均分的，按本校优秀班主任的同等标准奖励（每学期只奖一个年级）。无课人员按评议得分，具体办法是：如果评议分为100分，得全体任课教师的平均分（不含教师的特殊奖励分）100%，依次按比例计算。

在教学能手、优质课、骨干教师等业务荣誉的评选中，教学成绩占其他分数的50%。

（六）其他业务评分（160分）

1. 每位教师每学期读一本教育教学理论专著（查笔记）。(90分)
2. 每位教师每月读一本专业杂志（查笔记）。(50分)
3. 每学期上一节公开课。(5分)
4. 每学年参与一项课题研究。(5分)
5. 每学期写一篇教学论文或教学总结。(10分)

（七）例会、政治学习、业务活动（100分）

无故不参加例会、政治学习、业务活动的，每次扣50分；请假不参加以上活动的，每次扣25分。实行累计扣分办法，不足部分从总量化分中扣除，婚假、丧假、产假、住院治疗者除外。

（八）课时工作量

任课教师总课时按学期计算，每超一课时，语文、数学、英语、物理、化学每节计1.4分，政治、历史、地理、生物每节计1.2分，音乐、美术、体育、微机、地方课程、综合实践每节计1分，英语、语文早辅导每节计1分，跨科目任教的教师另加一课时，行政管理人员按最高项计算，物理、化学、生物实验仪器管理人员按同级同科最高工作量计算，其余任课兼职教师、无课教师按除语文、数学、英语及行政人员外的所有任课教师的平均工作量计算。

（九）班主任量化考核

学校强化对班主任工作的考核，重点考核其对学生的教育引导、班级管理、组织班集体和团队活动、关注每个学生全面发展的情况。班主任津贴由基数、班级人数、班级管理考核三部分组成。班级管理从安全、纪律、卫生、学习习惯、文明礼仪、班级特色、班级财产管理等方面，由政教处牵头，教务处、总务处参与，采用百分制进行量化考核，再根据考核得分，算出绩效。

1. 安全（20分）。严格执行学校安全制度，落实班主任安全职责，班中无安全事故发生。根据考核结果，分别加20分、18分、16分。发生一起安全事故，取消安全得分。

2. 纪律（20分）。按时到校，监督学生不在教学楼内大声喧哗、楼内跳绳、踢毽、拍球、踢球、打沙包、跳皮筋；不在校园内追逐打闹、攀爬楼梯护栏或走廊护栏，不破坏公物、攀折花草；不带零食进校园；按学校要求列队进出校园。发现一次违纪现象，扣2分。

3. 卫生（25分）。教室、清洁区打扫及时；教室墙壁、地面、走廊、清洁区干净无异物；桌椅、班级卫生工具摆放整齐；教室勤通风，室内空气好；学生个人卫生好。发现一次不合格，扣2分。

4. 学习习惯（10分）。积极开展读书活动，学生有良好的读书习惯，早读、午练有秩序，课前准备规范，课堂上认真听讲、积极发言，能合作学习，认真完成作业。根据检查结果，分别加10分、8分、6分。

5. 文明礼仪（10分）。学生服装整洁，不穿奇装异服，红领巾佩戴整齐，讲文明、有礼貌，见到老师、客人主动问好。根据检查结果，分别加10分、8分、6分。

6. 班级特色（10分）。能结合班级情况有计划地开展系列活动，活动有特色，学生学有特长，班级建设有特色。根据考核结果，分别加10分、8分、6分。

7. 财产管理（5分）。能教育学生爱护公物，桌、凳、窗帘等物品无损坏，教室能及时关窗、断电、锁门，不出现长明灯现象。根据检查结果，分别加5分、3分、1分。

8. 控制辍学奖惩办法：每学年初各班级以校委会核查人数为基数，每学年末班主任和本班级任课教师按下表进行奖惩（学校批准的和正常转学的除外），任课老师奖罚分数为表中所列相应分数除以所教班级数。

人数变动（人）	-6	-5	-4	-3	-2	-1	0	1	2	3	4	5	6
班主任（分）	-160	-120	-100	-80	-60	-40	0	20	40	80	120	160	200
任课教师（分）	-120	-100	-80	-60	-40	-20	0	20	40	60	80	100	120

（十）课时补贴及管理和教学辅助人员工作量考核

管理和非教学人员工作量补贴：将全校任课教师课时补贴平均值定为1。副校级领导岗位工作量为1.0左右；处室主任工作量为0.7左右，处室副主任工作量为0.6左右；非任课的教学辅助人员工作量为0.5左右（各分管领导可根据部门实际工作量情况酌情浮动）。

（十一）年终考核、优秀教师评选办法

民主选举：教师投票占20%。

1. 本方案中第（一）到第（十）项得分之和占75%。

2. 工作量（5%）。

（1）教学班人数。每个学生计0.1分。同时兼多个班级的，按其中人数最多的一个班计算，最多不超过5分。

（2）课时数。超过平均课时数一节计0.05分，最多不超过2.5分。管理人员工作量按班级人数最多的和任课时数最多的计算，工勤人员和无课的教师按全体教师平均工作量计算。

3. 骨干教师、教学能手（5%）。本年度在学校备案，有获奖证书的：区级2分，市级3分，省级4分，国家级5分。

4. 公开课、优质课（3%）。本年度在学校备案，有获奖证书的：校级0.5分，区级1分，市级1.5分，省级2分，国家级3分。

5. 职务（3%）。校长3分，副校长2.5分，主任、计生专职干部2分，会计、报账员、团支书、教研组长、班主任1.5分，优秀班主任2分，兼职管理员、室长、教师代表1分。兼任多种职务的，计最高的一项。

6. 教育教学论文、科研成果（3%）。本年度学校逐级报送，区级获奖1分，市级获奖2分，省级获奖3分（以原文和获奖证书为准）。证书必须加盖教育行政主管部门或同级教研室公章，其他无效。多项获奖的，只计最高级别的奖项。

7. 教育教学单项比赛活动（3%）。若学年内举行教育教学单项比赛活动，获区级一等奖，给专任教师加1.5分，二等奖加1分，三等奖加0.5分；获市级一等奖，给专任教师加2分，二等奖加1.5分，三等奖加1分；获省级以上一等奖，给专任教师加3分，二等奖加2.5分，三等奖加2分。

8. 通讯报道（3%）。本校教职工所写的关于本校教育教学方面的报道经学校审阅后上报，在区级报刊发表的计1分，市级的计2分，省级的计3分（以报刊原件为准）。

绩效工资按第（一）到第（十一）项总得分发放。教育教学研究和教师专业发展量化得分按相应比例换算后，计入教育教学工作考核。

五、管理和教学辅助人员考核

管理和教学辅助人员实行岗位考核，由校级领导和一线教师以无记名投票方式对非任课教职工进行民主测评，主要考查其在组织纪律、服务态度、责任心、履行岗位职责和完成工作任务等方面的情况。根据测评结果，分为优秀、称职、基本称职、不称职四个等次，分别占任课教师教育教学绩效平均值的100%、80%、70%、50%。

六、指标分配

全校人员分成三部分——教学人员、管理人员、工勤人员，按照本办法将三部分人员的得分分别排队，将指标按各自的人数进行分配。将各部分人员的分数从上到下按所分指标的1.5倍作为候选人，民主选举产生最终的优秀等次的人员。如果本部分人数较少，分不到指标，可与下年累计人数（如果当选人中有自愿弃权的，不得私自转让，按得票多少依此类推）。不服从领导的、无理取闹的、体罚或变相体罚学生造成重大事故的、向学生推销物品的，不得参加评模选优。职称评定按上级文件执行，如果出现并列，依本量化得分，前者优先。

本方案解释权在我校实施绩效工资工作领导小组。

【案例二十二】

四川省宜宾市某学校教师奖励性绩效工资考核细则

一、指导思想

以义务教育学校职工绩效工资实施为契机，建立科学规范的劳动绩效分配制度，充分发挥绩效工资的杠杆作用，激励广大教职工爱岗敬业、扎实工作、开拓进取，积极主动地完成各项工作任务目标，努力推进我校教育教学持续健康快速发展。根据×教发〔2009〕234号、235号文件精神，特制定此考核细则。

二、组织领导

1. 领导组。组长：×××；成员：×××、×××。

2. 考评组。组长：×××；成员：×××、×××。

三、分配原则

1. 坚持“不劳不得”“多劳多得”“优绩优酬”的原则。

2. 坚持“公正、公平、公开”的原则。

四、发放形式

1. 教师绩效工资分上半年（1~6月份）、下半年（7~12月份）两次考核造册。由中心校审核后报县财政局，通过个人工资账户直接划拨到教师个人工资卡上。

2. 教师绩效工资分两大板块：25%为领导和班主任津贴（其中班主任15%），75%为教师绩效工资。

五、考核内容、量化计分方法（100分）

1. 教师“德、廉”考核（20分）。

（1）主要采取家长座谈、学生评教、教师点评、问卷调查等方式。

标准：忠诚党的教育事业，遵守教师职业道德规范，遵纪守法，品行端正，爱岗敬业，关爱学生（15分）。

（2）有下列行为之一者，实行一票否决制（0分）：

①侮辱学生、体罚学生，影响恶劣的。

②在招生、考试等工作中有不正之风和违纪违法行为的。

③有偿补课和参与社会收费培训的，占用学生节假日集体补课和上新课的。

④索要或接受学生、家长财物等以教谋私的。

⑤在学生中私自征订、推销教辅资料、学习用品及其他商品的。

⑥不服从学校管理，以非法方式表达诉求，如采取罢教、非法集会、群访等方式干扰正常教育教学秩序的。

⑦受到党内、行政处分或刑事处罚的。

⑧本人不履行聘用合同或擅自终止合同的；连续旷工超过10个工作日或一年内累计超过20个工作日的。

⑨教师负责的工作出现严重安全责任事故的。

⑩有其他违背教师职业道德和党风廉政建设行为，在社会上造成恶劣影响的。

（3）经查实有下列行为之一的，实行扣分制：

①违背职业道德和党风廉政建设的，每次扣2～5分。

②出现一般安全事故的，一次扣2分。

③体罚和变相体罚学生的，一次扣5分。

2. 工作量考核（20分）。

全校每周所有工作量化后，将总工作量除以教职工总数，得出平均工作量。

①凡完成学校标准工作量的，计30分。

②超过或低于标准工作量的，按每分占绩效工资的金额数予以补发或扣减。

③支部书记、副校长，按标准工作量的70%折算，另外再加上课的工作量。

④中层正职、工会主席按标准工作量的60%折算，另外再加上课的工作量。

⑤中层副职按标准工作量的50%折算，另外再加上课的工作量。

⑥出纳及维修人员按标准工作量的30%折算。

⑦其他管理人员按标准工作量的20%折算。

3. 教师“能、勤、绩”考核（24分）。

（1）能力考核（12分）（以教导处记录为准，应扣分数由考评组讨论）。

①关心全体学生，落实全员育人。

②认真钻研课程教材，按要求书写教案，有反思，严格执行教学计划。

③按规定布置作业，认真批改、及时反馈，做好学生的课外辅导，培优辅差，效果显著。

④遵守上课、调课制度，课堂组织有序、调控有力，教学效果好。

⑤严格考风考纪，重视考后分析、反思。

⑥积极参加教研、教改、听课、评课活动。

⑦注重专业发展，认真落实师训工作。

⑧能用现代教育技术进行教学。

（2）出勤考核（12 分）（以值周巡课记载为依据）。

①严格遵守坐班考勤制度，按时坐班、上课，计 12 分。

②扣分情况：早退一次（5 分钟内）扣 0.5 分，迟到（5 分钟内）扣 0.5 分。

③旷课一节，扣 2 分。

④事假一学期累计两天以上，1 天扣 2 分；两天之内不扣分。

⑤病假（不含住院治疗）一学期 3 天之内不扣分，超出 1 天扣 1 分。

⑥未参加升旗、政治学习、网络培训、专题讲座、教师例会、集体活动等，每次按旷课一节计算，扣 2 分。

4. 教师业绩考核（36 分）。

①上课班纪班风、学生行为习惯考核，满分为 8 分，视情况酌情扣分。

②所教班级人数巩固率情况达 97%，满分为 8 分，低于者扣分。

③统考科目，以综合考评分达同类校初中前 10 名、小学前 190 名的，计 20 分。县内未统计的科目，以镇内学校平均分为标准。

④音乐、体育、美术、信息技术按 A、B、C、D 四个等级确定分数。

附件 1：中层干部绩效工资考核办法（100 分）

一、道德规范（10 分）

1. 遵纪守法、热爱教育、教书育人、为人师表，无违法乱纪、滥用职权等行为的，计 10 分。

2. 有违法违纪现象，被上级通报或被公安机关拘押的，记零分。

3. 有其他有损师德形象行为的，酌情扣 1 ~5 分。

二、执行政令（10 分）

1. 自觉执行校委会决定，按要求完成各项任务的，计 10 分。

2. 汇报材料、统计表、计划、总结等不按时完成的，扣 2 分。

3. 有无故不参加领导例会或集体活动等行为的，一次扣 2 分。

4. 对待学校中心工作，无故缺席或表现冷淡的，一次扣 2 分。

5. 在教师中散布消极言论，不利于学校安定团结的，一次扣2分。

三、履行职责（60分）

1. 对分管工作和任教学科，圆满完成任务的，记60分。

2. 通过校长办公室会议集中评议，按个人履职情况评定等级：一等56~60分；二等51~55分；三等46~50分。

四、民主测评（20分）

教职工代表大会无记名投票，投票结果中“优秀”超过50%的，计20分；“不合格”票数超过10%的扣5分，超过15%的扣10分，超过20%的扣15分，超过25%的记零分。

附件2：班主任绩效工资考核办法（100±10分）

一、班级管理（20分）

1. 能科学、规范地管理班级，无违纪违规现象发生，圆满完成各项任务，计20分。

2. 建立完善的班级管理制度和健全的班委会并上墙，缺一项扣2分。

3. 认真填写“班主任工作手册”“班务日志”“学籍卡”，缺一次扣1分。

4. 认真做好后进生的转化工作和控流工作。年巩固率如果低于98%，每个百分点扣1分，以此类推。

5. 抓班风学风建设，发现一起学生寻衅闹事、上网、打游戏、赌博、谈恋爱等，一次扣1分；考试作弊的一次扣0.5分。

6. 认真组织每周的班会活动，做到有主题、有过程、有记载，一次不上班会扣1分，缺一次记载的扣0.5分。

7. 按时完成计划和总结，按要求填写素质报告册和其他资料，缺一次扣2分。

二、安全工作（20分）

1. 定期对学生进行饮食卫生、交通安全、上下楼道、防火、防电、防水、预防传染病、加强心理健康等安全教育。无一起事故，计20分。

2. 学生有打架斗殴、课间攀爬院墙等行为，发现一起扣1分。

3. 每天关注学生身体状况，如发现学生身体不适，要及时与家长取得联系并报学校。处理不及时或瞒报的，一次扣1分。

4. 班级有安全隐患不及时上报给后勤处维修的，一次扣1分。

5. 学生发生事故，班主任必须第一时间赶到现场组织施救处理，违规一次扣5分。

三、清洁卫生（20分）

1. 每天对教室、走廊清洁两遍，保洁做得好的，计20分。

2. 每天值周人员或团队进行检查时，桌凳摆放不整齐的扣0.5分，有垃圾、包装杂物的扣0.5分。

3. 值日教师课间巡查时，发现有乱丢、乱扔、乱画行为的，一次扣1分。

四、财产保管（10分）

1. 妥善管好班级财产，无损坏的，计10分。

2. 门窗、玻璃、灯管、桌凳、喇叭等公共财物被损坏，没有及时维修的，发现一次扣1分。

3. 每天离校前，要关灯、关窗、关门、关水，违规一次扣0.5分。

五、出勤（10分）

1. 按时上下班，并坐班，记10分。

2. 升旗仪式、每天课间活动、公益劳动、临时安排的班级任务，班主任必须认真组织，缺一次扣2分。

3. 未签到的、中途查岗不在的，一次扣1分。

4. 下午未放学便提前离校且不打招呼的，一次扣1分。

六、中心工作（10分）

1. 学校组织的校内集合、校外活动，班主任须认真组织并参与，缺一次扣1分。

2. 班级受到学校点名批评的，每次扣2分。

3. 学校布置的各类任务，如资料、竞赛作品、各类表册的上交，以及出版黑板报、布置教室等，不按规定时间保质保量完成的，一次扣1分。

七、班级人数（10分）

将班级期初人数和期末人数进行对比（由教导处核实），没有流失的（正常转学和调班的除外），计10分。

八、奖惩

1. 获文明班级的，一次加5分。

2. 在各种团体比赛中获一、二、三等奖者，分别加3、2、1分。

3. 班级好人好事在校内外产生重大影响的，根据具体情况加2～5分；因学生违纪违法受公安机关调查处理的，视情节轻重扣2～5分。

【案例二十三】

广东省阳江市某校教师绩效考核（细则）实施方案

根据《教育部关于做好义务教育学校教师绩效考核工作的指导意见》（教人〔2008〕15号）和广东省《关于做好义务教育学校教师绩效考核工作的实施意见》（粤教师〔2009〕50号）精神，以及《阳江市××区中小学校教师绩效考核实施办法》，结合我校实际，特制定本实施方案。

一、指导思想

以邓小平理论和“三个代表”重要思想为指导，深入贯彻落实科学发展观，全面贯彻落实党的教育方针，建立科学、规范的绩效考核制度，完善学校管理机制，充分发挥绩效工资的激励作用，引导广大教职工爱岗敬业、扎实工作、开拓进取，积极主动地完成各项教育教学目标和工作任务，提高教师队伍的整体素质，促进学校师资队伍建设和教育教学事业的科学发展。

二、考核原则

1. 尊重规律、以人为本。尊重教育规律，尊重教师的主体地位，充分体现教师教书育人工作的专业性、实践性、长期性特点。

2. 以德为先，注重实绩。坚持德才兼备、以德为先，把师德放在首位；注重教职工履行岗位职责的实际表现和贡献。

3. 激励先进，促进发展。鼓励教职工全身心投入教书育人工作，引导他们不断提高自身素质和教育教学能力。

4. 客观公正，简便易行。坚持实事求是、民主公开，科学合理、程序规范，讲求实效、力戒烦琐。

三、考核对象

凡我校按国家规定执行事业单位岗位绩效工资的、在编在岗的、享受奖励性工资的教师、管理者是本方案的考核对象。

四、考核内容

考核内容以教职工履行法定职责、岗位职责和完成工作任务为基本依据，重点考核工作实绩。

教职工职业道德考核作为绩效考核的前提条件，不纳入绩效量化考核范围。以《中小学教师职业道德规范》为考核的主要内容，由学校考核小组依据教职工的现实表现，对其作整体定性评价。教职工职业道德评价分为优秀、良好、合格和不合格四个等次，有下列行为之一者，师德考核直接确定为不合格等次：

1. 以非法方式表达诉求、干扰正常教育教学秩序、损害学生利益的。

2. 因玩忽职守造成校园重大安全事故的。

3. 体罚或者变相体罚学生，或违规进行有偿家教，或向学生乱收费，造成不良影响的。

4. 不能完成教育教学工作任务，或在工作中发生重大教学事故的。

5. 有其他严重损坏教师形象和声誉行为的。

只有师德考核合格，绩效考核才能确定为合格及以上等次；师德考核不合格，绩效考核确定为不合格等次。

绩效工资的标准：依据教育部门的意见，在奖励性工资中拿出一定金额作为绩效工资。

五、具体实施办法

每学年通过个人述职、核查资料、质量测试、问卷调查等操作方式对教师的“德、能、勤、绩”进行综合评价。

1. “德”（A1）的评价：以《中小学教师职业道德规范》为考核的主要内容，对教师“德”进行整体定性评价。评价结果分优秀、良好、合格、不合格四个等次（评为优秀等次的，所得“优秀”票率必须在测评中达60%以上；定为良好等次的，所得“良好”票率必须达60%以上；定为合格等次的，所得“合格”票率必须达50%以上；所得“不合格”票率超过30%的，定为不合格等次）。教师“德”（A1）的指标评价是进行“能”（A2）、“勤”（A3）、“绩”（A4）三项指标评价的前提条件，达到合格或以上等级才能参加后三项的综合评价；教职工“德”（A1）的评价差，则绩效考核确定为不合格等次。

2. “能”（A2）、“勤”（A3）、“绩”（A4）的评价：采用过程性评价与终结性评价相结合的办法，主要以定量评价方式呈现。根据全面考核、注重实绩的原则，结合学段和不同评价对象的特点，以一定的权值关系先进行分项评价，再进行综合评价。

3. 教师绩效考核等次按综合评价从高分到低的得分划定。“德”（A1）整体评价达到优等、综合评价得分在85分以上且排在学校在编在岗教职工总人数（不含正、副校长）的前15%的（计算优秀名额时不能四舍五入），绩效考核确定为优秀等次；综合评价得分在70～84分的，绩效考核确定为良好等次；综合评价得分在60～69分的，绩效考核确定为合格等次；综合评价得分在59分（含）以下的，或“德”（A1）整体评价差的，绩效考核确定为不合格等次。

（1）教师绩效考核。由学校考核小组考核、年级组（学科组）考核及所教班级学生评价结合进行。其中考核小组考核占80%，学生评价和年级组（学科组）评价各占10%。综合考核得分在60分以下或师德考核不合格者，绩效考核确定为不合格等次，不合格等次人数不占比例。最后，所得考核分数，按学校考核实施细则规定实现酬劳，兑现奖励性绩效工资。同时，所得考核分数将成为学校对教师年终考核的重要依据之一。

（2）考核小组的考核包括考勤、工作量、教育教学过程、工作成效四部分。学生和年级组评价以问卷方式进行。

六、考核程序

成立学校考核领导小组，小组成员由校级领导、中层干部、教师代表组成。组长：×××；副组长：×××；组员：×××、×××。

七、考核内容及量化计分办法

（一）考核项目及计分标准

考核得分共计100分，其中考勤20分，工作量35分，教育教学过程15分，工作成效30分。

1. 考勤（20分）。主要考核教职工出勤情况。病假每天扣0.5分，事假1天扣1分，矿工1天扣3分；升旗、集会、政治业务学习、网络培训、专题讲座、例会等集体活动无故不参加，一次扣2分；学校领导随机查岗，无故不在岗一次扣3分；迟到、早退一次扣0.3分（超过一节课的扣0.5分），扣完为止，不计负分。婚、丧、产等假期视为公假，准假天数按有关规定执行。所请假期一满，要及时向学校办理销假或续假手续，否则按照旷工处理。考核以学校考勤记录为依据。因公出差不算缺勤。

2. 工作量（35分）。教师工作量分课时工作量和社会工作量。

（1）课时工作量：以教师周人均工作量为标准进行评估，根据学校实际情况，七、八年级和九年级单独计算，计算公式为：

教师周人均工作量=学校各个岗位周工作量总和÷教师总人数

①凡完成学校标准工作量的，计35分。

②教师工作量得分=每周课时÷教师周人均工作量×35

③语文、数学、英语科目，每节按1.2节计算工作量；物理、化学、历史、地理、生物、政治科目，每节按1.1节计算工作量；体育、美术、音乐、信息技术科目及自习课，每节按1节计算工作量；早读，每节按0.5节计算工作量。

④后勤人员量化总分按全校科任教师（除班主任外）平均得分的80%计算（前提条件是必须完成岗位职责，并按本制度实确实扣）。

（2）社会工作量：每位教师除完成学校规定的教学任务外，还要承担学校其他的一些工作任务。

①没有完成规定听课数量的，每节扣0.5分（听课节数按文件规定）。

②没有按时缴交各种材料的，每次扣2分。

③学校分配的其他工作不按时完成的，每次扣2分。

3. 教育教学过程（15分）。

（1）教师在学期初要有教学工作计划，学期末要有教学工作总结，缺一次扣1分。

（2）教案书写清楚、整齐，项目齐全，切合教学实际，教学进度与教案相符，每缺一课时教案扣1分。

（3）上课期间不得吸烟，发现一次扣1分；教师不允许酒后上课，发现一次扣2分；上课有迟到、早退、中途离开课堂的行为，每次扣1分；旷课一节，每次扣5分；上课时，歧视、谩骂、侮辱学生的，一次扣1分。

（4）学校不定期随机检查作业批改情况，不认真细致、批改潦草、作业中有错误没有改出的，每发现一次扣1分，扣完为止。

（5）严格遵守学校的教育科研制度，按时参加各级组织的教研活动。无故缺席学校教研活动的，一次扣2分；无故缺席区、市教研活动的，一次扣2分（以上级反馈的信息为准）。

（6）每学期完成一篇教学设计或一篇教育教学论文，或一篇教学反思，缺一项扣1分。

（7）在校内任何场所不得赌博、下棋、打麻将、打扑克，上网聊天、玩游戏，发现一次扣5分。

4. 工作成效（30分）。

（1）教学效果（20分）。在学校教育教学测评中（期中、期末），按优秀率和平均分统计成绩；教多个学科的教师，先分级分科计分，然后取平均值。教同级班的，平均分第一的得20分，第二的得19分，第三的得18分，第四的得16分。任教一个学科的，以本年级各班其他学科的成绩中线为参考标准，高于参考标准的得18分，低于参考标准的得16分，成绩突出的得20分。音乐、美术、体育、计算机科目教师的考察以学校考察和参加上级组织的比赛获奖情况相结合，所得分数为14~18分。

（2）育人成效（10分）。考评项目：教学态度、课堂纪律、学困生进步情况、学生行为规范、学习风气。由教导处组织学生对科任教师进行民主测评，并与学校考察相结合。分为优秀、良好、一般三个等次，分值分别为10分、9分、8分。

5. 奖励项目：上公开课获奖，市级以上加4分，区级加3分，校级加2分；参加课题研究或撰写论文、教学案例、设计等（每学期每位教师至少完成一篇），获省级以上奖励加4分，市级加3分，区级、校级加2分。

（二）奖励加分情况

1. 辅导学生有针对性、有记录。辅导学生在国家、省、市、县级报刊上发表文章，或者在国家、省、市、县级竞赛中获奖，分别加4分、3分、2分、1分。各项奖励不累计加分，取最高值。

2. 教师个人获国家、省、市、区级奖励的，分别加4分、3分、2分、1分。各项奖励不累计加分，取最高值。

3. 班主任、科级组长在原奖励性工资部分当中提取25%作为额外奖励，其中科组长的奖励部分是班主任奖励部分的平均数（方案另定）。

副校长取全校前3名、主任取全校前5名、副主任和团支部书记取全校前7名教师的平均数，并按本制度实确实扣。

以上奖励条件必须在完成岗位职责的基础上执行。

八、其他有关问题的处理

1. 未转正定级的新教师参加绩效考核，只写评价意见，不定等次，不列入优秀等次比例的计算基数。

2. 新调入的教师，由现单位进行绩效考核，并确定等次，其调入前的有关情况由原单位提供。

3. 因公离开现职岗位的教师，返回原单位参加绩效考核，由现服务单位提供有关情况。

4. 教师具有下列情形之一的，确定为不合格等次：

（1）当年因公外出、请假期满无正当理由逾期不归的；连续旷工超过5个工作日，或累计超过10个工作日的。

（2）以非法方式表达诉求，或干扰正常教育教学秩序，致使本学校或其他单位工作不能正常进行的。

（3）损害学生利益，歧视学生，或体罚、变相体罚学生，造成严重后果，影响恶劣的。

（4）品行不良，侮辱他人人格尊严，影响恶劣的。

（5）利用职务之便谋取私利的。

5. 其他有关情况的处理：

（1）病假累计超过6个月，事假累计超过3个月，或病、事假累计超过5个月的，不参加绩效考核。

（2）涉嫌违法违纪被立案调查尚未结束的，可参加绩效考核，不写评价意见、不定等次。结案后，不给予处分的，按规定补定等次；给予处分的，视其所受处分种类，按有关规定办理。

（3）仍处在受记过、记大过、降级、撤职处分的期间，参加绩效考核，只写评价意见，不定等次。

(4) 受党纪和行政处分的教师，关于确定学年度绩效考核的有关问题，按照中央和省的有关规定执行。

九、说明

1. 本细则解释权属学校。

2. 本细则可在实施过程中逐步完善。

3. 本细则在实施过程中如有确须修订的部分，经考核小组研究后，在下一个学年度执行。

第三章　一位名校长制定绩效考核分配方案与成功实施方案的典型案例

笔者曾亲身经历过一所学校制定绩效工资分配方案的过程。根据当地教育部门绩效工资管理实施细则，要召开全体教职工大会，并进行投票表决，需要八成以上的教职工通过才可以执行分配方案。但是学校召开第一次绩效工资方案表决会时，结果却出乎意料，七成反对，三成赞成，方案没法通过。究其原因，绩效工资分配事关每个教职工的切身利益，表决时大家都站在自身利益角度去投票。绩效工资主要是体现“按劳分配、多劳多得、优质优酬”的分配原则，建立重实绩、重贡献、自主灵活的分配制度，逐步形成向优秀人才、骨干教师、关键岗位及“苦、累”岗位倾斜的分配激励机制。实施绩效工资政策的最大受益者理所当然是多劳者、实绩优质者，这部分人约占学校教职工的三成，所以会出现绩效方案投票表决时七成人反对的现象。后来领导班子做了大量细致的思想工作，让大家深刻理解绩效工资分配方案对学校发展的重要性，一个月后方案才最终表决通过。实施绩效工资方案，大大调动了教职工的积极性，取得了很好的办学业绩。

与此相反的是，当地另外一所中学由于绩效工资方案没法表决通过，没有体现多劳多得、优质优酬的原则，大家吃大锅饭，干好干坏一个样，这大大打击了优秀教职工工作的积极性。若干年后，教师队伍像一盘散沙，没有凝聚力和战斗力，人浮于事，学生纪律松散，办学质量低下，干群意见很大。最后，经教育局提出申请，当地政府解散了这间中学，改办为一所小学。这所中学解散后，领导班子就地免职，教师调离到不同的偏远地区学校。

这样的教训不可谓不沉痛。所以，学校要把绩效工资的实施与学校的存亡联系在一起，要充分发挥工会的协调作用，要给教职工做细致的思想工作，让教职工居安思危，立足学校的长远发展，积极支持学校绩效工资方案的实施。

“河冰结合，非一日之寒；积土成山，非斯须之作。”作为一校之长，在管理中一定会遭遇许多困惑；同样，一位校长在制定绩效考核方案及成功推动绩效考核之路上，势必会关山阻隔、一波三折，但也会峰回路转的。“有志者，事竟成，破釜沉舟，百二秦关终属楚!”在绩效工资改革的浪潮中，管理者面对一个个困惑，要勇立潮头，大胆求索，勇于攀越，从而寻求最简洁、最科学、最人性化的管理方案，达到教育管理的理想境界。一片白帆，没有驰骋的力量，却凭借风的野蛮，带着整艘船在海洋中遨游。

下面的精彩片段，是江苏省南通市通州区东社学校朱建校长制定绩效考核方案及成功实施方案的一个典型案例。笔者有缘与朱建校长相识于2015年教育部“京苏粤优秀中青年校长”培训班，笔者收集了朱建校长发布在其QQ空间的工作日记，希望读者能通过这个案例有所思考与启发，知往鉴今!

感谢我的“大舅哥”

刘季校长手上拿的是绩效分配方案的表决情况统计，在“工会主席签字”一栏的上面是“通过率100%”。之前，大家还一直为这个事儿“耿耿于怀”呢!因为当时会场里面所有的人都举手了，统计时却少了一个人，大家猜测可能是有人中途离开过会场，而且这还一度成了本次教职工大会上的一个“悬案”。

回想起这一圆满结果，我想接下来的工作一定要对得起全体教职工对学校的理解和支持，万不可辜负了大家的一片信任!此外，还需要特别感谢工会的同志为之而做的大量工作。

我曾经一直在想，学校为什么要设置工会这个机构呢?按照我思考问题的方式，我会看“他”在干什么?学校的工会的确做了一些事情，教师节的时候组织了教职工“包水饺比赛”；后来组织了“青蓝工程”师徒结对，组织了办公室文化建设，组织了教职工“趣味运动会”；再后来筹备并组织了教职工大会，尽管主席团包含了“党政工”人员……

让我记忆犹新的是教职工大会之前，四个工会组长拿着绩效方案的第四次意见征求稿，去各自的工会小组摸底调查，同意的签个字，不同意的写下原因。在布置好摸底调查工作的第二天，刘校长把四位工会组长请到办公室，了解摸底情况。曹福标师傅早早把后勤组全体人员的签字交给了刘校长，但是其他三个组签字率还比较低，说明距离“共识”还有一段路。记得当时理科工会小组的组长吴汉老师和文科工会小组的组长刘建丰老师在我面前“据理力争”，反复强调几位老师的疑虑是应该得到重视的，是学校还没有考虑充分……而体卫艺组的秦起老师除了深沉地吸着烟外，并不表态。

吴汉老师比较“心软”，在我几番设身处地地“慷慨陈词”之后，他开始“深表理解”。老师们后来告诉我，吴汉老师居然很有策略，他用“各个击破”的办法，和老师逐个交换意见，站得还很有高度，完全不是在我面前“针锋相对”的那个样子，最终让组内几乎所有的老师都表示了同意。

刘建丰老师平时留给大家的印象是温柔的绅士，那天中午他对我“面带微笑”“头头是道”“不依不饶”。他是做了充分的准备来的，在一张A4纸上认真地罗列了老师们的不同意见，要求我向他逐一解答。他说：“你首先要把我说通！你把我说通了，我就能把老师说通。”我知道，此时他不仅仅代表他个人，还代表整个文科工会小组。当然，面对刘建丰老师的“有礼有节”，我也努力做到“有理有据”，找文件、分析原理。又过了一天，全校摸底情况显示只有极个别的老师距离共识还有那么一点点距离。

至此，我发现工会怎么那么像个“大舅哥”！在我们乡下，要是哪家有一些事情需要“公正”，往往会把舅舅请过来。比如，兄弟两个分家，是必须请舅舅出来协调的；又如父母和儿女之间有了矛盾，做父母的往往要请孩子的舅舅出来做调解的工作。现在看来，工会怎么和孩子的舅舅那么像呢！想想几位工会组长在我们面前的时候，不断诉说着老师们的辛苦和不公，可是到了老师们面前又在解释学校的出发点和难度，以求得老师们对学校的理解和支持。

的确，东社学校的工会总是在不遗余力地做着一些“牵线搭桥”“成人之美”的工作，刘季校长和他领导下的工会在当前的我们学校，还真的像个“大舅哥”——东社学校行政的“大舅哥”。另一个收获，我还发现了“民主”的真正意义，“民主”就是把大家所能想到的最好主意变成了解决问题的方案。所以，凡事还是民主一点好。东社学校的“大舅哥”还要继续为推动民主进程，进一步做好“牵线搭桥”的更多工作！

谢谢我的“大舅哥”！

关于工作量

之所以如此纠结于工作量，是因为学校的奖励性绩效工资（以下简称绩效）要面对两个群体——中学部和小学部，三种类型——教学人员、教辅人员、后勤人员。自从到了现在的东社学校，我就一直在思考怎样实现学校的“统一”——文化的统一、绩效方案的统一……但，绩效工资又是由几个不同的板块组成，比如管理岗位津贴（包括班主任津贴和行政管理津贴等）、基本工作量奖、教育教学工作质量奖……之前，在日记中表达过怎样看待工作量的问题，但到具体衡量的时候，不同群体、不同类型人员之间实在是难以找到一个共同的点。换个思路，如果从责任主体的角度入手，那就是后勤的所有工作由后勤人员承担，教学、教辅的工作由教学、教辅人员承担（因为部分教学人员也在承担教辅工作而难以分割），分开考核、分开计发。

在中小学之间，能够统一起来的还是之前说过的一个原则——“要玩一起玩、要苦一起苦”，也就是在工作量上做到基本均衡。顺便提一下，关于基本工作量奖，不同学校在绩效总额中占比一般为55%～60%，我们可以借鉴。但还有人在疑虑，这到底是一个盘子，还是两个盘子？我这样解释：把一杯溶液分成两小杯，这两小杯的浓度和没分之前是一样的，所以在工作量这个事情上随你怎么想都是正确的。

接下来又有问题了，那就是教育教学工作质量奖，中学部和小学部之间不能对等了。想了很久，还是没有一个办法来平衡！怎么理解？比如，为什么在总量核定的时候，中学部人均要比小学部多？扯远一点，当我还在南通市二甲中学的时候，有的老师高考质量奖是800元，有的老师高考质量奖却有8000元，同样是一年的光阴，为什么会有这么大的差别呢？或许这才是“绩效”的本意吧！所以我想，本来中学部与小学部之间在教学质量奖这件事情上就不对等。比如，中学有期中、期末两次统一考试，小学则只是期末统一考试；小学毕业的每一个孩子都可以上初中，但不是每一个初中毕业生都能上高中的，所以，中学部的老师面临的升学压力就大了很多。

另外，为了积极促成中小学之间的对等，在东社学校当前特定的历史条件下，要为小学部的老师设置“固生奖”。还有，中学老师和小学老师对“质量”的解读是不同的，也就是要求不同。比如，小学毕业考试，无论是公开场合还是私下里，主要的衡量指标是平均分；而初中毕业考试，除了衡量平均分外，还要看升入四星级学校，特别是通州高中的人数。所以，兼顾了工作量上的趋向均衡，那么在教育教学质量的考核上，还是要回归各自的属性，但有个原则，那就是奖励的数额如果在中、小学之间有差别，那么我们就力争把这个差别维持在中、小学人均差别这个档次上。至于小学部的人与人之间、中学部的人与人之间怎么PK，真的就要看自己的教学质量了。

这里面还有一类需要调节的对象，那就是“人”在中学部，“事”在小学部的老师，怎么调节还真的需要好好商量。因为我们鼓励中学老师到小学去任教，结合当下的实际，要把这件事情做好并坚持下去，就需要让他们愿意去。

在工作量这个问题上，还需要澄清的一个问题就是领导组的工作量。根据通州区教育局的文件，教师每周基本工作量应该满15个标准课时，我们为求得工作量的均衡，一直在往标准课时上靠，但问题在于相当一部分人不满15个课时（只是“目测”，实际测试还在进行中，尚未有全校的最终结果）。有关文件规定了行政人员的“本职工作”工作量标准，正校级为3个标准课时，副校级为5个标准课时，中层正职为7个标准课时，中层副职为8个标准课时，而这个标准的背景是所有老师的周基本工作量为15个标准课时。以副校级为例，他的管理工作量“价值”为15－5＝10个标准课时，即教师工作量的2/3。而现在“目测”的结果是，东社学校老师的周工作量为12个标准课时，那么“要玩一起玩、要苦一起苦”的“学校原则”，副校长应该承担的周管理工作量应该为8个标准课时。问题在于行政组的管理工作量和其他学校行政组的管理工作量是持平的，有的甚至高于其他学校。以我为例解释吧（因为我的绩效是教育局统一考核的，可以避免一些嫌疑），初中开会，我要去，小学开会，我还要去，这个就比其他非九年制学校的校长多了许多事情。如果我这个假设成立的话，东社学校的副校长实际的周管理工作量就比他所享受的管理津贴对等的工作量多出了 10 - 8 = 2 个标准课时。这多出的 2 个标准课时应该怎么对待呢？我想征求教师代表的意见后，再拿出来在大会上讨论。我在考虑是不是我想得太多了，但要让大家都认可，的确不是一件容易的事情。

绩效分配方案主体框架逐步清晰

因为我校是九年一贯制学校，既有小学部，又有中学部，为给大家一个可以计算的“工作量”，学校计划在绩效考核中使用“标准课时数”作为换算的基础。而关于管理津贴（包括行政管理津贴和班主任管理津贴）大家又已经习惯了人均每月多少元、一个学年以 10 个月计算的办法。本次教代会有三个关键词——“传承、融合、奋起”，基于这样的工作思路，我们除了采用为促成中小学之间、中学部老师之间和小学部老师之间的均衡而选择标准课时换算办法外，其他方面基本继承了原先的发放办法。当然，根据当前具体工作的需要和之前办法的运用情况，还要做部分的增删和修改，于是我逐步把分配的依据和意图向大家做了解释。

这里只是“吹风”和“透气”，主要解释到今天为止，已经初步形成了较为统一的意见和框架，具体实施方案须在充分征求不同层面人员的意见并反复修改后，以最终提交教代会通过的为准。当从主管部门获得东社学校的奖励性绩效工资总额后，采取这样的办法先行切割，然后按各自的办法分块考核。第一次分割，从总额中把管理津贴提取出来，在考核合格的前提下，参考之前的方案（即东社学校2013 年 3 月 14 日教职工大会通过的方案），以副校长650 元/月、中层正职550 元/月、中层副职450 元/月、班主任人均 500 元/月的标准从总额中切割提取出来。这里不好用所谓的占绩效总量的百分之几来衡量，南通话说得好，这是“数好了和尚蒸馒头”，位置摆在那儿的，要说职数到底该是多少，历史已经是“生米煮成了熟饭”，不同意也没有办法。需要特别说明的是，现在有 18 个班级，计提班主任津贴的时候以 19 人为准，多出 1 人是站在后勤线和教学、教辅线“对等”的角度考虑的。

根据上级文件精神，后勤和一线应分开单独考核，之前的方案也是这样设计的，而统一计提管理津贴后，因为后勤线 8 人中没有人担任领导，也没有人担任班主任，但我们有一个重要原则是“机会均等”，他们 8 人可以近似地看成一个班级的教师配备，其中应该有 1 个班主任的“机会”。这样，第 19 份班主任津贴最终返还给了后勤组。

后勤和一线分开考核，接下来就要把后勤的一块分割开来，也就是第二次分割。用 1 减去第一次分割中管理津贴占绩效总额的比例后，就是后勤人员的绩效工资总额。

我一直关注中小学教师之间的个人平均数差异，他们虽然分别来自中学和小学，但是因为其基本工资本来就相当，这样就不存在中小学之间的个体平均数的差异了。把第二次分割出来的部分加上上面提到的第19份班主任津贴就是后勤线的可分配绩效总额了。具体的分配办法，请后勤线人员和刘季校长、冯立国校长去商量了。今天下午，我已经在总务处纪晓忠主任那里进行了细致的测算，以我这个分配的办法划分出来后，分摊到8个人头上的平均值基本上和上一年度的个人平均值是相当的，所以，从总体上而言，对后勤线的分配我可以平稳地交给负责后勤的两位校长了。

之前，我一直对小学部之间教育教学质量奖励办法的不对等而深感纠结，现在找到了一个可以解决问题的办法。在教师这一块，中学部与小学部之间的个人平均数的确存在差异，这个差异是从哪里来的呢？是因为两者之间教师的学历、职称和年龄的不同而导致的。按过去一学年的测算，中学部教师比小学部教师人均多出了近500元，经过商讨，同意特别划出一块资金用于解决两者教育教学质量奖励方面的不对等问题。这是第三次分割，把这个近500元的人均差异先拿出来，再贴补到中学部的教育教学奖励项目上。

再接下来就是第四次分割了，也就是我所倡导的“要玩一起玩，要苦一起苦”，在分工伊始就把大家的工作量分配得尽可能趋于均衡，那么绩效工资的主体部分就基本均衡了。另外，有管理津贴的，在分配工作量时就适当少点，而没有管理津贴的可以稍微多那么一两节课的课时补贴。我把剩下来的其他工作，先粗略地划分为“苦劳”和“功劳”。“苦劳”这一块是将可预测部分的工作量通过各种系数（具体系数是在参照江苏省海门市相关文件的基础上简化而成的，基本上保留了海门市的文件精神，意图是宜粗不宜细，因为确实很多东西是无法用“系数”来衡量的，比如“教师的良心”）折算为标准课时。今天教学组拿来了一个下学期预排课测算出来的工作量，但是还有一些内容，比如体育老师的数据上传、电脑维修的工作量核定等，都还没有一个可靠的数据。所以，下午在会计室测算的时候，就不能像后勤线的8人那样精确了，粗略测算的结果是前三次分割后剩下部分的45%～55%拿来作为这部分的总量，然后计算出一周每一标准课时的“价格”，再拿这个“价格”乘以教师个人的周标准课时，那么他的可预测的“苦劳”部分就得到了。希望季晓松校长和教学组能够在接下来的两天内把较为准确的标准课时预算数提交出来，便于校长室在形成分配办法前有一个明确的占比交给老师们讨论。虽然要设置一个供缓冲调节的比例范围，但也要和老师们把这个范围明确一下。要知道，如果今天我们糊弄了老师，明天老师就会来糊弄我们！第五次分割，是对不可预测的“苦劳”部分实行“计件工资”的办法，以此作为补充。

关于“功劳”部分，今天没有来得及测算，明天继续。至于对中学部和小学部各自的教育教学奖励办法，要教学组先拿出方案来提交校长室讨论，才能写到分配方案中去。前面提到的后勤线分配办法，尚未涉及的个人成长奖励办法、班主任津贴考核办法、体育竞赛奖励办法、教师考勤办法、学校宣传等，也都还在等待有关部门出台相关政策，希望各个部门能够抓紧。

我想这样的“板块分割＋独立考核”的办法，起码能够从源头上把矛盾限制在较小的板块内部，而不至于对整体的绩效分配产生颠覆性的影响。我的确是第一次制定绩效分配方案，这样的设想可能存在很多的不足，所以恳请看到这些解释说明文字的老师和内行的朋友能够主动和我商榷。

到底是一个盘子，还是两个盘子

上午，听说大家看了我前天写在QQ空间里的那篇日志《绩效分配方案主体框架逐步清晰》，中学部的部分老师有一些不理解，认为中学部的老师“吃了亏”，也有人认为这是小学部的老师参与策划的结果。这里，我选择要点逐一和大家解释。

第一，我为什么要写工作日记，还放在QQ空间里面？

对我熟悉一点的老师都知道我登上《班主任》杂志封面人物的那篇文章《我的班级QQ“心”事》。在那篇文章里，我记述了用QQ和班上的同学交往，并用来进行班级管理的故事。譬如今天，现在教的初一年级就有好几位同学是我的QQ好友，我原来的这一做法还在继续保持。今天在我们学校，需要和大家交流的同样有很多很多，所以我又想到了借助QQ这个工具。

第二，东社学校的每一项决定是怎样出台的？

和大家相处三个月了，大家应该能够感觉到我是一个开放和民主的人，也就是我从不闭门造车、故步自封，因为我知道“三个臭皮匠赛过诸葛亮”的道理。我还知道，东社学校不是我朱建一个人的，是大家的。无论我个人的出发点看上去是多么美好，但如果实施的结果无法预料，那将会对学校的发展产生巨大的影响。因为学校是生命成长的地方，要对这么多的老师和同学的现在和未来负责，就不能带有一丁点儿的随意性。或许是我多虑了，但我的确是这样认为的。每一个想法产生后，我都会分别和季晓松校长、刘季校长单独商议，在听取他们的分析后，我会对自己的想法进行修正和完善；然后校长室五个人一起坐下来，再一次共同商量，丁新峰校长会认真做好记录；最终形成决议后，还要在会议记录的下面签上参会人员的姓名，以表明这是集体决定的结果。所以，每一个人都对最后的决定是认同和负责的。

第三，我们这一届校长室的核心任务是什么？

无论是区教育局，东社镇党委、镇政府，还是东社学校的学生家长，都希望东社学校有扎实的管理、一流的质量、优良的校风……对于每天生活和工作的地方，我们希望东社学校有良好的社会声誉、融洽的工作氛围、真诚的彼此尊重……我把这源自外部和内部的两种祈求归纳为“提升质量”和“文化融合”，这也是我们这一届校长室的核心任务了。因此，本届教代会的主题是“传承·融合·奋起”，绩效分配方案的修订思路也直接指向了这两大核心任务。

第四，为什么要采用标准课时法测算工作量？

我们无法评判上级主管部门把原东社小学和原东社中学合并成今天九年一贯制的东社学校，到底是正确还是错误，但我知道，在大家“分田到户”的时候，一下子提高了农民的劳动积极性；而另一方面，中国第一村——华西村却又成功诠释了集体主义的优越性。所以，我们要相信事情是人做出来的，问题的关键是谁、以什么样的方式在做事！我们当前的困难在于中学部与小学部之间学生数的不对等、绩效工资的基数不对等等实际的问题，如何化解呢？

我想到的办法就是用标准课时法来通盘考虑。我认为学校应该把现有的师资条件合理利用好，比如像秦起老师、杨林建老师等的专业就应该充分利用好，因为不能人尽其才是管理最大的败笔！所以，把他们安排到小学部去兼课，当然还有其他的一些学科教师。另一个就是“同工同酬”，虽然最初的来源是对于编制内外的人而言的一个概念，但是我把这个词语借鉴过来，表达为同一所学校里的老师应该辛苦程度是相近的，所能获得的报酬也应该是相近的。至于怎样在全校范围内打破原有中学与小学之间的界限进行分工，以及不同年级、不同学科怎样折合为标准课时数，之前的日志中已经和大家解释了，这里不再说明。

第五，到底是一个盘子还是两个盘子？

就我现有的了解，对于“全体教师工作量基本趋同”这一指导思想，大家已经基本认同。其实，校长室也是做好了思想准备的，因为当下的东社学校已经不能再犹豫，也经不起折腾了，必须团结起来，才不至于在城市化进程不断推进的步伐下过早地倒下，最好能够成为坚守乡村教育一面不倒的旗帜！

如果有教师提出来，“我宁可少拿钱，也不要多上课”，可能校长室是不能接受的。开个玩笑，我朱建也想不要绩效工资，出去做点生意，一年能够挣到的钱肯定比绩效工资多，只是这是不可能的！因为国家发给我们的除了绩效工资外，每个月有好几千块的基础工资呢！所以，在东社学校里面，在领取国家工资的同时，就必须服从学校管理，必须承担起应有的工作量！但话说回来，为更好地激发教师的工作积极性，给大家营造一个快乐的工作环境，在力所能及的范围内，学校将在分工上征求大家的意见，尤其是面临跨学部、跨多头等特殊的情况时，因为我们终究是一家人。

其实，在实现“全体教师工作量基本趋同”的前提下，全校的绩效考核就已经是一个盘子了，因为相同的工作量将能获得相同的工作量津贴。可是，为什么还有老师在强调如果大家“统”在一起分发，中学部的老师就吃亏了呢？调查了解的情况是，中学部的老师认为在提取班主任管理津贴时，中学部的班主任数量明显少于小学部的班主任数量，所以，他们认为吃亏了。如果只是从这个角度看，也不完全正确，因为在中学部“出生”的行政组人数也比小学部“出生”的多啊！还有一个可以帮助大家认知的是，教育教学质量奖励这一块，是分割后各自独立考核的，如何分割，校长室一个基本的立场是“取之于民，用之于民”，也就是钱从哪里来，还分到哪里去。这里面有一个“怎么取”和“取多少”的问题，比如之前中学部人均多出来的部分，考虑到中小学之间的对等，就预先提留到一边，最后回补到教育教学质量考核的部分去了。再说白一点，小学部管理绩效提取多了，那么他们的教育教学质量考核部分将相对减少；中学部管理绩效提取部分占比少，那么其教育教学质量考核部分的占比将增加。

另外，对于中学部一年考四次，而小学部一年考两次，小学部也有人认为不公平，这同样是误解。因为中小学教育教学质量考核是两个“盒子”，在“盒子”的大小确定之后，你在里面怎么分隔，那是你的事，你可以分隔两次，也可以分隔一次，而对于另一个“盒子”里面怎么操作，根本就不产生影响。而且，最终测算的时候，校长室要把关，要基本做到中学部还是拿到中学部的钱数，小学部还是拿到小学部的钱数的。换句话说，本次绩效修订的一个重要意图在于“同工同酬”和“文化融合”。因为绩效分配方案是东社学校自己能够在一定程度上做主，并对学校产生影响的重大文件，如果在形式上是“统”的，那么我们的内心也就会认为学校是“一体”的；而如果形式上是“分”的，我们的内心也就会认为学校还是“分”成两部分的。

遗憾的是，今天了解的情况，部分老师还是坚持“分开”考核和发放。我想，这不能把责任推到老师的身上，可能是校长室的步子快了一点，宣传解释工作没有到位！那么到底怎么办呢？今天上午校长室认真地站在老师们的立场上再一次进行了梳理，“让老师认为合理”应该是我们追求的目标之一。既然本质上已经是一个盘子，那么分配的方式还是可以商量的！既然预先设想的那个办法老师不能认同，还不如就以老师们的思路来操作。

因此，到今天上午，商量的结论是“主体统一，尊重差异”。什么是“主体统一”？那就是在工作量、教科研奖励、宣传奖励等方面实现统一，主要指工作量的统一。什么是“尊重差异”？那就是在班主任津贴的分配办法、教育教学质量考核办法上尊重中小学之间的差异。商量的另一个结论是，为预防出现在方案制定时所未曾预料到的因素，在预留的供绩效工资考核领导小组适当调剂的占绩效总量5%的校长基金之外，还须从总量中提取1%的额度用于小学部的“固生奖”，目的是指向当前的中学部招生，由小学毕业班老师按考核办法享受。另一个可能还存在误解的情况就是，到小学部兼课的中学老师在哪里拿钱呢？“人”“事”分开——用小学部的考核结果，回到中学部拿钱。

现在想来，虽然绩效分配“形式上的统一”可能暂时不能实现，但绩效分配的工作难度会很大程度地降低，因为如果按之前的预想方法，一是要做好解释工作，二是要为最终“拿到各自本来的钱数”做多次测试后才能实现，现在这两样工作可以全部免去了。另外，很多人是站在昨天的角度看待明天的问题，其实，看待明天的问题应该站在明天的角度才对。这样的分配方式也为未来的工作减轻了压力，因为中学与小学不可能在未来的教育局考核中等次是不同的，如果不在同一个等次，中学部与小学部之间的差异可能还会存在甚至更大，而具体分割的时候还要提留、回补……现在，可以不用再考虑了。

等老师们继续讨论、反映，我们将再做商议。之前说过，没有最合理，只有更科学！

绩效方案修订已经进入文字梳理阶段（见以下附件）。

附件：2013—2014学年度奖励性绩效工资考核实施办法

为深化教育人事制度改革，切实做好东社学校奖励性绩效工资的考核发放工作，加强教职工队伍建设，促进学校的进一步发展，根据《江苏省义务教育学校绩效工资实施意见》《南通市通州区教育系统中小学校教职工绩效考核工作指导意见（试行)》及《南通市通州区教育系统中小学校教职工奖励性绩效工资考核实施办法指导意见（试行)》等文件精神，结合学校实际，特制定本考核实施办法。

一、指导思想

根据文件精神和本校实际，在上级核拨的绩效工资总量内，以落实中小学管理规范、实行岗位管理为重点，建立符合本校实际的分配激励机制，调动广大教职工的工作积极性，提升全体教职工教书育人、管理育人、服务育人能力，推进学校教育的科学发展，努力将东社学校办成“家长放心、社会满意、同行认可、学生向往”的有一定影响力的学校。

二、分配原则

1. 贯彻按劳分配、效益优先、兼顾公平的分配原则，对教职工工作量和工作业绩进行考核，适当拉开分配距离，充分体现多劳多得、优绩优酬的分配原则。

2. 统筹兼顾学校内部各类人员绩效工资的分配关系，不同学段间采取“主体统一，尊重差异”的核算办法，建构符合我校实际的分配激励机制。

3. 原则上确保满工作量的考核合格人员的奖励性绩效工资不低于全校人均的60%。见习期教师只考核见习期的教育教学实绩。

三、领导机构

学校成立以校长为组长的教职工绩效考核工作领导小组，小组成员由校级领导班子成员、工会主席、学校相关部门负责人、教职工代表等组成，负责制定学校教职工绩效考核实施办法，并具体组织实施绩效考核工作，确保绩效工资公平、公正地发放。

绩效工资分配工作领导小组组长：×××；副组长：×××；组员：×××、×××。

四、考核对象

1. 本校在编在岗教职工，具体以通人〔2012〕13号、通人〔2012〕14号文件精神及教育局解释为准。

2. 因工作需要，在学校间交流的人员由当年实际任职的学校考核发放。

3. 劳务派遣人员的考核内容参照本办法，达校平均工作量且考核合格者续聘，奖励及额度根据当年教育局具体办法另行安排。

五、考核内容

（一）教师绩效考核的主要内容

根据《教育法》《义务教育法》《教师法》等法律法规规定，对教师遵纪守法、廉洁从教、服从安排、履行职责等各方面情况进行全面考核，重点考核工作实绩，包括师德、教育教学、班主任、安全工作等方面。

师德主要考核教师遵守《中小学教师职业道德规范》的情况，特别是为人师表、爱岗敬业、关爱学生的情况。在考核中，要特别关注教师是否自觉抵制有偿家教，是否履行教育教学职责，是否体罚和变相体罚学生，是否存在参与赌博等违纪违法行为，是否以非法方式表达诉求、干扰正常教育教学秩序、损害学生利益等。

教育教学主要考核教师从事德育、教学、教育教学研究及专业发展的情况。

1. 德育工作主要考核教师在日常管理和课堂教学中渗透德育教育的情况，特别是关爱学习上有困难或品行上有偏差的学生。

2. 教学工作主要考核教学工作量、教学准备、教学实施、教学效果、执行课程计划和学生课业负担的情况，以及组织课外实践活动和参与教学管理的情况。对教学效果的考核，主要以完成规定的教学目标、学生达到基本教育质量要求为依据。

3. 教育教学研究工作主要考核教师参与教学研究活动、总结提炼教育教学经验等方面的情况和实效。

4. 专业发展主要考核教师拓展专业知识、完成规定的培训进修任务、实施个人专业成长规划、不断提高自身素质和教育教学能力及水平的情况。

5. 班主任工作主要考核教师对学生的教育引导、班级管理、组织班集体和团队活动、关注每个学生全面发展、学生安全教育等方面的情况，结合工作量及班主任工作分配情况进行考核。

6. 安全工作主要考核教师落实安全工作职责、加强安全管理以及安全工作成效等方面的情况。

（二）其他岗位人员绩效考核的主要内容

对其他岗位人员，主要从“德、能、勤、绩、廉、法、安”等方面，考核其服务态度、履行岗位职责和完成工作任务的情况。

德：主要考核政治思想、道德品质等方面的情况。

能：主要考核业务技术水平、工作能力等方面的情况。

勤：主要考核工作态度、敬业精神等方面的情况。

绩：主要考核履行岗位职责，服务教学、服务师生等方面的情况。

廉：主要考核廉洁从业，遵守财经、招生、收费纪律等方面的情况。

法：主要考核遵守及执行法律、法规和有关规章制度等方面的情况。

安：主要考核履行安保职责，以人为本，保障师生安全等方面的情况。

六、结果运用

教职工绩效考核结果是教职工绩效工资分配的主要依据，并作为教职工岗位聘任、职务晋升、培养培训、表彰奖励等工作的重要参考。

基础性绩效工资按月统一发放。对认真履行岗位职责、按时完成学校规定工作任务的教职工，全额发放基础性绩效工资；对没有履行岗位职责、没有完成工作任务、在师德方面存在问题或发生教学事故及其他违反学校工作要求的，按规定相应减发基础性绩效工资中的岗位津贴。奖励性绩效工资由学校在考核的基础上，于年终结算。奖励性绩效工资要根据绩效考核结果合理分配，适当拉开分配距离。在师德、安全等方面造成恶劣影响及当年考核不合格的，根据情节减发或停发当年度奖励性绩效工资，发放标准为不超过本校教职工当年度人均奖励性绩效工资的一半，直至全部取消。

七、考核办法

（一）总量核定

1. 由区教育局、区人事局和区财政局核定我校奖励性绩效工资总量。

2. 校长的奖励性绩效工资由教育局按规定统筹后，按年度统一考核发放。

3. 优秀教师津贴仍根据通人〔2008〕3号文件精神执行，所需经费列入部门财政预算，由教育局考核发放。

（二）项目标准

教职工奖励性绩效考核由学校按规定的程序，与年度考核一起结合进行。具体要做到三个结合：定性评价与定量评价相结合，自评与他评相结合，形成性评价与阶段性评价相结合。体现公开、公平、公正的原则。按照人事局、教育局相关文件精神，结合我校实际，在广泛征求教职工的意见的基础上，设立以下考核项目。

……

（具体各条块、各项目由分管校长制定中，待汇总后进一步讨论确定……）

八、其他事项

1. 本绩效奖励分配方案在广泛听取意见后，经教职工大会参会人员四分之三以上表决同意、在校内公示，并报区教育局、区人事局、区财政局批准后实施。

2. 奖励性绩效工资基础数据分别采取定期公示及集中时间在一定范围内公示的方式，每位教职工有权向统计、测算人员质询有关情况，如果发现统计和测算有误，根据实情及时予以纠正。

3. 由于奖励性绩效考核实行总量定额的原则，若出现超额情况，剔除管理津贴和基本工作量奖两项，其他各项向下调整；若出现余额情况，在基本工作量中向上浮动。

4. 如上级政策有变化，本办法做相应调整。

5. 本绩效奖励分配方案的解释权归校长室，未尽事宜由考核领导小组讨论解决。

第一个吹风稿“合拢”了

关于绩效修订的问题，星期四下午下班前和大家约定，星期五再继续讨论。星期五一早，各人先把手头上的事情都忙完，第二节课下课就聚到了我的办公室。中午，一放下饭碗，大家又继续凑到了一起……

回忆这些年来，每当东社学校有大事，大家都能够坐下来，站在不同的角度出谋划策，有时为了让思维更有深度，我们之间还尝试模拟“敌对”的角色进行激烈的辩论，这次绩效方案的制定过程尤其如此！

星期五下午2：00，把行政组全体人员集中了起来，他们中间有人是第一次“正式”地坐下来参与讨论，对其中一些准备修订的方面还不是很了解，正好利用这个机会向他们说明了。

昨天一整天，我把自己关在家里，参考了好几所学校的方案，在我校去年的基础上进行了一定程度的借鉴和综合。和原来的方案相比，除了工作量核算办法这一大块有一个较大的变动外，就是在方案的前面增补了很多务虚的文字。我的意思是，绩效工资分配方案是一个“法律文本”，这些务虚的东西可能在很多人眼里是没有用处的，但是我认为有那么一个底线在那儿，涉及不到的时候不碍事，但是真有事情，而方案中却没有涉及，那么想要采取一定的措施可能就没有依据了！

今天还是忙活了一天，晚上把于桂林主任喊来，请他把统稿也看了一遍。末了，我把第一次的“吹风稿”上传到了学校的QQ群里去了，让老师们下载，并且附上一段留言：

各位教职工：

关于绩效方案修订，第一个“吹风稿”已经合拢，现上传到QQ群，请大家下载阅读，并站在各自的角度“审视”，希望你们的意见能够为绩效方案的修订起到推动作用。

这还不是计划提交教代会的正式稿，距离提交教代会还有很长的路要走。但是，既然今天在做这件事情，就努力把事情做好。计划明天下午召开全体教职工大会，第一次“非正式”讨论绩效方案修订的问题，愿意接受大家的“质询”，也愿意虚心听取大家的修改建议。最终目标只有一个，那就是尽可能让大家觉得科学和公平。当我们把所有能够解决的问题都解决好以后，再提交教职工大会表决。“吹风稿”中有一个地方申明一下：关于课时系数的问题，已经经过多次研讨，但是一直没有一个让所有人都满意的办法，所以暂时想说一下：当我们无法自己决定的时候，我们从上级那里寻找标准；当通州区的上级没有标准的时候，我们参照了海门市的标准。所以，关于系数，如果不是特别反对，就请大家接受。其他每一个地方，都可以认为是不够成熟的，欢迎大家指正！

准备明天下午的会上，接受大家的质询！

让我们在绩效方案的修订中增加互信

有朋友看了我到东社学校以来写的工作日记，认为我“个人英雄主义”太强了。我想，是不是在日记中太突出我自己了，把学校取得进步的功劳归结在了我的头上；也可能是指我“求胜心切”，希望我放弃短时间内就改变学校面貌的愿望，正如很多人劝我的那样，要慢一点、再慢一点；还可能是指我太“逞能”，在硬着头皮做一些事情，比如这一次绩效分配方案的修订……但，我想不论是批评我还是劝导我，能有人关心着，总还是应该心存感激的！

昨天下午的教职工大会上，为绩效工资的修订方案做了一次“吹风”和“解读”。在谈论绩效方案之前，还谈了一点精神层面的东西——努力把自己变成稀缺资源！起因是听几位朋友在议论他们把孩子送到城区的某学校就读，然后疲于和老师打交道的事情。我倒是在想，你自己就是老师，你怎么对自己就不相信，反而要把自己的孩子送到别人的手里去呢？其实，这背后让我想到的是我们的老师对自己的学校缺乏自信，又或者是对自己的教学能力缺乏自信……

可能我的胆子比较大，我不怕把自己的孩子输掉，又或者说我对东社学校以及东社学校的老师还是信任的，所以我把自己的女儿放在了自己的学校。也因为此，我能够每天看到女儿身上的变化，有好的也有不好的，但是我都能在第一时间观察到；我也用不着去面对如同那几位朋友和他孩子老师之间的“疲于应付”。就比如昨天中午和女儿一起吃饭，她告诉我，班上的同学用一个小电筒轮流照眼睛，然后看到眼睛里的黑眼珠（实际上是瞳孔）变小了。她讲得很兴奋，因为她告诉我“这是我们的发现”！当然，我提醒不要一直用强光照眼睛，可能会对眼睛造成伤害。还有，因为晚上住在学校里的缘故，有几次教音乐的陈老师在弹琴，女儿听见后兴冲冲跑过去请老师教她唱歌……只是，有很多我们的老师在拥有这些优越条件的同时却没有觉察，实在是一种损失！

当然，昨天的大会上，我还讲了明年“六一”儿童节那天要好好地做成学校的校园开放日，还要为明年六年级的同学办一次很隆重的毕业典礼，颁发毕业证书。因为有人担心，到了东社学校上小学，想要到外面上初中就难了，然后从小学阶段就不愿意来这里读书。同时，我也明确说了，如果你自己的孩子在这里读小学，而你又认为中学部的现状还不能达到你的期望，你也可以选择不在这里读初中，学校坚决不予干涉。当然，如果你的孩子留下了，学校将尽最大的努力，和你一起为孩子创造我们所能达到的最高水平。

讲完这些，反问老师：“为什么我们总是要处在这种焦虑当中?”想想你们把孩子送过去的那些城里的学校，想想你们所受到的委屈！可是，不但很少有人来“求”我们，我们还要担心一年级和七年级招生的问题，甚至我们自己的孩子都不愿意放在自己的学校就读，这是因为我们还没有成为“稀缺资源”！我知道，马上会有人和我讲：我们在东社镇，我们是农村小学，我们很贫穷……可是，在西亭镇，还有一所百年村小——西亭小学。那里也不富裕，那里也在乡下，但是那里绝对没有一个施教区的孩子到外面上小学的！我认为这已经成为一种乡民的文化自觉，连我都无比钦佩张卫东校长和李丹老师在那里打造的“书香校园”！

我就是一个有点“个人英雄主义”的人，我就是想和老师们把同样有着骄人的百年历史的东社学校打造成“稀缺资源”。我还经常失落地回忆，第一天到东社学校来上班的时候，使用公章的第一件事居然是办理某学生的转出手续。我憧憬着未来，很多人挤着要到这里来报名，很多人想方设法要转学到这里，很多人来和我们的老师打交道，在9月1日的早上像唐洪小学的曹卫东校长那样骄傲地在校门口挂个牌子——招生已满……昨天下午，把到扬州参观学习的教院附中的“精致管理的实践与思考”讲座PPT重新看了好几个来回，想着那天应爱民校长所讲的——用伟大的心做细小的事。绩效修订的事情，还真需要这样强大的内心！

行政管理津贴该从哪里提取？课时系数与考试分数是什么关系？

今天有中学部的老师提出绩效方案中行政管理津贴“归口”提取不合理。他认为行政管理津贴有两个修改办法：要么在学校总额里面提取，要么就降低管理津贴的标准。理由是“出生”在中学部的领导比“出生”在小学部的领导人数多，中学部的老师“吃不消”。我们认真思考了这个问题，之前第一个方案是管理津贴从学校总额中提取，这个管理津贴包括班主任津贴和管理岗位津贴。当时中学部的老师表达了强烈的反对，理由是小学部的班主任人数多，但现在又认为管理岗位津贴应该从全校的总盘子里面提取，理由是“出生”在中学部的领导人数多。这让我们犯难了，管理津贴是一个统一的范畴，包含两个小的方面，但是这两个方面在本质上都是“因为管理工作而发生的津贴”，要么都从总盘子中提取，要么就都分开从“各自”盘子中“归口”提取，怎么可以班主任津贴归口提取、管理岗位津贴却又要从总盘子中去提取呢？如果这样，小学部的老师又该怎样想呢？我觉得在逻辑上，这个可能行不通！那么，另一方面，是不是我们的管理津贴太高了呢？教育局的文件规定，平均值不高于550元/人，这一点我们没有超过。我把绩效方案的草案传给我一个校长朋友看过，他很疑惑，大队辅导员和团总支书记怎么是享受中层副职的待遇呢？省里的文件规定他们的待遇应该不低于中层正职。还有一个，学校向局党委提交的中层竞聘的方案被批准了，如果按照文件，我们学校应该三正三副，但是经过反复考虑，还是把冯立国校长兼任的总务主任保留着不拿出来竞聘，以节省一个中层正职的津贴。

我想把学校办好，我也的确在为此而做着艰苦的努力。比如，我在之前就多次和大家商量，甚至为解释老师们的疑义还写了许多说明性的文字……同时，大家能感受到整个校长室也都是想把这件事情做好的。但是，到底按照谁的思路去修改绩效方案呢？我想，不能说应该听谁的，而应该听那个有道理的。比如，对今天有老师提出来的我们认为有道理的地方，已经进行了修订。在这里和大家解释，是觉得还有地方值得商榷。

另外，对于老师们提出的问题，也应该给我一个缓冲的时间去处理。回到先前管理津贴的话题上，有人认为部分中层干部的事情不多，拿这样的津贴有点“不对等”。讲实话，我也有同样的感受，但是，学校已经逐步在努力改善了！比如，本学期推出了“教学线巡查”制度，比如和先锋小学、西亭小学在阅读教学上已经初步接轨，并且在实际操作上已经有相关领导开始承担起责任了，只不过暂时还没有大的起色。还有，校长室已经充分酝酿好了在本次中层竞聘后的分工调整，从校长室分工开始到中层干部，责任与权利都将对等起来，所有的人都将忙碌起来。再举个例子，大家都认为冯校长是劳模，这是正确的判断，但是你看到的冯校长和实际的冯校长是完全不同的，你看到了冯校长去修锁，所以你感动；但是你没有看到冯校长一个星期有四个晚上回到学校加班，为学校做各式各样迎接检查的材料，所以，你对冯校长的感动应该是“几次方”才正确。我不是只表扬冯校长，其他的校长也一样在忙碌，只不过冯校长刚好是个突出的例子而已！

这里，对于那些认为东社学校中学部消亡了与他没有关系，甚至紧紧抓住我“想把中学部搞好”这个强烈愿望，作为制约我的软肋，向我施加绩效方案修订压力的极个别老师，我想和你谈谈你认知上的错误！

学校到底是谁的？前几天在网上看到这样一篇文章——

萨达姆死了，并没有找到大规模杀伤性武器。如今，天天爆炸、袭击、派教冲突。卡扎菲死了，利比亚人民幸福了吗？如今，遍地废墟，重建遥遥无期。穆巴拉克下台了，带来埃及的民主和谐了吗？如今血流成河，示威游行不断。这究竟是社会的进步还是倒退，这难道就是西方国家鼓吹的人权高于主权的进步和“普世价值”的文明？我们每个中国人都要警惕了，任何时期的社会动荡最受伤害的就是老百姓，不要被西方反华势力利用，成为社会不稳定的因素，主动维护国家主权和领土完整才是每个公民要形成的共识！卡扎菲的倒台是因为他要领导非洲建立自己的货币基金组织，摆脱欧美的束缚；是因为他把自己的石油合同给了威胁欧美“武林盟主”地位的中俄……卡扎菲不听老美的话，同欧美唱反调，所以才招致杀身之祸！利比亚人民原来的小康生活一去不复返了！他们和他们的孩子们，将在这片城市废墟上和难民营里艰难度日，这种水深火热的日子没有尽头，没有希望！

人总是在失去的时候才猛然醒悟我们原来的生活是如此美好！可是世上没有后悔药，当我们知道后悔的时候，一切已经离我们远去。就像今天的俄罗斯、伊拉克人无论再怀念苏联的强大和萨达姆时期的富裕也于事无补。卡扎菲死了，西方人一片欢呼，因为他们又抢到一块肥肉。作为中国人，我们是否也应该从利比亚的悲剧中汲取点什么？只有祖国才是我们的依靠，其他任何别的国家哪怕他说得天花乱坠，都不会成为我们的救世主！只有祖国强大稳定，才是我们老百姓幸福、自由的前提！

现在微博、微信上造谣生事，诋毁、攻击共产党的文章不但有观点、有数据，而且成系列化。这些有分量的煽动性文章，绝非一般人所为，而是西方反华势力有计划、有步骤对中国的“文攻武略”。我们曾经苦难深重的旧中国给我们的警示教育太多了：

不买西方列强的鸦片，他们就八国联军烧北京；强盗贸易把我们变成“东亚病夫”，还要勒紧腰带赔偿他们真金白银。

占我山东不给，就甲午炮轰我北洋水师；抢我东北、攻我北京，直到南京屠我同胞三十万。天理何在！真情哪有！不就是我们穷了吗？弱了吗？不团结吗？自古弱肉强食，没有国就别想有家！

……

既然我们的祖先已经把我们定义为中国人，我们只有爱中国，所谓世界各民族是兄弟都是鬼话，只有你富裕强大了，别人才有可能和你论交情。别人的队列并非你想挤就能挤进去的，即便拿着大把钞票勉强挤进去了，也依然受歧视。

国人们，给自己留点自尊吧，抬起头来，好好爱我们的国家吧！永远记住，国家好，民族好，大家才好！

这篇文章是从网络上下载下来的，借用它是想让大家看到一个相同的道理，如果我们学校的中学部没有了，那我们将是一种怎样的境遇呢？国家如此，集体如此，学校也如此！

正如今天你在和我谈绩效方案一样，你的想法，我要给予最起码的尊重，因为你是我的老师，我在乎你，我要依靠你！但是，如果东社学校中学部真的关门了，可能最受伤害的还是持有这种“学校没了，老师没事”的观点的老师本人！去问问那些因为学校拆并而被迫到其他学校的老师吧，他们有“尊严”吗？讲一句伤感情的话，如果你嫌我们东社学校不好，只要你有能力，我同意你调出，绝对不会阻拦你！请不要生气，我只是想改变你对学校发展的观点才做的一个假设，不是对你不尊重！反过来，如果我们学校强大了，我们的老师优秀了，到那个时候如果真要调到其他学校，其他学校的领导才会对你有足够的尊重！

所以，回到最开始的那个题外的话——努力让自己成为“稀缺资源”！老师们，请原谅我今天话语的不恭，但是我从心底里就是为了这所学校的发展；我也深深地理解，你也是真诚地为了学校的发展才来和我们讨论这些问题的。谢谢你们！

（朱建，男，1977 年 12 月生，南通市通州区西亭初级中学党总支书记、校长，中学生物高级教师；江苏省“333 高层次人才培养工程”培养对象、南通市生物学科带头人、南通市先进工作者；南通市优秀班主任，《班主任之友》和《班主任》杂志封面人物，所带班级被评为南通市先进班集体；先后主持省“十二五”教育规划立项课题《“事件策略”在中学生物教学中的应用研究》、省“十三五”教育规划重点课题《基于“事件哲学”的中学生物学科关键能力培养研究》和江苏省初中课程基地《葫芦科艺》项目的开发建设；在《中国教育报》《中小学德育》《中国教师》《中学生物教学》《生物学通报》《班主任之友》《班主任》《江苏教育》等报刊发表文章 50 余万字，其教育故事登上了《语言文字报》《教师月刊》《教育家》《星教师》《教师教育》等报刊；应邀在全国多地做学校管理、班级管理、学科教学、专业成长讲座 80 多场。）

第四章　学校制定绩效考核方案要重点解决的几个问题

在学校推行绩效工资制度，并明确规定绩效工资要向一线教师、骨干教师、优秀教师倾斜，这本是一件促进基础教育事业发展、惠及千万义务教育学校教师的好事，但运行这么多年来，不少学校尤其是农村基层学校的绩效工资发放不仅没有起到促进学校工作、有利于学生发展的作用，反而引起了一线教师的不满，有的甚至造成学校干部与教师之间的对立，人际关系恶化、工作不协调、学校管理效益下滑。究其原因，绩效工资发放的依据是工作的考核，考核出了问题，绩效工资制度的作用当然就会适得其反。本章从四个方面——关于工作量明确计算标准与方法的问题、关于教职工考勤办法及细则问题、关于考试分数量化问题、关于现阶段义务教育学校教师评价优化模式问题，对学校制定绩效考核方案要重点解决的问题进行了详尽的分析，可供大家参考，以便制定出更为合理、完善的绩效工资考核方案。

第一节　关于工作量明确计算标准与方法的问题

一、学校教师工作量计算办法与标准参考方法一

教育部规定了教师每周的工作量，普通高中教师每周工作量 10 ~ 14 节，其中高中语文、数学、英语每周 10 节，物理、化学、生物、政治、历史、地理每周 12 节，音乐、体育、美术、通用技术、心理健康、信息技术等每周 14 节。

初中教师每周工作量 12 ~ 16 节，其中语文、数学、英语每周 12 节，物理、化学、生物、政治、历史、地理、体育每周 14 节，音乐、美术、综合实践、信息技术等学科每周 16 节。

小学教师每周工作量 14 ~ 18 节，其中语文、数学每周 14 节，其他专任教师每周 18 节。

（一）专任教师

专任教师以周教学课时数计算工作量，按任教主要学科确定工作量基准。本基准中的1节课，小学按40分钟计算，初中按45分钟计算；实施长短课管理、课时教学时间调整和学程制管理的中小学，可按相应教学时间进行折算（全年按35周计算）；教师存在跨段、跨学科兼课的，工作量基准可以酌情核减1～2节；教师任教班级学生数（平均）不足42名的，工作量基准应核增1节。

1. 小学专任教师工作量基准：语文教师13节，数学教师14节，科学教师15节，外语教师16节，其他学科教师17节。

2. 初中专任教师工作量基准：语文、数学、英语、科学教师各12节，社会、思想政治教师13节，其他学科教师16节。

（二）管理干部

管理干部，指学校中层及以上干部，以周教学课时数计算工作量，按学校规模和管理岗位确定工作量基准。原则上要求学校管理干部担任本人专业所对应学科的教学任务。

1. 校长教学工作量基准：24班以上规模学校的校长，上课3节且听评课每学期20节；24班及以下规模学校的校长，上课5节且听评课每学期20节。校长代课、听评课每学期超出20节的部分，可按1∶1抵上课工作量。

2. 其他校级领导和学校中层干部教学工作量基准：初中语文、数学、英语、科学、社会思政和小学语文、数学学科的带班上课5节（6节以上为超工作量），其他学科的带班上课6～8节，且听评课每学期15节。

（三）工勤、教辅人员

工勤、教辅人员按岗位性质和学校班级规模数计算工作量，工作量基准按“18”确定。因学校规模出现相关人员工作量不足的，不足部分应通过兼课补足，兼课部分可享受课时补贴；出现超工作量的，应给予超工作量补贴。

1. 图书管理员，按“3＋班级数×0.4”计算工作量。

2. 初中实验员，按“5＋班级数×0.5”计算工作量。

3. 文印员，按“4＋班级数×0.3”计算工作量。

4. 档案员，按“4＋班级数×0.4”计算工作量。

5. 校医，按“4＋班级数×0.3”计算工作量。

6. 教务员和总务员，24班及以下的学校，教务员和总务员的工作量总计，不得超过18课时；24班以上的学校，教务员和总务员的工作量总计，不得超过36课时。

其他人员由学校参照标准核定工作量。

学校根据自身规模设置工勤、教辅岗位，如果岗位任务超出核定工作量的一半以上，可以增设一个岗位。

（四）其他

1. 学校可根据平行班规模及学校管理实际，设置年级组长、教研组长，必要时可设备课组长。年级组长、教研组长、备课组长一般要求按普通专任教师压实工作量，通过岗位补贴予以平衡和鼓励。若学校从课程安排实际情况考虑，确实有可适当减少年级组长、教研组长教学工作量空间的，初三年级最多核减2节，其他年级最多核减1节。

2. 各校要将班（队）课计入班主任教学工作量。除了获取财政局和教育局核拨的班主任津贴之外，学校应在奖励性绩效工资岗位补贴项目中继续安排班主任岗位补贴。一般要求班主任按所任学科专任教师工作量标准压实；若学校从课程安排的实际情况考虑，确实有可适当减少班主任教学工作量空间的，小学1～2年级的班主任最多核减2节，其他年级的班主任最多核减1节。

为适应新背景下学校教学管理工作，科学合理地计算教师工作量，可结合学校实际，参照以上方法制定工作量计算标准，以此作为教师工作量计算与奖金分配的依据。

二、学校教师工作量计算办法与标准参考方法二

本方法适应对象：各学科任课教师、班主任及学校负责人。

（一）工作量制定的理念、方法

1. 工作量制定的基本理念：各岗位职能并重，即各学科教学工作以及各部门工作具有同等重要的岗位职能，并具有不可或缺性。

2. 工作量量化的基本方法：以任教一课时为标准工作量单位“1”，其他工作折算成标准课时工作量。

（二）工作量计算标准

1. 教学工作量。凡进入课程表的课程，且每节按规定时间（45分钟/节）进行的课堂教学，教师每上一节课，计算1课时工作量。

2. 备课工作量。各学科备课为2课时，任教平行班级不计算备课工作量。

3. 作业批改工作量。作业批改工作量包括课内、课外作业批改（每班每周），其中语文、数学、英语为3课时，物理、化学、政治、历史为2.5课时，其余学科为2课时（以作业检查结果为准）。

4. 班主任工作量。班主任工作每周计5课时。

5. 部门负责人员工作量。

（1）学校负责人（校长），每周计16课时；其他部门负责人，中层以40%、校级领导以80%计算工作量。

（2）教研组长，每周计1课时工作量（要有资料、有活动记录）。

（3）安全工作。各班学生健康、安全，一周内没有发生任何安全事故，每周计1

课时。班主任每周上好一节主题班会课，有备课、安全资料，经查属实，每周计 2 课时。

（4）所有老师参加周会，每周计 1 课时；参加两操，每周计 2 课时。

（5）两操负责老师，每周计 2 课时。

6. 教师工作量计算办法。

公式 1：教师满工作量 = 学校总工作量 ÷ 学校教师总数

公式 2：学校总工作量 = 学校总课程教学工作量 + 学校总教育教学管理工作量 + 学校总业务学习工作量

7. 业余训练队教练员的工作量。业余训练队指由学校批准成立的体育运动队、文艺活动队、书画活动队、园艺小组、纸艺小组等，且每周定时开展训练活动的团体。其教练员、辅导员每周按活动次数与质量计算工作量。按要求开展一次训练，计 1～2 个小时工作量；有授课费用的训练小组不再计算工作量。

8. 临时工作。全体在职教师每周按 1 课时计算临时工作量；未完成临时任务或临时安排工作找理由推脱的，不计算工作量。

9. 其他人员周工作量。

（1）图书馆、实验室、文印室、教务处等部门的工作人员，每周计 12 课时工作量；进行校园布置与宣传，每周计 0.5 课时工作量；学生就餐管理，每天 0.5 课时工作量；学生报到缴费，计 1～4 个小时工作量；早、中跟班，每次 1 课时工作量；值楼，一次 1 课时工作量。

（2）对参加课题研究的教师，根据其承担研究任务的大小，每周按 0.5～2 课时工作量计算。

（3）代课。因工作需要，学校安排代课，按每节 5 元计算，期末在学校办公经费中支付。

（4）教研课与公开课。教研课与公开课的课时量按普通上课的 5 倍计算工作量。

10. 各门课程的工作量系数：语文 1.25，数学 1.1，英语 1.0，思想品德、体育等其他课程 0.9。

11. 考核办法。校长对各部门工作进行考核，各部门对教师的教育教学工作每月进行一次考核。

（1）教学工作：由教导部门从教案、作业、课堂教学、听课、业务学习、上交资料、行政督查记载七个方面进行考核。

（2）部门工作：办公室从参加会议、信息报送、证件收缴、荣誉奖励、行政督查记载等五个方面考核；政教处从班级学生个人卫生、习惯养成教育、安全、违纪违规四个方面进行考核；团委从组织参与活动、主题团队活动、上交资料、广播站的档案材料、竞赛评比等方面进行评比；体、卫、艺从教室卫生、公共区域卫生、办公室卫生、两操、班级学生个人卫生等方面进行考核。

（3）后勤部门：由总务主任从财产保管、器材使用、收费等方面进行考核。

12. 教师目标管理排名与总积分及奖金发放的计算方法：

总积分 = 教师各月的工作量累积分 ± 教师教育教学管理细则折合分 ± 班级目标管理考评细则折合分

三、学校教师工作量计算办法与标准参考方法三

（一）义务教育学校教师工作量参考标准

教师工作量的计算单位为标准课时。小学教师每周满工作量为 18 ~ 20 个标准课时；初中教师每周满工作量为 13 ~ 15 个标准课时。

（二）教师工作量计算办法

1. 将各课程课时按相应的权数折算成标准课时。小学阶段语文、数学的权数为 1.3，其他课程的权数为 1；初中语文、数学、英语的权数为 1.2，其他课程的权数为 1。

2. 小学班主任、少先队大队辅导员周工作量分别计为 9 ~ 10 个标准课时；初中班主任、团委（支部）书记周工作量分别计为 6.5 ~ 7.5 个标准课时。

3. 小学各教研组负责人周工作量合计为 9 ~ 10 个标准课时，初中各教研组负责人周工作量合计为 13 ~ 15 个标准课时。

（三）适用范围

1. 本参考标准主要依据广东省义务教育学校县镇编制标准（生员比：小学 21 : 1，初中 16 : 1）、国家统一规定的教师岗位结构比例（教师占学校岗位总量的比例，小学不低于 90%，初中不低于 85%）以及省颁课程计划制定，较适用于县镇（含县）以下农村义务教育学校。城市义务教育学校由于编制偏松，教师周工作量应相应减少。

2. 对于非标准班额教学班（标准班额指小学 45 人、初中 50 人）、复式教学班、教学点、寄宿制学校等教师的标准工作量，应依据实际情况进行合理调整。

（四）适用对象

直接从事教育教学工作的义务教育学校教师适用于本参考标准；管理人员、后勤人员、非教师专技人员工作量的计算不适用本参考标准。

（五）义务教育学校教师工作量参考标准说明

1. 主要政策依据：各省人民政府办公厅转发省编办、省教育厅、省财政厅关于中小学教职工编制标准实施意见的通知；人事部、教育部《关于义务教育学校岗位设置管理的指导意见》（国人部发〔2007〕59 号）；教育部《中小学班主任工作规定》（教

基一〔2009〕12号）；共青团中央、教育部、人事部、全国少工委《关于印发〈少先队辅导员管理办法（试行）〉的通知》（中青联发〔2007〕24号）；《湖南省义务教育课程（实验）计划》（湘教基字〔2002〕5号）；中央编办、教育部、财政部《关于进一步落实〈国务院办公厅转发中央编办、教育部、财政部关于制定中小学教职工编制标准意见的通知〉有关问题的通知》（中央编办发〔2009〕6号）；住房和城乡建设部、国家发展和改革委员会《农村普通中小学校建设标准》（建标〔2008〕159号）。

2. 计算标准课时需要确定的几项常数。

（1）以《义务教育课程（实验）计划》为依据，确定周课时数。小学1～6年级周课时数分别为26节、26节、30节、30节、30节、30节；初中1～3年级周课时分别为34节、34节、34节。

（2）确定各课程权数。根据各课程任务的轻重和教育教学实际确定课程权数，小学语文、数学为1.3，其他各科为1；初中语文、数学、英语为1.2，其他科目为1。

（3）确定义务教育学校县镇的编制标准（生源比：小学21∶1，初中16∶1）为统一测算的编制标准。

中央编办发〔2009〕6号文件要求“参照县镇标准核定农村中小学教职工编制”。同时，各省现行中小学编制标准是在义务教育生源高峰期制定的，已不适应当前教育改革和发展的需要，应予以调整。

（4）根据国人部发〔2007〕59号文件精神，确定小学、初中教师岗位结构比例分别为教职工的90%和85%。

（5）根据《中小学班主任工作规定》和中青联发〔2007〕24号文件等政策的要求，结合实际，确定班主任、少先队大队辅导员、中学团委书记的工作量为0.5名教师的标准工作量。

（6）根据教育实际，确定小学各教研组长的工作量为0.5名教师的标准工作量，初中各教研组长工作量为1名教师的标准工作量。

（7）根据建标〔2008〕159号文件要求，确定标准班额为：小学45人/班，初中50人/班。

（六）选择模拟学校进行模拟测算

1. 选择模拟学校。

模拟校一：小学在校生540人，六个年级，每年级2个班，每班45人。

模拟校二：初中在校生600人，三个年级，每年级4个班，每班50人。

2. 确定模拟校的周标准课时总量。

模拟校一：周总标准课时为384.2节。

模拟校二：周总标准课时为440.8节。

3. 测算模拟校所需专任教师数。

模拟校一：(540 ÷ 21) × 90% − 7 = 16.14

注："7"为 12 名班主任、1 名少先队大队辅导员、各教研组长的总工作量折算为 7 名教师的工作量。

模拟校二：(600 ÷ 16) × 85% − 7.5 = 24.38

注："7.5"为 12 名班主任、1 名团委（支部）书记、各教研组长的总工作量折算为 7.5 名教师的工作量。

4. 计算出每名专任教师的周标准课时数。

模拟校一：384.2/16.14 = 23.8 ≈ 24

模拟校二：440.8/24.38 = 18.08 ≈ 18

考虑目前教师编制过紧、学生生源减少的现状及基础教育课程改革的需要，小学周标准课时确定为 18 ~ 20 节，初中周标准课时确定为 13 ~ 15 节。

第二节　关于教职工考勤办法及细则问题

一、考勤管理

教职工考勤由学校办公室负责，实行处室与年级分级管理的方式。其中：

(1) 办公室负责教职工每天上下班考勤、教职工大会考勤、考勤成绩和考勤绩效核算。

(2) 主管处室（级部）负责教职工正常工作时间的岗位考勤和半天及以内的请假管理，负责会议和活动的考勤。学校大型活动的考勤由主办处室负责，办公室负责协助。

(3) 分管校长负责职责范围内教职工出勤情况的抽查。

(4) 值班领导负责值班日常检查和教职工出勤情况的抽查。

1. 请假类型。

教职工请假分为法定假、公假、事假、病假等几种类型。法定假指婚假、丧假、产假、哺乳假等；公假指由学校安排的外出活动所请的假（开会、培训、教研等活动）；事假指因个人私事所请的假；病假又分为一般病假和大病病假，一般病假是指因病所请的短期假（时间在五天以内），大病病假是指因病住院或进行手术治疗，短时间内无法上班所请的假。

2. 考勤规定。

(1) 教职工考勤每天按 7 节计，请假不足一节的按一节计，按天进行核算。

（2）实行钉钉签到、签退制度。签到时间为上午和下午上课10分钟前签完到；签退时间以学期初通知或其他规定为准；签到、签退地点在学校钉钉信号范围内。

（3）工作时间擅自离开为离岗，比规定时间晚到30分钟以内为迟到，比规定时间提前离开30分钟以内为早退。半天内，迟到、早退、离岗不足2个小时的计为旷工1/4天，超过2小时的视为旷工半天。旷课（含自习辅导、活动监管、社团组织等，下同）一节，按旷工半天计。

（4）教职工本人请婚假为一周，子女嫁娶为3天；直系亲属丧假为3天；女教职工生育享受6个月产假，如遇周末、节假日、寒暑假等，假期不予扣除；小孩半岁内可请哺乳假，即在不影响正常工作的情况下，每天上、下午各一次哺乳时间，可自行调剂，每次60分钟。

（5）一般病假须有县级及以上医疗机构证明（病历、处置单、处方、建议书、药费单据等），及时到学校请假，否则以事假论处。大病病假须由本人或家属在7天内将以上材料交学校办公室，学校办公室提交大病认定小组，经认定后履行请假手续。大病认定小组由办公室负责，成立由办公室主任、工会主席、部分教职工代表及全体中层干部组成的大病核实小组，根据对请假教职工提供的材料和对其病情的了解，进行核实，认定为大病的人数超过80%，方可视为大病病假。

（6）请假不参加时间低于半天的会议、活动、值班等，按照半天计算。虽请假，但因调班不到位，导致课堂空堂、耽误工作等，按旷工处理。学校组织的大型活动（如运动会、考务会等）按双倍计。

（7）因公外出及参加会议、活动等，必须将派出处室开具的证明交办公室备案，否则按旷工论处。

（8）教职工因特殊、紧急、重大的事情不能按时办理请假手续或需延长假期的，均须先向分管副校长口头或电话请假，两天及以上的假期须向校长请假，然后在第二天由本人或委托其他人补办好相关请假手续，否则按旷工处理。

二、考勤审批程序及权限

1. 请假人必须持本人填写的请假条和“调课（岗）审批单”到所在级部、处室、校级领导处，按审批权限逐级请假，审批后将请假条和相关证明分别交办公室和所属处室备案。

2. 请假必须从各级部（处室）开始，最终根据审批权限核准。

（1）教师请假：半天以内（含半天）的请假，由所属部门的部室主任同意，教务处主任审批；半天以上、2天以内（含2天）的请假，由所属部门的部室主任和教务主任同意，分管校长审批；2天以上的请假，由所属部门的部室主任、教务主任和分管校长同意，校长审批。

（2）处室职员请假：半天以内（含半天）的请假，由处室主任审批；半天以上、2天以内（含2天）的请假，由处室主任同意，分管校长审批；2天以上的请假，由处室主任和分管校长同意，由校长审批。

（3）中层干部请假：半天以内（含半天）由分管校长审批；半天以上由分管校长同意，校长审批。

（4）校级领导请假由校长审批。

（5）值班教师请假，须分别向当日值班校长和分管校长同时请假。大型活动（运动会、考务会等）请假，须经活动的主办科室主任和分管校长审批，其他人员无权批假。

（6）以上各类请假，有课的必须填写调课表，否则视为无效。

（7）各类请假，请假人在假期结束后，及时到相关处室和相关人员处销假。

三、考勤核算

1. 教职工考勤按月核算，满分100分。学期末折合成满分8分，记入教师综合考评。

事假，一节扣0.5分，半天扣2分，1天扣5分；病假，一天扣2分（符合相关病假规定要求，并经学校批准不予坐班的，按病假一半扣分）；迟到、早退，一次扣2分（一个月内迟到2次及以内不扣分）；无故未考勤，一次扣8分；旷工，一节扣5分，每天按7节计；旷课一节，按旷工半天计。

大型集体活动、会议、考试等情形，按双倍标准扣分。

2. 因公外出、函授学习、婚丧假、产假及哺乳假不列入考勤成绩核算。

3. 寒暑假期间的各种集体活动，考勤计入下学期第一个月。

4. 考勤核算实行扣分的办法，每月扣完100分为止。请假超过20个工作日（含20个工作日）的，该月考勤成绩不得分。

5. 学期末，将本学期每月考勤成绩进行汇总，并按比例折算为教职工个人该学期的考勤成绩。

四、考勤成绩应用

1. 考勤成绩主要用于年度考核核算、评优评先和绩效工资发放。

2. 学年内累计旷工4天以上、请事假和病假30天（工作日）及以上者，不能参加年度评优，年度考核也不能评为“优秀”等次。

说明：对未列入考勤规定范围，但又与教职工切身利益相关的特殊情况，由校长办公会研究通过后执行。

第三节　关于考试分数量化问题

绩效工资分配要充分考虑教师教育教学的实绩，坚持多劳多得、优绩优酬，因此对教师教学成绩的考核是绩效考核的重要组成部分。考试成绩存在不同科目或同一科目在不同层次考试之间分数的可比性差，考生在接受测试后，按照评分标准，对其作答直接评出来的分数叫原始分。在原始分基础上计算出来的平均分、合格率、优秀率分别称为原始平均分、原始合格率、原始优秀率。由于各科原始分往往受试题的难度和区分度大小的影响，题目难了原始分就偏低，题目容易了原始分就偏高，因此要进行各学科考试分数的比较，就必须把原始分转化为同一“量具”中的值。标准分是一种由原始分推导出来的相对地位量数，它是用来说明原始分在所属的那批分数中的相对位置的。原始分标准化是实现分数等值化的工具。

一、分数的标准化与分数换算

普通高校招生全国统一考试最主要的目的是为高校选择优秀新生，这就要求考试分数能够准确、清晰地反映考生之间的水平差异，并以此作为录取的依据。但作为学校而言，要将学生的高考分数与教师的教育教学实效联系起来，就存在一个分数量化问题。

1. 原始分数存在着很大局限性。

（1）原始分制度没有反映成绩在考生团体中的位置。

高考不是达标考试，而是选拔性考试，它以择优选拔为主要目的，考生和家长考后所希望得到的信息不只是考了多少分，而且想了解自己考得比多少人好，能否被录取。例如一个考生接到总分是 490 分的成绩通知时，他既无法知道是否能上最低录取线，也不明确他在全体考生中处于什么位置。从这个意义上说，原始分的含义不明确。

（2）不同科目或同一科目在不同层次考试之间分数的可比性差。

我们知道，原始分数往往受试题的难度和区分度大小的影响。题目难了，原始分就偏低；题目易了，原始分就偏高。例如，一考生高考的政治和数学都是 65 分，如果该考生是 1985 年理工类考生，那么，该考生的政治科就比全国的平均分低 31 分，数学成绩却比全国的平均分高出 5 分。由于各学科每次考试难度不同，导致分数分布不均，原始分数的“1 分”不等值，那么就反映同一水平的分数在两门考试中可能不同。换句话说，两次考试的相同分数可能反映不同的考试水平。由于原始分数的不稳定性直接导致原始分数不具有可比性，因此使用原始分数难以对考生水平进行科学的比较。

（3）原始分数不宜直接相加。

在高考录取中，原始分制是用考生各科成绩相加得到的总分来评定考生水平，并根据上线考生的总分从高分到低分进行录取。但不同的学科试卷难易程度不同，试卷容易的学科考生得分高，试卷难的学科考生得分低，因此试卷难易不同的学科的分数价值不同。例如，若英语科试卷难，考生平均分仅为 50 分，而语文科较易，考生平均分为 80 分，那么英语的 1 分与语文的 1 分是不相等的，即各科的分数单位并不相同，因此不具可加性。这样，把两位考生的五科原始分数相加的“总分”来比较“总分”大小，就像 100 元人民币加上 100 港元再加上 100 美元得到“300 元”一样，是不能准确反映价值高低的。原始分的合成不能反映各科分数的分值高低，因此原始分不具备可加性。要进行各科考试分数的合成和比较，就必须把原始分转化为同一“量具”中的值——标准分，使各科标准差之间以及平均数之间恒定且各科分值接近，这样才能使各科成绩的总分趋于科学、合理。

（4）在高考中不便于控制各科目的权重。

（5）在教育评价时，常提供不客观、不准确的信息。

2. 标准分制度的优点。

标准分制度能够克服原始分数制度的缺点，更科学地报告考生的高考成绩。建立标准分制度有如下优点：

（1）有利于提高考试质量，促进高考标准化、科学化进程。

高考标准化的全过程包括：命题标准化、考务管理标准化、试卷评阅标准化、分数的解释和使用标准化。考试的最终目的就是获得能标定考生水平的分数，命题工作、考务管理工作、教师和考生的辛苦劳动，都是为了获得能反映考生真实水平的分数，社会各界也都是通过考试分数认可高考、评价考生的水平。因此，只有建立含义明确、具有稳定和可比的、能量化考生水平的标准分数制度，才能真正实现高考标准化。而这项工作做好了，必将推动整个考试的发展。

（2）更加有利于准确地选拔人才，确保高校新生录取质量。

建立标准分数制度，能使高考更加准确地反映考生的实际水平，从而更进一步保证录取的准确性。使用常模量表分数进行录取，考生接到分数通知单后，就能通过标准分与百分位对照表以及考生总数，了解到自己在全体考生中所处的位置，从而估计自己能否被录取，可能录取到哪一类学校；也可以比较同年各科成绩，比较不同年度相同科目的成绩，比较各校、各市县间的各科成绩和综合成绩。对于录取院校来说，可以根据考生的总分和相关学科的分数，准确地选择真正优秀的新生。

使用等值量表分数进行录取，由于当年的分数与各年分数进行了等值，统一到同一“量尺”上了，这样就可以提高录取的质量。等值量表分数反映出的考生的总体水平恒定不变，便于高等学校了解录取的新生情况以及进行逐年之间的比较。等值量表分数使用几年以后，高等学校或长年固定招生的专业就能形成自己稳定的录取标准（即总分和相关学科的标准），同时也便于考试机构宏观监督、指导和调配有关工作。

（3）有利于充分发挥考试的作用。

高考是一种选拔性考试，其卷面成绩高低以及某科高考平均分高低，既与考生能力有关，也与试卷难易有关。同时，不同科目之间的原始分数可比性较差，因此不能直接利用高考原始分数进行中学教学评价。标准分数是参照常模的一种评分方法，其结果较明确、单位相同并有共同的参照（常模为500分），具有稳定性和可比性。因此，使用标准分精简制度对考试对象进行评价工作，对一个市县或中学来说，就可以把本市县或本学校各科标准分数的平均分和综合分平均值与省常模或全国常模进行比较，了解自己的位置；同时可对当年本单位各科成绩进行比较，从而找出学科间的差距。

3．什么叫标准分。

考生在接受测验后，按照评分标准对其作答直接评出来的分数，叫原始分。原始分反映了考生答对题目的个数，或作答正确的程度。但是，原始分一般不能直接反映出考生间差异状况，不能刻画出考生相互比较后所处的地位，也不能说明考生在其他等值测试上应获得什么样的分值。

导出分是在原始分的基础上，按一定的规则推导出来的分数，其目的是进一步解决原始分所没有解决的问题，或者说，是为了更好、更科学地解释分数的含义，进行分数的组合，实现分数的等值化。这种把原始分转化为导出分的过程，称作分数转换。导出分的种类有很多，最常用的是百分等级和标准分。

标准分是一种由原始分推导出来的相对地位量数，它是用来说明原始分在所属的那批分数中的相对位置的。求法如下：

$$Z = (X - X\_\ bar) / S$$

式中，X 为原始分数，$X\_\ bar$ 为原始分的平均数，S 为原始分的标准差。Z 分数是以一批分数的平均数作为参照点，以标准差作为单位表示距离的。它由正负号和绝对数值两部分组成，正负号说明原始分是大于还是小于平均数，绝对数值说明原始分距离平均分数的远近程度。一批分数全部转换成 Z 分数后，它们的整个分布形态并没有发生改变。Z 分数准确地刻画了一个分数在一批分数中的相对位置，但是，由于 Z 分数有负值，常带有小数，不易被人理解和应用。因此人们在Z 分数的基础上进一步转换，从而发展起了一系列其他形式的标准分。转换通式为：

$$Z' = \alpha Z + \beta$$

式中，Z'为其他形式的标准分，α 是转换方程的斜率，β 是转换方程的截距。我国普通高校全国招生统一考试所使用的标准分，就是用刚才介绍的方法进行转换的。

即：$T = 500 + 100Z$

公式中，取 500 为平均分，100 为标准差。

4. 标准分制度的内容。

建立标准分制度一般应由以下环节构成：①各省仍按以往的方法组织评分，然后合成每个考生的各科原始分，并且统计各科的每个分数上的考生人数。②国家教委考试中心在部分省级考试机构的配合下，进行当年与往年的分数等值转换。国家教委考试中心确定原始分数与标准分数的转换关系，各省考试机构根据转换关系得出省级常模量表分数。（各省在转换时，可以根据分数分布具体情况进行微调。）③各省考试机构公布省级常模量表分数（原始分不公布）。

高考标准分数制度由常模量表分数（包括全国常模和省常模）、等值量表分数组成。具体讲：常模量表分数反映某次考试的考生成绩在考生总体中的位置，分数值与这一位置有关。由于高考是全国统一考试，分省进行录取，所以标准分数转换有两种情况：一种是把全国考生作为一个总体进行分数转换，另一种是把每个省的考生作为一个总体进行分数转换。这样建立的常模量表分数能够准确地刻画考生成绩在总体中的位置，使不同学科的成绩能够进行比较，但还不能以此进行逐年的比较。为了弥补这种不足，就需要等值量表分数来完善。

5. 标准分数的理解和使用。

常模转换分数是根据高考的目的，按照正态分布的原理，把原始分数转换成标准分数。这种标准分数的平均分为 500，标准差为 100，每一常模转换分数都与该分数以下的考生数与考生总数的比例有确定的对应关系。

如某考生物理高考成绩为 690 分，我们就可以查高考标准分与百分等级对照表，得出该考生成绩以下的考生占考生总数的比例。查表 690 分对应的比例为 0. 97127998（即 97. 127998%），若该生为去年某省理工类考生，去年理工类考生数为 9724 人，则他超过 9445 人，比他分数高的考生约有 279 人［算法：9724 × （1 − 0. 97127998）］。这样，我们就很容易看出考生在全体考生中的位置，较精确地刻画了考生在团体中的水平。另外，需要再次强调的是考生的各科成绩和综合分析都是用常模量表分数来表示的，各科成绩相加不等于综合分。综合分是根据各科标准分进行合成，然后按常模量表分数转换方法得到的。请大家不要与原始总分混淆，也不要误认为综合分是各科标准分的平均分。

在使用原始分的省份，考生得知自己的各科分数和总分后，就要用各类学校录取分数线来衡量自己的成绩是上何类分数线，进而估计自己大概能上哪一类学校。但是在估计中，由于不知道自己在全体考生中的位置，所以往往盲目性很大。

使用标准分数以后，考生很容易得知自己的总成绩和各科成绩所处的位置，然后根据各类学校录取分数线在常模分数量表中的位置，进而可以比较准确地估计或预测自己能上哪一类学校，把握有多大。

标准分转换以后，考试机构在高考后送到考生手上的及在档案中存放的是这样的成绩单：

考号	姓名	语文	数学	英语	物理	理综	综合分
0050516	张华	592	598	642	581	619	636
百分等级		821	837	922	791	883	913

这张成绩通知单的含义是：张华的综合分为636，百分等级为913，则可知张华在全省理工类考生中的位置，即有91.3%的考生成绩比张华成绩低。学科成绩的含义与之相同。因为各学科成绩具有同样的参照点，所以我们还可以对各学科进行比较。这样我们不难看出，张华的英语较好，物理较差。又如，某理工类考生综合分为695分，对应的百分等级为974，当年理工类考生总数为110285人，在该生以上大约有2867人，而当年理工类本科录取分数线为633分，对应的百分等级为908，则上线人数约为10146人。从以上情况分析，该生估计可能被重点大学录取。但是，我们也应知道录取新生既要看综合分的高低，还要考查相关学科的成绩；另外，重要的一点是要看考生所报志愿学校的生源情况、考生在所报学校考生中的位置，以及思想表现、身体状况、高中毕业会考成绩等情况。

6. 原始分转换成标准分后的分数顺序。

各科原始分转换为标准分，每科成绩的排列顺序不发生变化，即原始分高的，标准分也高；原始分低的，标准分也低；原始分相同的，转换后标准分也相同。但综合分析的前后顺序与原始总分的前后顺序相比有一些变化。从总体上说，原始总分与综合分一致性程度很高，虽然变动的范围不大，但由于高校是“按总分划线录取的”，人们自然会问：哪些考生不影响录取，哪些考生影响录取？综合分这种前后次序的变动是否合理？

（1）高分段和低分段的考生。由于次序变化幅度很小，所以不管按哪种办法计算总分，都不影响其是否被录取。也就是说，优秀考生不管按什么办法算总分都会被录取，差生不管按什么办法算总分都不会被录取。

（2）对于总分处于最低录取线边缘的考生，由于按原始分计算总分与按标准分计算总分的方法不同，两种总分排序前后的变化幅度虽然不大，也会有少数考生出现录取受到影响的情况：有的考生原始分总分未上线，但转换为标准分后上线了；有的考生原始分总分上线了，但转换为标准分后却没有上线。但总的来说，这种录取受影响的情况所占考生的比例很小。

在原始分总分合成中，各科在总分中的权重是一种自然形成的结果。各科在总分中的权重取决于各科分数分布的标准差的大小，标准差大（即考生分数分布比较分散，分数距离拉得比较大），在总分中的权重就大；反之，标准差小，在总分中的权重就小。也就是说，在原始分中，标准差大的，在总分累计中起的作用就大；标准差小的，在总分累计中起的作用就小，这就使各学科在录取中应有的权重不能体现出来。显然，这种原始分累加计算总分是不合理的。使用标准分后，各科原始分转换成平均分为500分、标准差为100分的标准分，各科分数就有了共同的参照点，也有了相同的单位，统一成了同一“量尺”上的分数。这样的各科标准分合成转换为综合分，保证了各科在总分中的权重，因此是合理的。上述少数学生的成绩因转化为标准综合分后，录取受到影响是正常的、合理的、科学的，这正是标准化制度克服原始分制度的缺点而显示其优越性的结果。

注：标准差（Standard Deviation），在概率统计中常常用来作为统计分布程度（statistical dispersion）的测量。标准差定义是总体各单位标准值与其平均数离差平方的算术平均数的平方根，它反映组内个体间的离散程度。测量分布程度的结果，原则上具有两种性质：

为非负数值，与测量资料具有相同单位。一个总量的标准差或一个随机变量的标准差，以及一个子集合样品数的标准差之间，是有所差别的。

假设有一组数值 X_1，X_2，X_3，$\cdots X_n$（皆为实数），其平均值（算术平均值）为 μ。

标准差也被称为标准偏差或者实验标准差，公式为：

$$\sigma = \sqrt{\frac{1}{N}\sum_{i=1}^{N}(x_i - \mu)^2}$$

简单来说，标准差是一组数据平均值分散程度的一种度量。一个较大的标准差，代表大部分数值和其平均值之间差异较大；一个较小的标准差，代表这些数值较接近平均值。

第四节　现阶段义务教育学校教师评价优化模式探讨

目前我国教师评价理论源于英国富有成效的发展性教师评价理论，由于中英两国社会文化背景和意识形态存在差异，这就决定了我们对发展性教师评价的实施不能生搬硬套。因此现阶段我国的教育实际状况如何，应该采取什么样的教师评价作为过渡，值得研究。

现阶段，我国办学受市场经济的影响和制约，竞争日趋激烈，而受传统教育评价的影响，社会对学校的评价标准始终是以升学率为基准的，学校对教师水平的评价更是以分数为标尺来衡量的，这在客观上决定了现阶段对教师评价的结果离不开提职、晋级、加薪、奖金。学校实施的“优胜劣汰”“奖优罚劣”“奖勤罚懒”等措施更是离不开教师评价的鉴定、选择功能。同时，由于教师工资的平均收入水平还比较低，如果缺乏一定的投资力度，无法满足教师适当的物质需求的话，仅仅依靠教师个人的积极性，恐怕难以达到预期的评价目的和管理效果。

发展性教师评价的指标是软性的，容易造成可有可无的错觉。由于发展性教师评价的主体是多元的，涉及管理者、同事、教师本人、学生家长等不同层次的人群，这就不可避免地受到评价能力、评价视觉、人际关系、价值观念等众多因素的影响，极易造成教师评价结果与教师实际工作表现之间存在偏差。另外，由于发展性教师评价涉及众多操作层面上的技术性问题，这就必然要对评价者进行一定的专门培训，让其具备担负该职责所应有的知识和技能。然而就目前实际情况看，无论是在资金的投入上还是在时间的投入上，都还很欠缺。

首先，发展性评价的主题是多元的，造成了评价结果的多样性和随意性，难以对众多的评价结果进行综合和鉴定，因而无法准确地反映出教师的真实发展水平。其次，发展性教师评价的方法也比较主观，只注重对教师进行定性的过程性评价，对定量的终结性评价重视不够，对教师的评价的结果往往带有较大的片面性。

为此，现阶段的教师评价必须基于以下几点认识：

1. 辩证地认识奖惩性评价与发展性评价的关系。

发展性评价制度并不是完美无缺的，奖惩性评价也不是一无是处，二者并不是对立的。以发展理念为指导的教师评价并不排斥对教师教学效能的核定，其关系正如应试教育与素质教育一样。因此不能把发展性评价作为传统管理相对立的某一种具体的评价方式，而应该作为未来教师评价的一种理念，即以发展性理念为指导的教师评价在不放弃管理功能的同时，要最大限度地促进教师的专业发展，在发展中恰当运用奖惩，以奖惩促发展。我国现行的教育评价机制还没有从根本上转轨，一味地寻求发展性评价，不仅教师难以持续发展，学校也难以通过教师的专业发展来实现自身的发展。恰当运用奖惩是必要的，可以逐步形成引导教师自觉发展的评价体系。

2. 冷静地看待发展性教师评价。

从英国教师评价制度的发展可以看出，20 世纪 80 年代末期，在英国开始实行的发展性评价，虽然备受很多学者引介和推崇，然而由于其标准的模糊性、目的性和“温和性”，在实践中几近崩溃。因此，我们不能一味地强调在没有威胁的情况下对教师进行评价，以减少教师对评价的恐惧和厌烦，同时却忽视这样一个事实：评价从本质上就是一种价值判断活动，本来就包括对长处、优点和价值方面的估计。

3. 定性与定量的合理结合仍是关键问题。

恰当地运用绩效指标，将定性与定量相结合，是如何将这两种评价制度结合的关键所在。因此无论重定性还是偏定量，都是一柄双刃剑，有其好的一面，也有其副作用。到底哪一种比例下才能达到最好效果，值得我们研究。

4. 在人文中求科学，借助科学完善评价体系。

在实施充满人文关怀的发展性评价时，要借助实证科学的优势，适当注入测量和数据描述的方式，使评价的结果更加真实、有效，使评价体系本身更加科学、完善。

5. 在过程中善用结果，用结果改进过程。

在过程性评价中，除了要注意收集各种信息并及时反馈外，还要适时地运用终结性评价，让教师通过终结性评价结果，找出自己行为的失误，并不断地有针对性地改进和调整教育教学过程。

基于以上认识，根据目前我国教育实际，结合发展性评价的理念，笔者认为应制定过渡性的教师评价体系。

教师评价体系应立足以下基本原则：

1. 发展性原则。即围绕学校、教师、学生的发展，使评价成为促进教师发展的工具和手段。

2. 积极性原则。即强调评价活动本身的教育性，注重评价者和评价对象人格上的平等性，讲究评价过程的公平性，最大限度地调动各个方面的积极性。

3. 实用性原则。即充分利用评价的导向性，使评价在学校教育实践中起到指导实际的作用，促进实际问题的解决。

4. 可行性原则。即从本校实际出发，充分考虑活动中可以利用的人力、物力、信息资源和评价方法的限制及评价投入与效率的问题。

依照国家教育方针、有关教师职业道德的要求和教师必备的素质规定，并且结合教师队伍的实际状况，教师工作评价指标体系有职业道德、教育教学能力、教育教学水平和教育教学效果四个主要指标，而它们各自可细分为若干亚指标。据此，初步制定以下教师评价体系。

一、教师评价体系

1. 评价指标项目及权重分配。

类别	评议项				检查项									考试项	加分项	扣分项
评价项目	思想品德	工作态度	专业水平	教研教改	考勤	教案	作业	测试	讲授公开课	听课	总结与论文	兼职	工作量	考试成绩	突出贡献	重大失误
权重	4	4	4	4	5	5	5	5	3	4	3	2	12	60		

2. 教师评价评议项参照细则。

评价指标	等级标准		
	A（4分）	B（3分）	C（2分）
思想品德	遵纪守法，自觉严格要求自己；为人师表，能起模范带头作用；热爱全体学生，注重知识、能力和思想品德教育	遵纪守法，努力严格要求自己；为人师表，履行教师职业道德；关心全体学生，注重知识、能力和思想品德教育	遵纪守法，有时要求自己不严；有时失“师尊”，不能完全遵守教师职业规范；面向全体学生不够，或只抓知识能力培养，忽略思想品德教育
工作态度	工作顾全大局，满工作量或超工作量；态度认真，有主人翁精神；善于团结协作，做事不怕吃亏；乐于接受任务，承担的班级、科组、级组工作能出色完成	服从组织安排，工作基本饱满；态度认真负责，本职工作完成好；注意团结协作，群众关系和谐；能接受任务，完成班级、科组、级组的工作	分配工作时提出时间条件，或工作量不足；工作态度一般，本职工作完成不够好；喜欢“单干”或难与人相处，不能按时按质完成班级、科组、级组的工作任务
专业水平	学历合格，持续参加继续教育学习；基础厚实，刻苦钻研业务；备课认真，教案水平高；熟悉教材，重、难点把握准确，教材处理得当；教学环节灵活多样、自然得体，善于组织教学；教学方法逻辑性强、启发性强、通俗性强、开放性强、实用性强	学历合格，持续参加继续教育学习；基础扎实，认真学习业务；备课认真，每课均有教案；重视教材，重、难点能基本把握；注重教法，教学常规较好；作业适量，注意批改评讲；注重启发，注重学习指导	学历不合格，不参加继续教育学习；业务一般，不注意学习；备课粗糙，教案严重不足；教材不熟，重、难点把握不准；教法单调，教学常规不落实；作业偏少或没有，很少批改或评讲作业，不注重启发，少做或没有学法指导
教研教改	积极参加教研活动，具有一定影响；听课严肃认真，评课较有见地；承担公开课教学任务；承担教改课题，富有创造精神；组织课外辅导，学科竞赛获奖；撰写教研论文，具有一定价值	重视教研活动，没有缺席，按时参加听课，认真参加评课；愿意进行公开课教学，态度比较认真；关心学校教改，愿意承担课题；参加课外辅导，做好个别辅导；按时完成总结，积极撰写论文	不够重视教研，县、校教研活动有时缺席；较少参加听课，评课时懒于发言，不承担公开课教学任务或态度比较勉强；不够关心教改，不愿承担课题；很少进行课外辅导，不做个别辅导；不能按时完成学期工作总结

3. 检查项目的等级和分数如下：

（1）考勤：A 等 5 分，全学期满勤；B 等 4 分，全学期不缺课，迟到、早退不超过 3 次，事假不超过 2 节，病假不超过 3 节；C 等 0 分，全学期无故缺课一节以上，或迟到、早退超过 3 次，或事假超过 2 节，或病假超过 3 节。

（2）教案：A 等 5 分；B 等 4 分；C 等 3 分；无教案 0 分。教案级别按上级教育部门制定方法进行评定。

（3）作业：A 等 5 分，做到批改及时、批复具体；作业量适当，作业次数达到学校要求；作业针对性强；缴交率达 95% 以上。B 等 4 分，要求和 A 等 1～3 项相同，缴交率达 90%～95%。C 等 3 分，要求和 A 等 1～3 项相同，缴交率达 85%～90%。D 等 0 分，缴交率在 85% 以下。

（4）测试：A 等 5 分，做到批改及时、批复具体，及时评讲，搞好成绩登记；测试次数达到学校要求，全批全改；缴交率达 95% 以上。B 等 4 分，达到 A 等 1～2 项要求，缴交率达 90%～95%。C 等 3 分，达到 A 等 1～2 项要求，缴交率 85%～90%。D 等 0 分，缴交率在 85% 以下。

（5）讲授公开课：校内公开课 2 分，县级以上公开课 3 分。

（6）听课：科组长一学期完成听课 15 节计 4 分，8～14 节计 3 分，5～7 节计 2 分。教师一学期完成听课 12 节计 4 分，7～11 节计 3 分，4～6 节计 2 分，3 节以下为 0 分。

（7）总结与论文：每学期完成并上交教育教学总结至少一篇，计 2 分；总结或论文被评为校级优秀的，计 3 分。

（8）兼职：担任班主任、年级组长、教研组长等工作加 2 分。

（9）工作量：A 等 12 分，超工作量；B 等 10 分，满工作量；C 等 8 分，三分之二工作量；D 等 5 分，二分之一工作量。周课时标准量参照上级有关文件。

4. 考试成绩量化评价。

（1）考试成绩评价项目及权重分配。

评价项目	平均分	合格率	优秀率
权重	20	20	20

（2）评价项目计算方法。

考生在接受测试后，按照评分标准，对其作答直接评出来的分数叫原始分。在原始分基础上计算出来的平均分、合格率、优秀率分别称为原始平均分、原始合格率、原始优秀率。由于各科原始分往往受试题的难度和区分度大小的影响，题目难了原始分就偏低，题目容易了原始分就偏高，因此要进行各学科考试分数的比较，就必须把原始分转化为同一“量具”中的值。

标准分是一种由原始分推导出来的相对地位量数，它是用来说明原始分在所属的那批分数中的相对位置的。原始分标准化是实现分数等值化的工具。目前普通高校全国招生统一考试都采用此种方法表述考试成绩。标准分求法如下：

$Z=(X-\overline{X})/S$，式中 X 为原始分，$\overline{X}$ 为原始分的平均分，S 为原始分的标准差。

$S=\sqrt{\frac{\sum(X-\overline{X})^2}{N}}$，式中 X 为原始分，$\overline{X}$ 为原始分的平均分，N 为原始分的个数总和。

由于 Z 分数有负值，常带有小数，不易被人理解和应用，因此人们在 Z 分数的基础上进一步转换，从而发展起了一系列其他形式的标准分，其转换式为 $T=500+100Z$。

按照上述原始分标准化方法，年度考核平均分可采用如下计算方法：

设同年级同科目的各班原始平均分为：X_1，X_2，…，X_n；利用转换式 $Z=(X-\overline{X})/S$（$\overline{X}$ 和 S 分别为上述一组数据 X 的平均分和标准差）和 $T=500+100Z$，计算出各班原始平均分对应的一组标准分为：T_1，T_2，…，T_n；设 T_1，T_2，…，T_n 中的最大值为 T_i，那么上述各班对应考核平均分为：$\frac{T_1}{T_i}\times 20$，$\frac{T_2}{T_i}\times 20$，…$\frac{T_n}{T_i}\times 20$（20 为考核平均分的权重）。按照同样方法计算考核合格率、考核优秀率。

5. 突出贡献加分项目。

（1）教育教学、科研的重要成果。

（2）指导学生进行的社会实践、科技、文化、学科成果获县以上奖励。

（3）学校领导和教职工公认的其他突出事迹。

加分细则如下：

（1）荣誉称号加分。国家级 8 分，省级 7 分，市级 5 分，县级 4 分，校级 1 分。

（2）先进组织加分。市级先进组室，组长加 6 分，组员加 4 分；县级先进组室，组长加 4 分，组员加 2 分；校级先进组室，组长加 2 分，组员加 1 分。

（3）教学评奖加分。国家级 8 分，省级 6 分，市级 4 分，县级 3 分。

（4）教科研奖加分。国家级教科研项目，课题组负责人加 8 分，成员加 6 分；省级教科研项目，课题组负责人加 6 分，成员加 4 分；市级教科研项目，课题组负责人加 5 分，成员加 3 分；县级教科研项目，课题组负责人加 4 分，成员加 2 分。

（5）学科竞赛加分。国家级加 8 分，省级加 6 分，市级加 5 分，县级加 3 分。

（6）教育教学论文发表加分。国家级刊物发表加 8 分，省级刊物发表加 6 分，市级刊物发表加 5 分，县级刊物发表加 3 分。

（7）学校领导和教职工公认的其他突出贡献事迹加 8 分。

6. 重大失误扣分项目。

（1）因不负责任造成教育教学和学校财产重大损失。

（2）因不负责任造成学生重大伤害事故。

（3）体罚或变相体罚学生。

（4）学校领导和教职工公认的其他重大事故。

凡造成重大失误，按失误严重程度和本人态度予以扣分。严重的扣 20 分，较严重的扣 10 分，一般事故扣 5 分。

7. 评分方法。

（1）学校成立评价小组，由行政干部和教师代表组成。评价小组参照评议细则进行评分，将各成员评定的总分取平均值，即为该项得分。

（2）检查项目采取检查、统计等方法，评定各项等级及其分数。

（3）考试项目取一学年两学期期末考试成绩考核分数的平均分。

（4）个人同时获奖多项的，只取其中最高分的两项加分；同一项目获取不同级别荣誉的，只计其最高等级的荣誉进行加分。

（5）重大失误有几项时，取其最高分扣分。

（6）评价小组计算评议项、检查项、考试项、突出贡献加分项、重大失误扣分项的得分总和，即为被评价教师的年度评价综合分。

上述教师评价体系评价的结果是一个个实实在在的数值，教师评价从质化的粗放型走上量化的精细型；同时可以根据数值的大小顺序，确定教师年度工作质量级别。

为了进一步帮助教师发现教学中存在的问题，改善教育教学的行为，提高教育教学质量，在教师评价的基础上，还可以建立教师自我评价制度，即教师对照上述考核方案的评价标准，对自己的工作表现主动做出评价，并进行自我总结。学校评价小组与教师进行交流，促进教师的发展。

构建和谐学校、和谐教育离不开公平、公正的教育竞争机制，公正、诚信的教师评价制度是良性教育竞争机制的重要组成部分。建立以促进教师的发展和评价达到公平、公正、诚信为目标的教师评价制度是教育管理的必然要求。不同时期的教育背景，需要不同的教师评价体系与之相适应。分析不同阶段的实际情况，制定合理的评价体系是教育管理者需要不断探索的问题。

附录一

国务院办公厅转发人力资源和社会保障部 财政部　教育部《关于义务教育学校实施绩效工资指导意见》的通知

国办发〔2008〕133 号

各省、自治区、直辖市人民政府，国务院各部委、各直属机构：

人力资源和社会保障部、财政部、教育部《关于义务教育学校实施绩效工资的指导意见》已经国务院同意，现转发给你们，请认真贯彻执行。

义务教育学校实施绩效工资，是贯彻落实义务教育法的具体措施，也是深化事业单位收入分配制度改革的重要内容，充分体现了党中央、国务院对广大义务教育教师的关心，对于依法保障和改善义务教育教师特别是中西部地区农村义务教育教师的工资待遇，提高教师地位，吸引和鼓励各类优秀人才长期从教、终身从教，促进教育事业发展，具有十分重要的意义。

义务教育学校实施绩效工资，涉及广大义务教育学校教职工的切身利益，社会关注，政策性强。地方各级人民政府一定要高度重视，加强领导，周密部署，认真组织实施。要把义务教育学校实施绩效工资同深化学校人事制度改革、加强队伍建设紧密结合，同完善义务教育经费保障机制、规范学校收费行为和经费管理紧密结合。通过实施绩效工资，推动教育改革，促进义务教育事业发展。要注意研究解决实施中出现的问题，妥善处理各方面关系，确保教师队伍稳定。

国务院办公厅

二○○八年十二月二十三日

附录二

人力资源和社会保障部 财政部 教育部
关于义务教育学校实施绩效工资的指导意见

根据《中华人民共和国义务教育法》和事业单位工作人员收入分配制度改革的有关规定，为切实做好义务教育学校实施绩效工资工作，结合义务教育学校实际情况，提出以下指导意见：

一、实施范围和时间

按国家规定执行事业单位岗位绩效工资制度的义务教育学校正式工作人员，从2009年1月1日起实施绩效工资。

二、绩效工资总量和水平的核定

（一）绩效工资总量暂按学校工作人员上年度12月份基本工资额度和规范后的津贴补贴水平核定。其中，义务教育教师规范后的津贴补贴平均水平，由县级以上人民政府人事、财政部门按照教师平均工资水平不低于当地公务员平均工资水平的原则确定。绩效工资总量随基本工资和学校所在县级行政区域公务员规范后津贴补贴的调整相应调整。

（二）义务教育学校实施绩效工资同清理规范义务教育学校津贴补贴结合进行，将规范后的津贴补贴和原国家规定的年终一次性奖金纳入绩效工资总量。在人事、财政部门核定的绩效工资总量内，学校主管部门具体核定学校绩效工资总量时，要合理统筹，逐步实现同一县级行政区域义务教育学校绩效工资水平大体平衡。对农村学校特别是条件艰苦的学校要给予适当倾斜。

三、绩效工资的分配

（一）绩效工资分为基础性和奖励性两部分。基础性绩效工资主要体现地区经济发展水平、物价水平、岗位职责等因素，占绩效工资总量的70%，具体项目和标准由县级以上人民政府人事、财政、教育部门确定，一般按月发放。奖励性绩效工资主要体现工作量和实际贡献等因素，在考核的基础上，由学校确定分配方式和办法。根据实际情况，在绩效工资中设立班主任津贴、岗位津贴、农村学校教师补贴、超课时津贴、教育教学成果奖励等项目。

（二）充分发挥绩效工资分配的激励导向作用。教育部门要制定绩效考核办法，加强对学校内部考核的指导。学校要完善内部考核制度，根据教师、管理、工勤技能等岗位的不同特点，实行分类考核。根据考核结果，在分配中坚持多劳多得，优绩优酬，重点向一线教师、骨干教师和做出突出成绩的其他工作人员倾斜。

（三）学校制定绩效工资分配办法要充分发扬民主，广泛征求教职工的意见。分配办法由学校领导班子集体研究后，报学校主管部门批准，并在本校公开。

（四）校长的绩效工资，在人事、财政部门核定的绩效工资总量范围内，由主管部门根据对校长的考核结果统筹考虑确定。

四、相关政策

（一）《中共中央办公厅国务院办公厅转发〈中央纪委、中央组织部、监察部、财政部、人事部、审计署关于严肃纪律加强公务员工资管理的通知〉的通知》（厅字〔2005〕10 号）下发前，学校发放的改革性补贴，除超过规定标准和范围发放的之外，暂时保留，不纳入绩效工资，另行规范。在规范办法出台前，一律不得出台新的改革性补贴项目、提高现有改革性补贴项目的标准和扩大发放范围。

（二）原国家规定的班主任津贴与绩效工资中的班主任津贴项目归并，不再分设，纳入绩效工资管理。

（三）义务教育学校实施绩效工资时，对完全中学中从事非义务教育教师的津贴补贴问题，由学校统筹考虑。

（四）在实施绩效工资的同时，对义务教育学校离退休人员发放生活补贴，标准由县级以上人民政府人事、财政部门确定。绩效工资不作为计发离退休费的基数。

（五）实施绩效工资后，学校不得在核定的绩效工资总量外自行发放任何津贴补贴或奖金，不得违反规定的程序和办法进行分配。对违反政策规定的，坚决予以纠正，并进行严肃处理。

五、经费保障与财务管理

（一）义务教育学校实施绩效工资所需经费，纳入财政预算。按照管理以县为主、经费省级统筹、中央适当支持的原则，确保义务教育学校实施绩效工资所需资金落实到位。县级财政要优先保障义务教育学校实施绩效工资所需经费，省级财政要强化责任，加强经费统筹力度，中央财政要进一步加大转移支付力度，对中西部及东部部分财力薄弱地区农村义务教育学校实施绩效工资给予适当支持。

（二）要规范学校财务管理，严格执行国务院关于免除义务教育阶段学生学杂费等费用的规定，严禁“一边免费、一边乱收费”。学校的国有资产实行统一管理，各类政府非税收入一律按照国家规定上缴同级财政，严格实行“收支两条线”。严禁利用收费收入和公用经费自行发放津贴补贴。

（三）学校绩效工资应专款专用，分账核算。绩效工资应以银行卡的形势发放，原则上不得发放现金。具体发放方式按地方财政国库管理制度有关规定执行。实行工资财政统一发放的地方，基础性绩效工资按规定程序直接划入个人工资银行账户，奖励性绩效工资经学校主管部门审核后，由同级财政部门划入个人工资银行账户。

六、组织实施

（一）省级人民政府人事、财政、教育部门按照本指导意见和国家有关规定制定本行政区域内义务教育学校绩效工资的实施意见，报人力资源社会保障部、财政部、教育部备案。市、县级人民政府人事、财政、教育部门制定的具体实施办法，报上级人民政府人事、财政、教育部门批准后实施。

（二）各地区、各有关部门要统筹义务教育学校实施绩效工资与当地规范公务员津贴补贴、义务教育经费保障机制改革、完善农村教师工资经费保障机制、深化中小学人事制度改革等各项工作。要及时研究和妥善处理实施中出现的问题，确保绩效工资平稳实施。

（三）有关部门要密切配合，加强工作指导，建立健全有效的监督检查工作机制，严格把握政策和程序，指导和督促学校严格执行实施绩效工资的有关政策。

附录三

教育部关于做好义务教育学校教师绩效考核工作的指导意见

教人〔2008〕15 号

各省、自治区、直辖市教育厅（教委）、新疆生产建设兵团教育局：

为深化教育人事制度改革，推进义务教育学校绩效工资制度顺利实施，加强教师队伍建设，促进教育事业科学发展，现就做好义务教育学校教师绩效考核工作提出如下意见。

一、充分认识绩效考核工作的重要意义

经国务院同意，自 2009 年 1 月 1 日起，首先在义务教育学校实施绩效工资分配政策，这是坚持教育优先发展战略的又一重大举措，是加强教师队伍建设具有里程碑意义的一件大事，充分体现了党中央、国务院对教育事业的高度重视，对广大教师的亲切关怀。对于依法保障教师收入水平，激发广大教师积极投身教书育人事业，吸引和鼓励优秀人才长期从教、终身从教具有重大意义。

做好教师绩效考核工作是义务教育学校实施绩效工资制度的必然要求。绩效考核结果是绩效工资分配的主要依据。义务教育学校实施绩效工资分配改革，必须建立符合教育教学规律和教师职业特点的教师绩效考核制度，为绩效工资分配更好地体现教师的实绩和贡献、更好地发挥激励功能提供制度保障。

做好教师绩效考核工作是加强教师队伍建设的重要基础。科学有效地实施教师绩效考核，是全面贯彻党的教育方针、深入实施素质教育的重要举措，是提高教师队伍整体素质、促进教师队伍科学发展的关键环节，是完善教师激励约束机制、努力构建充满生机与活力的教师人事制度的重要任务，对于加强教师队伍建设，充分调动广大教师的积极性、主动性和创造性，具有极其重要的导向作用。

地方各级教育行政部门和义务教育学校要充分认识做好教师绩效考核工作的重要意义，将其作为一项重要而紧迫的任务，采取切实有效措施，全面建立教师绩效考核

制度，深入推进教师绩效考核工作，为深化义务教育学校岗位绩效工资制度改革，加强教师队伍建设创造有利的条件。

二、全面把握绩效考核工作的基本要求

实施绩效考核工作，要以邓小平理论和“三个代表”重要思想为指导，深入贯彻落实科学发展观，全面贯彻党的教育方针，以服务和促进义务教育的科学发展为目标，以提高教师队伍素质为核心，以促进教师绩效为导向，着力构建符合教育教学和教师成长规律、导向明确、标准科学、体系完善的教师绩效考核评价制度，促进广大教师为全面实施素质教育、办好人民满意的教育贡献智慧和力量。

实施绩效考核工作应遵循以下基本原则：

尊重规律、以人为本。尊重教育规律，尊重教师的主体地位，充分体现教师教书育人工作的专业性、实践性、长期性特点。

以德为先，注重实绩。完善绩效考核内容，把师德放在首位，注重教师履行岗位职责的实际表现和贡献。

激励先进，促进发展。鼓励教师全身心投入教书育人工作，引导教师不断提高自身素质和教育教学能力。

客观公正，简便易行。坚持实事求是、民主公开，科学合理、程序规范，讲求实效、力戒烦琐。

三、科学确定绩效考核的主要内容

教师绩效考核的内容主要是：教师履行《义务教育法》《教师法》《教育法》等法律法规规定的教师法定职责，以及完成学校规定的岗位职责和工作任务的实绩，包括师德和教育教学、从事班主任工作等方面的实绩。

师德主要考核教师遵守《中小学教师职业道德规范》的情况，特别是为人师表、爱岗敬业、关爱学生的情况。在考核中，要明确规定，教师不得以任何理由、任何方式有碍完成教育教学任务，不得以非法方式表达诉求、干扰正常教育教学秩序、损害学生利益，并将此作为教师绩效考核合格的必备的基本要求。

教育教学主要考核教师从事德育、教学、教育教学研究、教师专业发展的情况。德育工作是每个教师应尽的责任，要结合所教学科特点，考核教师在课堂教学中实施德育的情况；教学工作重点考核教学工作量、教学准备、教学实施、教学效果，以及组织课外实践活动和参与教学管理的情况；对教学效果的考核，主要以完成国家规定的教学目标、学生达到基本教育质量要求为依据，不得把升学率作为考核指标，要引导教师关爱每个学生，特别是学习上有困难或品行上有偏差的学生。教育教学研究工

作重点考核教师参与教学研究活动的情况。教师专业发展重点考核教师拓展专业知识、提高教育教学能力的情况。

班主任是义务教育学校教育教学工作中的重要岗位。班主任的工作任务应作为教师教学工作量的重要组成部分，要鼓励教师尤其是优秀骨干教师积极主动承担班主任工作，使他们有热情、有时间、有精力，高质量高水平做好班主任工作，当好学生的人生导师，促进学生德智体美全面发展。要强化对班主任工作的考核，重点考核其对学生的教育引导、班级管理、组织班集体和团队活动、关注每个学生全面发展的情况。

各地要从实际出发，围绕考核内容，建立健全科学完善的教师绩效考核指标体系。指标体系的建立要符合全面实施素质教育的要求，体现课程改革的方向，正确发挥对教师的激励导向作用，充分体现考核指标的激励性和约束性的有机统一。

四、积极探索绩效考核的有效方法

各地要积极探索、创新绩效考核的机制与方法，规范考核程序，健全考核组织。绩效考核工作一般由学校按规定的程序与年度考核结合进行，可采取定性与定量相结合，教师自评与学科组评议、年级组评议、考核组评议相结合，形成性评价和阶段性评价相结合等方法，同时适当听取学生、家长及社区的意见。要充分发挥校长、教师和学校在绩效考核中的作用。

要不断完善绩效考核载体。可采取指标要素测评、业务知识测试、建立教师发展档案、开展争先创优活动等多种形式，完善教师绩效考核载体，通过多种形式，全面反映教师的业绩和贡献。

各地在教师绩效考核中要坚持公平公正、公开透明，充分发扬民主，增强绩效考核工作的透明度和考核结果的公信力。

五、高度重视绩效考核结果的合理运用

绩效考核结果要作为绩效工资分配的主要依据。对履行了岗位职责、完成了学校规定的教育教学工作任务的教师，全额发放基础性绩效工资；对有突出表现或做出突出贡献的教师，视不同情况发放奖励性绩效工资。要根据绩效考核结果，合理确定奖励性绩效工资分配等次，坚持向骨干教师和做出突出成绩的教师倾斜，适当拉开分配差距。

绩效考核结果也要作为教师资格认定、岗位聘任、职务晋升、培养培训、表彰奖励等工作的重要依据。

教师对考核结果有不同意见，可以通过正常渠道向学校考核工作组织和学校主管部门申诉。

六、切实加强绩效考核的组织领导

绩效考核是一项复杂的系统工程，政策性强，涉及面广，关系到广大教师的切身利益。地方教育行政部门要高度重视，精心部署，认真组织实施。

省级教育行政部门要根据本指导意见精神，结合本地区实际，科学制定本省（区、市）绩效考核办法，认真分析和解决绩效考核中存在的问题，不断总结和推广绩效考核的典型经验，努力提高绩效考核工作的水平。地（市）教育行政部门要切实加强实施工作的指导与监督检查。县级教育行政部门具体负责本地义务教育学校教师绩效考核组织实施工作，要根据上级有关规定，制订本地具体实施办法，指导学校制订教师绩效考核实施方案，切实做好教师绩效考核实施工作。与此同时，各地也要积极完善校长及其他教职工的绩效考核工作。

切实做好深入细致的教师思想工作。要严肃考核工作纪律，对工作不负责任，考核失真失实的，实行责任追究。要不断探索和完善绩效考核方法，努力提高绩效考核的科学性，保证绩效考核机制的有效运行，充分发挥绩效考核在加强教师队伍建设，促进全面实施素质教育中的重要作用。

中华人民共和国教育部

二〇〇八年十二月三十一日

附录四

义务教育学校实施
绩效工资政策宣传提纲

——教育部人事司副司长吕玉刚解读绩效工资政策

各位局长、各位校长、各位同志：

2008年12月17日国务院常务会议审议并原则通过了《义务教育学校实施绩效工资的指导意见》；12月21日晚上，中央电视台新闻联播发了新闻通告；12月24日国务院办公厅国办发2008年133号文件转发了这个指导意见；12月29日人力资源和社会保障部、财政部、教育部在北京联合召开了全国义务教育学校实施绩效工资部署会议，正式部署了这项工作；12月31日为了配合做好义务教育学校实施绩效工资工作，教育部下发了《关于做好义务教育学校绩效考核工作的指导意见》；2009年1月1日教育部下发了《关于切实加强中小学思想政治工作，坚决维护学校稳定的通知》，同时下发了《义务教育学校实施绩效工资政策宣传提纲》，这个宣传提纲要求传达到每一所中小学的每一位教师；另外，教育部还决定要分期分批培训各省教育厅的人事处长、市县的教育局局长、义务教育学校的校长，这次的远程培训就是这一系列培训的一个重要部分。下面为了便于大家更好地理解和掌握相关的政策，促进义务教育学校实行绩效工资工作平稳进行，我就文件出台的背景、起草的过程、主要的政策、相关的改革等问题向大家做一个介绍，重点是介绍实施绩效工资的要点。

第一部分，关于政策出台的背景和过程。

实施绩效工资是事业单位工资改革的重要部分。2006年，党中央、国务院从理顺分配关系、构建和谐社会的全局出发，决定进行公务员工资制度改革和事业单位收入分配制度改革。事业单位的收入分配制度改革的目标是要建立岗位绩效工资制度。岗位绩效工资由岗位工资、薪级工资、绩效工资和津贴补贴四部分来构成，其中岗位工资和薪级工资为基本工资，绩效工资是事业单位工作人员工资收入的重要组成部分，主要体现工作人员的实绩和贡献，发挥激励功能。根据事业单位的不同类型，绩效工资实行分级分类管理。国务院决定义务教育学校自2009年1月1日起，率先实施绩效工资，这是党中央、国务院优先发展教育的重大决策，充分体现了党中央、国务院对广大教师的亲切关怀，是教育改革和发展的重大基础性工程，为确保《义务教育法》规定的教师的平均工资水平不低于当地公务员的平均工资水平提供了重要的制度保障，是教育人事制度的重大改革。它有利于进一步提高教师的地位，充分调动广大教师的积极性、创造性，吸引和鼓励各类优秀人才到义务教育学校，特别是农村义务教育学校长期从教、终生从教。

关于《义务教育学校实施绩效工资的指导意见》的起草过程。

这个指导意见的起草工作大体上分为四个阶段，第一个阶段是教育部前期的研究阶段，在大、中、小学基本工资套改基本结束以后，教育部就着手研究绩效工资政策问题。2007 年 4 月到 10 月期间，教育部设立了专项的课题组，组成了专门的研究班子，分别研究制定义务教育学校、高中、幼儿园、职业中学等学校和高等学校三个实施绩效工资的指导意见。这是第一个阶段。第二个阶段，从 2007 年的 11 月到 2008 年的 2 月份开始，是原人事部、财政部、教育部联合起草文件的阶段，按照事业单位规范津贴、补贴和实施绩效工资结合进行，解决义务教育教师津贴、补贴问题要通过实施绩效工资来实现的这一个工作思路，三个部门联合起草修改了《义务教育学校实施绩效工资的指导意见》。第三个阶段，也就是测算、调研和论证的阶段，时间大概是从 2008 年的 3 月到 8 月份。3 月 24 日，人力资源和社会保障部、财政部、教育部的有关司局下发了通知，要求各省以地市为单位，上报公务员与义务教育阶段教师收入的状况；4 月 20 日到 22 日，三部联合在重庆召开了十省市人事、教育、财政厅局的负责同志的会议，征求地方对义务教育学校实施绩效工资相关政策的意见。随后，三个部门又组成多个调研组，赴全国各地进行调查研究，征求意见，特别是听取义务教育学校校长和教师们的意见。第四个阶段，就是修改、完善、报批的阶段。2008 年 8 月份，三个部门联合向国务院报送了《义务教育学校实施绩效工资的请示》；按照国务院领导同志的指示，三个部门又对《指导意见》进行了修改和完善；11 月份，国务院领导同志专门召开会议，听取了三个部门的汇报；12 月份，国务院常务会议讨论并原则通过了这个《指导意见》。大家从文件制定的过程可以看出，中央领导同志高度重视教师的待遇问题，非常关心广大教师的切身利益。《义务教育学校实施绩效工资的指导意见》是经过了深入的调研，广泛听取意见，反复测算分析和周密研究论证形成的，充分体现了依法决策和科学民主决策的要求，集中了地方政府、有关部门和广大义务教育学校校长、教师的智慧，可以说政策来之不易，我们要倍加珍惜。这是我给大家讲的第一个部分。

第二部分，关于义务教育学校实施绩效工资的主要政策。

第一，绩效工资的实施范围。义务教育学校实施绩效工资的范围是按国家规定执行事业单位岗位绩效工资制度的义务教育学校正式工作人员，这和2006年事业单位收入分配制度改革时的规定是一致的。这里需要说明的是，完全中学中，既有义务教育也有非义务教育，情况比较复杂。这次解决的是义务教育教师的绩效工资，但是为了保持学校内部合理的收入分配关系，完全中学的非义务教育教师津贴、补贴问题，由学校统筹考虑，待非义务教育学校实施绩效工资意见出台后，再按有关规定执行。这里，希望大家要对为什么现在只出台了《义务教育学校实施绩效工资的指导意见》，而非义务教育学校的文件没有一起出台的背景和原因有一个全面的正确理解。事业单位的改革非常复杂，从改革的总体方向上来讲，涉及五大改革，包括事业单位的分类、财政的投入制度、用人制度、输入分配制度和社会保障制度，这五大改革当中，分类是基础。由于事业单位的公共定位和公共属性不同，应分为不同的类别，不同的类别有不同的经费来源渠道和收入分配方式。从教育系统自身来看，义务教育学校、高中、幼儿园、职业学校和高等学校也各有各的特点。国家在2006年进行事业单位收入分配制度改革的时候，考虑到事业单位的分类等配套改革还没有到位，所以只先进行基本工资套改。绩效工资和规范事业单位的津贴、补贴工作相结合逐步实施。2006年新修订的《义务教育法》明确规定，义务教育是国家必须予以保障的公益事业，教师的平均工资水平不低于当地公务员的平均工资水平。近年来，义务教育经费保障机制改革全面推进，城乡都实行了免费义务教育，义务教育学校实施绩效工资的问题更为紧迫，这是落实《义务教育法》的一个重要任务和重大举措。考虑到义务教育的特殊性，为了体现对义务教育特别是农村义务教育的重视，也为了统筹和其他事业单位的关系，因此，从国家层面上是先出台了《义务教育学校实施绩效工资的指导意见》。国家有关部门正在抓紧研究拟订整个事业单位实施绩效工资的意见和非义务教育学校以及其他行业事业单位实施绩效工资指导意见，非义务教育学校绩效工资问题也会逐步得到解决。教育部对非义务教育学校实施绩效工资的有关政策已经进行了前期的研究，也正在与国家有关部门积极沟通，尽快推进这项工作，希望各地一定要做好教师的思想政治工作，从大局出发，充分理解改革的步骤和进程，切实维护教师队伍的稳定。

第二，关于绩效工资的总量和水平。按照指导意见的规定，义务教育学校绩效工资总量暂按学校工作人员上年度12月份基本工资额度和规范后的津贴补贴水平核定。也就是我们义务教育学校的绩效工资由两部分构成，一个是上一年度的工作人员的12月份的基本工资额度和规范后的津贴补贴。其中，义务教育教师规范后的津贴补贴平均水平由县级以上人民政府的人事、财政部门按照教师平均工资水平不低于当地公务员平均工资水平的原则来确定。在具体的操作当中，各地要按照三个部门部署会上规定的办法，做好教师绩效工资总量和水平的确定工作，这里需要说明，按照事业单位的工资结构，教师的基本工资及其提高的10%的部分、特殊岗位津贴、艰苦边远地区津贴、符合规定的改革性补贴等都不在绩效工资之内，按照指导意见的规定，绩效工资总量今后随基本工资和学校所在的县级行政区域公务员规范后的津贴补贴的调整相应调整。也就是说，今后义务教育教师的绩效工资和公务员规范后的津贴补贴要形成联动机制，同步同幅度调整。实施绩效工资后，不同的县区义务教育教师工资的平均水平可能会有差距，原因是规范公务员津贴补贴是以县为单位进行的，各县区公务员的津贴补贴的平均水平本身也不一样，这种地区间的收入差距是社会发展的阶段性特征，随着社会经济的进一步发展，地区之间统筹力度的进一步加大，这些问题会逐步得到缓解，希望各地教育行政部门向教师们讲清楚这一点；同时，地方在操作当中，相邻地区之间也要加强政策协调，上级教育行政部门要加强引导。

第三，关于绩效工资的构成。义务教育学校绩效工资分为基础性和奖励性两大部分。根据义务教育阶段的特点，基础性部分占 70%，主要是体现经济发展水平、物价水平和岗位职责等因素，具体的项目和标准由县级以上人民政府人事、财政、教育部门来确定，一般按月发放。采取这一做法可以有效地避免同一地区、同一岗位级别的教师在不同学校之间的工资收入差距过大。也就是说，同一地区、同一岗位级别的教师的基础性的绩效工资水平应该大体平衡。奖励性的绩效工资主要体现工作量、业绩和贡献等因素，是我们学校内部搞活分配的重点，由学校根据实际情况确定分配方式和办法。为了保障教职工的合法权益，在制定分配办法的时候，要符合规定的程序，广泛征求学校教职工的意见，并报学校主管部门批准以后再实施，要切实做到公平、公正、公开、透明。对各地实施绩效工资之前，原来已经发放的津贴补贴，有的可能没有区分基础性和奖励性，或者是平均发放了，这些地方要按照指导意见的精神，逐步做好相关政策的衔接工作。

第四，关于绩效工资的分配导向。首先是在学校之间怎么核定绩效工资总量。在政府人事、财政部门核定的绩效工资总量以内，学校的主管部门来具体核定学校的绩效工资总量的时候，要合理统筹，逐步实现同一县级行政区域内义务教育学校绩效工资水平大体平衡，对农村学校，特别是条件艰苦的学校要给予适当倾斜。也就是在学校总量核定的时候，要向农村学校和艰苦地区的学校倾斜。绩效工资分配要坚持多劳多得、优绩优酬，重点向一线教师、骨干教师和做出突出贡献的其他工作人员倾斜。地方教育行政部门要制定绩效考核的具体办法，指导义务教育学校积极采取有效的措施，将这一分配导向切实落到实处。校长的绩效工资由学校的主管部门，在政府人事、财政部门核定的绩效工资总量范围内来确定，不能由校长自己来确定，具体的分配办法由各地制定。在具体的实施当中，既要统筹不同学校之间的绩效工资水平，就是统筹不同学校校长之间的绩效工资水平，也要统筹校长和教师之间的绩效工资水平，既要体现对校长的有效激励，也要体现对校长的合理约束。

第五，关于班主任的绩效工资。教育部高度重视班主任工作。班主任是义务教育学校的重要岗位，肩负着教书育人的重要职责。按照指导意见规定，原国家规定的班主任津贴与绩效工资分配中的班主任津贴项目归并，不再分设，纳入绩效工资。1979年经国务院批准设立班主任津贴时，标准为每月4元到7元，当时对激励教师做好班主任工作起到了很好的作用；1988年，国家下发文件，明确授权各省、自治区、直辖市可以根据实际情况自行来提高标准。据我们了解，目前各地的标准不一，一些地方明显偏低，难以发挥应有的作用。纳入绩效工资后，班主任的工作量要作为教师工作量的重要组成部分。各地要从本地实际出发，根据班主任的岗位职责和班主任的工作特点，合理地确定班主任的工作量，特别是要根据近几年来学生规模的变化、教师补充交流等工作的情况，采取有效的措施，适当地减少班主任的教学课时工作量，使他们有充分的时间做好班主任工作。一时减不下来的，应将班主任的工作计入超课时工作量。各地和学校要结合实际情况，在内部分配时，向班主任倾斜，适当提高标准，更好地发挥对班主任的激励导向作用。

第六，关于离退休人员的生活补贴问题。在义务学校实施绩效工资的同时，必须相应考虑学校离退休人员的待遇。这对保障广大离退休人员的稳定，使他们共享经济社会发展的成果具有重要意义，也是平稳实施绩效工资的重要保障。《指导意见》中规定，绩效工资不作为计发离退休费的基数，实施绩效工资时，对义务教育学校离退休人员发放生活补贴。标准由县级及以上人民政府人事、财政部门确定。这主要考虑的是，绩效工资是在考核的基础上根据工作业绩发放的，难以作为计发离退休费的基数。义务教育学校的离退休人员借鉴了规范公务员津贴补贴时的做法，发放生活补贴。在具体的操作当中，各地要按照三个部门部署会上规定的办法，合理确定义务教育学校离退休人员生活补贴标准。

第七，实施绩效工资的经费保障。义务教育学校实施绩效工资所需经费，纳入财政预算，按照“管理以县为主、经费省级统筹、中央适当支持”的原则，确保义务教育学校实施绩效工资所需经费落实到位。“管理以县为主”，就是明确县级财政直接承担义务教育学校绩效工资的经费管理工作，在经费保障方面也要承担重要责任，优先保障义务教育学校实施绩效工资所需经费，足额纳入预算，及时拨付到位。“经费省级统筹”，就是明确省级财政要强化调控省以下财力水平差异的责任，进一步加大对财力薄弱地区的补助力度，确保本省范围内义务教育学校绩效工资经费落实到位，既要将中央财政对农村义务教育学校实施绩效工资的补助资金全部下达给县级财政，又要统筹使用中央财政给予的一般性转移支付增量和本级财力增量，优先安排用于补助县级及以下义务教育学校实施绩效工资的经费缺口。“中央适当支持”，就是明确中央财政也将进一步加大转移支付的力度，对中西部及东部部分财力薄弱的地区的农村义务教育学校实施绩效工资给予适当的支持。

第三部分，关于抓住机遇，深化教育人事制度改革。

义务教育学校实施绩效工资既是2006年启动的事业单位实施岗位绩效工资改革的一项重要内容，也是深化教育人事制度改革的迫切需要，承载着对教师职业责任和素质能力的更高的要求。温家宝总理指示，要把工资改革和教育改革结合起来。我们要认真学习贯彻总理的重要指示精神，抓住义务教育学校实施绩效工资的有利时机，深入推进教育人事制度改革，全面加强教师队伍建设。

一定要认真完善教师绩效考核制度，做好教师绩效考核是义务教育学校实施绩效工资的重要基础和关键环节，教育部已制定下发了《关于做好义务教育学校教师绩效考核的指导意见》，这个文件主要针对如何引导……（此处内容缺失）按照有增有减的原则，充分考虑农村学校的实际，进一步完善农村教师编制管理，希望各地认真地分析研究并妥善地解决义务教育学校实施绩效工资中的有关问题，积极地总结经验，切实地把这件惠及广大教师的好事办好，并为下一步为非义务教育学校实施绩效工资政策积累有益的经验，不断地深化教育人事制度改革，全面加强教师队伍建设。

祝大家工作顺利，春节快乐，谢谢！

参考文献

[1] 新课程实施过程中培训问题研究课题组. 新课程与评价改革（基础教育课程改革通识培训丛书）. 北京：教育科学出版社，2001.

[2] 姜凤华. 现代教育评价：理论·技术·实践. 广州：广东人民出版社，2001.

[3] 东方基础教育研究中心. 中学校长工作手册. 北京：中国和平出版社，2002.

[4] 东方基础教育研究中心. 教导主任工作手册. 北京：中国和平出版社，2002.

[5] 仇忠海，纪明泽. 中学管理实务. 上海：上海社会科学院出版社，2001.

[6] 腾飞. 发展性教师评价为何难推行. 四川教育，2005（9）.

[7] 祝溧. 由英国的PRP教师评价制度审视我国的发展性教师评价. 教学与管理，2005（9）.